本书获中央高校基本科研业务费项目"我国新高考改革方案中'文理不分科'实施路径研究"（项目批准号 SWU1509445）、重庆市人文社会科学重点研究基地项目"高校招生考试试题内容及特点的国际比较研究"（项目批准号 16SKB031）资助。

中学物理教师教学反思能力研究

高倩 著

西南大学出版社

图书在版编目(CIP)数据

中学物理教师教学反思能力研究 / 高倩著. -- 重庆：西南大学出版社, 2024.6. -- ISBN 978-7-5697-2453-0

Ⅰ.G633.72

中国国家版本馆CIP数据核字第2024M141S4号

中学物理教师教学反思能力研究
ZHONGXUE WULI JIAOSHI JIAOXUE FANSI NENGLI YANJIU

高 倩 著

| 责任编辑：尹清强　杨景罡 |
| 责任校对：曹园妹 |
| 装帧设计：殳十堂_未 氓 |
| 排　　版：张 艳 |
| 出版发行：西南大学出版社(原西南师范大学出版社) |
|　　　　　网　址：http://www.xdcbs.com |
|　　　　　地　址：重庆市北碚区天生路2号 |
|　　　　　邮　编：400715 |
|　　　　　电　话：023-68868624 |
| 经　　销：新华书店 |
| 印　　刷：重庆市国丰印务有限责任公司 |
| 成品尺寸：170 mm × 240 mm |
| 印　　张：15.25 |
| 字　　数：260千字 |
| 版　　次：2024年6月 第1版 |
| 印　　次：2024年6月 第1次印刷 |
| 书　　号：ISBN 978-7-5697-2453-0 |
| 定　　价：78.00元 |

序言

高倩博士的《中学物理教师教学反思能力研究》一书即将出版，该书是在她博士论文基础上进一步整理的成果。

教学反思能力是教师素养的重要组成部分。教学反思是教师专业化发展的重要助推手段，能使教师自身的理念、策略与其所展示出来的教学行为更加协调、自洽，能促进教师更好地解决其教学过程中所遇到的问题，积累对应的经验，从而实现其专业超越。也正因为如此，国内外学者皆重视研究反思在教师发展中的作用与价值，不少教师教育机构还将教学反思能力发展贯穿于职前教师教育及在职教师培训课程的始终。

近百年来，教师教学反思研究取得了一系列的成果，对教学反思内涵、内容、深度、过程等的研究也越来越走向深入，相关理论深刻影响了教师教育的实践。与此同时，我们也发现：从教师群体的角度而言，不同学段、不同职称教师的反思能力呈现出不同的特点；从教师个体的角度而言，同一教师在职业生涯不同阶段的反思视角、内容、层次、结果等也存在不同。本书即是在此背景下，对我国中学物理教师教学反思能力研究的探索。

从某种程度而言，教学反思可以说是作为主体的教师个体与学生、同事乃至自身教学行为等他者的专业交互，在此交互实践过程中主体不断解决其所面临的教育教学问题，在审视、批判、借鉴的过程中积淀相关的经验、策略、知识，从而实现自身的教学相长。进一步而言，教师个体通过教学反思所积淀的经验、知识往往能够有效促进其专业发展（这些经验与知识中，有一部分是易于表达的，即所谓的显性知识，还有一部分是不易于表达的，即所谓的隐性知识），如果教师个体能将其积淀的易于表达、不易于表达的经验和知识与其他教师共享，无疑更有可能实现教研组织的整体素养、竞争力、创造力的提升，实现教研共同体的和谐共生，这些也是本书作者在后续研究中需要进一步探讨的问题。

  上苍赐予缘分，在高倩的求学过程中，我有幸成为她在本科、硕士及博士阶段的指导老师，她也成为我非常欣赏的学生。随着时间推移，我很欣慰地看见她在不断成长！也希望她在教师教育的研究中取得越来越多的高质量成果！

廖伯琴
2024年6月

目录

第一章 绪言 　　001
　第一节　问题提出　　001
　第二节　概念界定　　004
　第三节　文献综述　　013
　第四节　理论基础　　030
　第五节　研究内容　　035

第二章 中学物理教师教学反思能力评价指标构建研究 　　037
　第一节　中学物理教师教学反思能力评价指标初构的访谈研究　　037
　第二节　中学物理教师教学反思能力评价指标初构的问卷调查研究　　047
　第三节　研究结论　　057

第三章 中学物理教师教学反思能力评价指标体系构建研究 　　059
　第一节　中学物理教师教学反思能力评价指标体系初构　　059
　第二节　第一轮专家咨询及指标修正　　072
　第三节　第二轮专家咨询及指标修正　　085
　第四节　评价指标体系构建小结　　091

第四章　中学物理教师教学反思能力评价问卷编制与模型计算研究　093

  第一节　问卷编制及预测试　093
  第二节　《中学物理教师教学反思能力自评问卷》正式测试　105
  第三节　中学物理教师教学反思能力评价模型计算　115
  第四节　本章小结　118

第五章　中学物理教师教学反思能力问卷调查研究　119

  第一节　调查目的与过程　119
  第二节　数据分析　120
  第三节　研究结论与建议　146

第六章　中学物理教师教学反思能力评价案例研究　151

  第一节　访谈目的与访谈对象　151
  第二节　访谈工具及访谈过程　152
  第三节　访谈结果分析　153
  第四节　研究结论与建议　178

第七章　总结与讨论　181

  第一节　研究总结　181
  第二节　相关讨论　184

参考文献　187

附录　197

后记　237

第一章　绪言

教师是教育发展的重要资源,因而教师教育是教育事业的工作母机,是提升教育质量的动力之源。教学反思能力作为教师能力的重要组成部分,将伴随教师职业生涯的始终。本章将从问题提出、概念界定、文献综述、理论基础、研究内容等方面对本研究做整体介绍。

第一节　问题提出

本书研究问题的提出是基于国际、国内教师教育的发展趋势,依据相关理论,深入结合教育教学实践,对教师教育的相关要求做出的回应。

一、对国际卓越教师教育思潮的回应

20世纪80年代,在教师教育卓越取向的国际浪潮中,世界各国及地区均做出了积极回应,采取不同模式及措施,进行卓越教师的培养。

在美国、英国、澳大利亚的卓越教师标准中,均有对教师反思或反思性教学的要求。美国《教师应该知道并有能力做的事情》(*What Teachers Should Know and Be Able to Do*)中五项核心主张之一即"教师系统思考他们的实践,并从实践中学习";英国《教师标准独立评议二次报告——骨干教师、优秀教师以及高级技能教师标准》(*Second Report of the Independent Review of Teachers' Standards——Post-Threshold, Excellent Teacher and Advanced Skills Teacher Standards*)中,五个维度中的"知识"维度,其中的要求之一即"对自己的教学有自我反思和自我批判能力,能对新的教学技能与发展审慎严谨地评价"。澳大利亚《教师专业标准》(*Australian Professional Standards for Teachers*)则明确指出"标准告知了专业学习目标的发展,通过提供框架,教师可以判断自己

的学习成就并帮助教师进行自我反思与评价"。

由此可见,教学反思能力作为卓越教师必备的素养之一,对其进行深入研究、分析与评价,能更好地剖析卓越教师的内涵,是对国际卓越教师教育思潮的回应。

二、实现《中国教育现代化2035》目标的要求

2019年,中共中央、国务院印发的《中国教育现代化2035》提出了十大战略任务,其中之一便是"建设高素质专业化创新型教师队伍"。要想落实好这一任务要求,实现师德师风建设、高素质教师培养、终身学习和专业自主发展,教师教学反思能力在其中扮演着重要角色。

在我国教师教育及教师职业能力的相关标准中,也多次提及教师教学反思能力的培养。2011年10月,教育部颁布《教师教育课程标准(试行)》,指出"教师是反思性实践者,在研究自身经验和改进教育教学行为的过程中实现专业发展",并将反思性教学纳入教师教育课程设置。2012年2月,教育部发布《中学教师专业标准(试行)》,将教师专业能力具体分为专业理念与师德、专业知识、专业能力3个维度,14个领域,63条基本要求。在专业能力维度,"反思与发展"领域的基本要求包括教师要"主动收集分析相关信息,不断进行反思,改进教育教学工作"并"针对教育教学工作中的现实需要与问题,进行探索和研究"。2021年4月,教育部研究制定了《中学教育专业师范生教师职业能力标准(试行)》,明确提出了四种能力:师德践行能力、教学实践能力、综合育人能力以及自主发展能力。在自主发展能力中就包括了"反思改进:具有反思意识和批判性思维素养,初步掌握教育教学反思的基本方法和策略,能够对教育教学实践活动进行有效的自我诊断,提出改进思路"的要求。

教学反思在教师能力提升、专业发展、终身学习、教学研究中发挥着重要作用,对教学反思能力进行研究,是对实现《中国教育现代化2035》目标的回应。

三、对教学反思研究继续深入的需要

教学反思能力既是教师素养的重要组成部分,也是教师专业化发展的有效路径,因此受到国内外研究者的重视。

在国外,20世纪30年代,杜威(John Dewey)首先提出了较为系统的教学反思理论,之后不少学者开始对教学反思进行深入探讨。20世纪80年代,随着舍恩(Donald A. Schön)反思性实践理论的提出,国外教学反思研究进入蓬勃发展的阶段,研究者对教学反思的关注点也从最初的定义、价值,拓展到教学反思的水平、过程、培养策略等方面,并开始进行教学反思的实践及应用研究。21世纪以来,在继续进行教学反思实践研究的同时,研究者开始将现代信息技术引入研究之中,拓展了对教学反思的研究。

在我国,从20世纪以来,国外教学反思研究的代表性人物杜威的著作《我们怎样思维——再论反省思维与教学的关系》(*How We Think—A Restatement of the Relation of Reflective Thinking to the Educative Process*)、舍恩的著作《反映的实践者——专业工作者如何在行动中思考》(*The Reflective Practitioner—How Professionals Think in Action*)等陆续被翻译成中文。20世纪末熊川武的《反思性教学》一书,开启了国内学者对反思性教学的研究。21世纪,研究者们在介绍国外教学反思相关研究成果的同时,也开始了自身对于教学反思的研究与思考,相关研究仍需继续深入,以更好地发挥教学反思的作用。

四、教育教学实践的需求

明确了教学反思能力的重要作用,那么中学物理教师的教学反思能力究竟该如何评价?其依据是什么?中学物理教师目前的教学反思能力处于何种水平?不同教师间是否存在差异?这些问题促使我们开展相关研究,通过构建中学物理教师教学反思能力评价指标体系,为中学物理教师教学反思能力的评价提供依据。中学物理教师可参考该评价指标体系对自身教学反思能力进行评估,并明确改进与提升的方向,教师教育者、教育管理者则可以通过该评价指标体系,有针对性地开展对中学物理教师教学反思能力的培养。

第二节　概念界定

一、教学反思

历史上，人们从不同角度探讨了反思的内涵，但从教育学角度对教学反思进行系统的界定，是较为晚近的事情。

《礼记·学记》中有："学然后知不足，教然后知困。知不足，然后能自反也；知困，然后能自强也。"《论语》中有："学而不思则罔，思而不学则殆。""见贤思齐焉，见不贤而内自省也。"《孟子》中有："行有不得者皆反求诸己，其身正而天下归之。"我国古代教育家、哲学家提到反思时，强调人在与外界交互过程中的"自反""自强""自省"。人作为一个个体，与包括他人、自然界在内的外界进行互动交流，当"知不足""见贤""见不贤""行有不得"时，就会"反求诸己"，用孟子的话说，其结果则往往是"其身正而天下归之"。换句话说，"学""教""贤""不贤""行有不得"是引起"自反""自强""自省""反求诸己"的原因，而"自反""自强""自省""反求诸己"则是促进自己发展的方式与路径，最终目的是通过个体调适"我"与"他（外界）"的关系，实现自我改变，以使"我"更好地适应、融入这一系统之中。

英文中的"反思"一词为reflect，其中，前缀re-含义主要有：(1)"回复""回报""相互"；(2)"又""再""重新""反复"；(3)"在后""往后"。与此对应，reflect具有"反射""深思、考虑、经深思后认识到""反省"等意。

洛克认为"反省"是获得观念的心灵的反观自照，在这种反观自照中，心灵获得不同于感觉得来的观念的观念。洛克认为的反思是知识的两个来源之一，是人们自觉地把心理活动作为认识对象的认识活动，是对思维的思维。斯宾诺莎则认为反思是把思维所得的结果作为思维对象，主要着力于既得真观念的理性升华。[①]

自杜威之后，不同学者从各自的视角提出了反思或教学反思的定义。

---

① 熊川武.反思性教学[M].上海:华东师范大学出版社,1999:47-48.

1.指向问题解决的反思

杜威首先从教学的角度提出"反思"概念,他对反思的定义建立在问题解决的基础上。他认为思维有两个极限,思维始于困惑的、混乱的情境,结束于清晰的、确定的情境。[①]而反思就是对任何信念或假定的知识形式,根据支持它的理由以及它所指向的进一步的结论,进行积极的、持续的和仔细的考虑。[②]同样认为反思是问题解决范畴的还有罗斯(Dorene Doerre Ross)。罗斯认为,一般层面上,反思被定义为思考教育问题的一种方式,涉及做出理性选择并为这些选择承担责任的能力。[③]

我国学者也在一定程度上延续了这种观点。例如申继亮、刘加霞认为:"教学反思指教师为了实现有效的教育、教学,在教师教学反思倾向的支持下,对已经发生或正在发生的教育、教学活动以及这些活动背后的理论、假设,进行积极、持续、周密、深入、自我调节性的思考,而且在思考过程中,能够发现、清晰表征所遇到的教育、教学问题,并积极寻求多种方法来解决问题的过程。"[④]朱煜也认为教学反思就是教师在教学实践过程中发现问题、思考问题、解决问题的一种行为,是教师对教学行为和教学活动进行批判的、有意识的分析与再认知的过程。[⑤]

上述界定强调了教学反思的目的是解决教师教学过程中的具体问题,强调反思过程中的理性思维及基于证据的推理,并在此背景下思考教学理论及实践。

2.指向行为改善的反思

澳大利亚学者哈顿(Neville Hatton)和史密斯(David Smith)认为反思是对行为深思熟虑的思考并致力于行为的改善。[⑥]加拿大学者范梅兰(Max van

---

① Dewey J. How We Think: A Restatement of the Relation of Reflective Thinking to the Educative Process [M]. Boston: D. C. Heath and Company, 1933: 106.
② Dewey J. How We Think: A Restatement of the Relation of Reflective Thinking to the Educative Process [M]. Boston: D. C. Heath and Company, 1933: 9.
③ Ross D D. First Steps in Developing a Reflective Approach[J]. Journal of Teacher Education, 1989, 40 (2): 22-30.
④ 申继亮,刘加霞. 论教师的教学反思[J]. 华东师范大学学报(教育科学版),2004(3):44-49.
⑤ 朱煜. 论课程改革与教学反思[J]. 历史教学,2004(6):46-50.
⑥ Hatton N, Smith D. Reflection in Teacher Education: Towards Definition and Implementation[J]. Teaching and Teacher Education, 1995, 11(1): 33-49.

Manen)认为反思对教育者十分重要,教师在课堂中行动时应该持续地思考他们在做什么以及为什么这么做,持续地考虑目标和方法的替换方案,持续地准备好改变他们的现行方案,[1]并进一步将教学反思称为一种机智行为。瓦利(Valli)认为,反思一般是指行为主体立足于自我以外批判地考察自己的行为及其情景的能力。[2]

我国学者也认为教学反思是对理论与实践的思考与审视,从而达成改善实践、改进教学行为的目的。例如赵明仁等认为,教学反思是教师以复杂的教学情境中困惑和惊奇的现象为起因,对教学行为及其背后的理论和成果进行反复的、持续的和周密的思考,从而赋予教学活动以意义,寻求改善实践可能方案的过程。[3]蔡亚平认为教学反思是教师以一定的价值观为指导,理性审视自己的教学实践,改进教学行为,提高教学效益和教师素养的过程。[4]

上述观点认为,教学反思的目的是改变教师自身的教学行为,这种改变既可以是对过去发生事件的反思以改变未来的教学行为,也可以是一种实时的、动态的、与境的机智行为。将教学反思的定义指向教学行为改变强调了其对教师行为发展的积极作用。

3. 指向经验重构的反思

舍恩的"行动中反思"理论认为教学反思的过程就是教师教学经验重构的过程。荷兰学者柯瑟根(Fred A.J. Korthagen)认为反思是构建或重构经验、问题或者现有知识与见解的心理过程。[5]由此可知,教学反思是教师个体的经验与具体问题情境相结合的过程,在此过程中,教师自身的教学经验得以重构。

---

[1] Van Manen M. On the Epistemology of Reflective Practice[J]. Teachers and Teaching:Theory and Practice,1995,1(1):33-50.

[2] 于淑云.论现代教师的反思能力与教师专业发展的内在关联性[J].教育理论与实践,2005,25(2):29-31.

[3] 赵明仁,黄显华.从教学反思的过程看教师专业成长——基于新课程实施中4位老师的个案研究[J].教育研究与实验,2007(4):37-42.

[4] 蔡亚平.论教学反思的困境与出路[J].高等工程教育研究,2005(1):104-106.

[5] Korthagen F A J, Wubbels T. Characteristics of Reflective Practitioners:Towards an Operationalization of the Concept of Reflection[J]. Teachers and Teaching:Theory and Practice,1995,1(1):51-72.

4.指向个人发展的反思

学者们认为教学反思的最终目的是实现个人的专业成长与发展。例如张立昌认为教学反思就是教师对自己的整个教学过程及自身的心理状态进行回顾、诊断、再认识和再思考的过程,从而提高自身教学效能、促进学生身心发展、实现教育教学目标。[①]于海波等认为教学反思是教师对教学活动所关涉的种种问题进行多视角、多层面,反复、深入、认真的审视与思考的过程与行为。在教学反思中,教师通过不断反省教学行为、澄清教学信念、变革教学生活、塑造教学风格,从而提高教学效率和个人的教学能力。[②]这种定义凸显了教学反思与教师专业发展的密切联系,体现了教学反思在教师个人成长中的重要作用。

其他学者也从不同的角度剖析了教学反思的内涵,相关观点包括:(1)强调教学反思中的情感意愿。申继亮、刘加霞认为教学反思是一个能动的、审慎的认知加工过程,也是一个与情感、认知都密切相关并相互作用的过程,在此过程中,不仅有智力加工,而且需要情感、态度等动力系统的支持。[③]胡金生等认为教学反思本质上是理性与非理性、认知与情感、求真与求善的统一,因此教学反思应该重视情感目标的达成,解决"愿不愿"反思的问题。[④](2)强调认知冲突的重要性。吴全华认为教师反思是教师对自己过去与现在的教育教学思想、观念和行为的肯认与否定的思维活动,具有个体性和客体性,是自我认同与认知冲突的统一。相对于自我认同,教师反思时的认知冲突是更为重要的思维因素。[⑤](3)认为教学反思是一种主动积极的意识。胡萨从现象学视野出发,认为反思是一种意识行为,意味着对自身意识的敏感和觉察,是一种有预期的构成性意识。教师反思作为一种反思意识,能够伴随、激发和指引教师的教育教学实践。这种主动、积极的反思意识使教师在独特、具体的教育情境中,表现出对教育机会的敏感和自觉。[⑥]

综合以上观点,本研究认为,教学反思是教师自觉地运用一定的手段与

[①] 张立昌.自我实践反思是教师成长的重要途径[J].教育实践与研究,2001(7):2-5.
[②] 于海波,马云鹏.论教学反思的内涵、向度和策略[J].教育研究与试验,2006(6):12-16.
[③] 申继亮,刘加霞.论教师的教学反思[J].华东师范大学学报(教育科学版),2004(3):44-49.
[④] 胡金生,李博.论教学反思的情感性——以职业内疚为例[J].教育科学,2007(2):40-43.
[⑤] 吴全华.教师反思时认知冲突的生成途径[J].教师教育研究,2006,18(4):35-39.
[⑥] 胡萨.反思:作为一种意识——关于教师反思的现象学理解[J].教育研究,2010(1):95-99.

方法,对自己或他人的教学理论、实践进行判断、审视、思考,并用思考结论改进、重构自己的教学理论和实践的循环往复的过程。该定义包含以下内涵:(1)教学反思是教师主动进行的,也即教师具有相应的认知与动机,从而具有反思的情感意愿;(2)"一定的手段与方法"反映了教师需具备相应的反思技能;(3)"自己或他人的教学理论、实践"则是教师反思的具体对象与内容;(4)反思最终要指向教学实践的改进和教学经验、理论的重构;(5)反思与实践是循环往复、相互促进的。

二、能力

关于能力的界定,不同学科、不同学者从不同视角进行了论述。

(一)心理学视角

心理学认为,能力是使人能成功地完成某种活动所需的个性心理特征或人格特质。能力不是与生俱来的,而是在人的遗传素质的基础上,在实践活动中逐渐形成和发展起来的。能力的种类多种多样。[①]

20世纪初以来,心理学家通过深入研究,提出了许多关于能力类型和结构的理论,主要有斯皮尔曼的"二因素论"、瑟斯顿的"群因素论"、弗农的智力层次结构理论、吉尔福特的"智力三维结构模型"等。

英国心理学家斯皮尔曼的"二因素论"认为智力可被分解为G因素(普遍因素)和S因素(特殊因素)。

美国心理学家瑟斯顿的"群因素论"认为任何智力活动成就,都是由许多不相关的首要因素共同决定的,并概括出大多数能力都可以分解为计算、词的流畅性、言语意义、记忆、推理、空间知觉和知觉速度七种因素,七种因素外还有某种一般因素。智力由七种首要因素的群体构成。[②]

英国心理学家弗农于20世纪60年代提出了智力结构理论,其认为智力是个多层次的心理结构。从上往下,最高层次是智力的一般因素;第二层次包括两大因素群,即言语和教育方面的能力倾向及操作和机械方面的能力倾向;第三层次是每个大因素群又分为几个小因素群,言语和教育方面的能力

[①] 林崇德,杨治良,黄希庭.心理学大辞典[M].上海:上海教育出版社,2003:868.
[②] 朱智贤.心理学大词典[M].北京:北京师范大学出版社,1989:519.

倾向分为言语、数量、教育等,操作和机械的能力倾向分为机械、空间、操作、运动等;第四层次是各种特殊能力。

美国心理学家吉尔福特于20世纪60年代创立了智力三维结构模型,认为人的能力可以从三个维度上进行分析,即内容、操作和产物。其中内容包括听觉、视觉、符号、语义和行为;操作包括认知、记忆、分析思维、综合思维和评价;产物包括单元、分类、关系、转换、系统和应用。每一个项目与其他两个维度的任何一个项目相结合,就可以把人的智力在理论上分为5×5×6=150种。1988年,他又将操作维度中的记忆分为短时记忆和长时记忆,使其由5项变为6项,得到了5×6×6=180种不同的智力因素。吉尔福特认为每种智力因素都是独特的能力。

(二)胜任力冰山模型

哈佛大学教授戴维·麦克利兰(David McClelland)提出的"胜任力冰山模型"是管理学和组织行为学领域中最负盛名的能力结构模型,也是现代管理领域影响最大的能力结构模型。

在管理学中,能力指的是在活动中的胜任力,也有人称之为胜任素质、胜任特征。胜任力指一系列影响岗位工作绩效的个人特征要素组合,包括人格、动机、知识和技能水平等,是导致员工绩效差异的关键驱动因素。[1]

戴维·麦克利兰教授及其研究小组,将胜任力定义为"能区分在特定的工作岗位和组织环境中绩效水平的个人特征"。1973年,麦克利兰教授提出用胜任力取代传统智力测量,来预测工作绩效的高低和个人职业生涯的成功程度。[2]麦克利兰认为胜任力模型是一组相关的知识、态度和技能,它们影响一个人工作的主要部分,与工作绩效相关,能够用可靠标准测量,可通过培训和开发而改善。

"胜任力冰山模型"指出,胜任力包括知识、技能、社会角色、自我概念、特质和动机(如图1-1所示)。其中,看得见的部分——技能与知识是胜任力冰山的一角,看不见的部分——社会角色、自我概念、特质和动机潜藏在胜任力冰山的下面,在短期内较难改变和发展,却对个体未来的工作绩效起着决定性的作用。

---

[1] 陆雄文.管理学大辞典[M].上海:上海辞书出版社,2013:247.
[2] 王怀明.组织行为学:理论与应用[M].北京:清华大学出版社,2014:104.

该模型不仅明确了胜任力的有机构成,而且指出胜任力有显性和隐性之分,隐性胜任力具有重要作用,这对发现及开发个体潜在能力具有启发意义。[①]

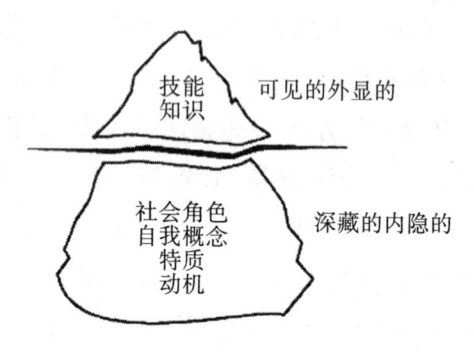

图1-1 胜任力冰山模型[②]

(三)素质洋葱模型

博亚特兹(Richard Boyatzis)的"素质洋葱模型"是在"胜任力冰山模型"的基础上发展出来的,如图1-2所示,胜任力由内到外分别是动机、特质、自我概念、态度、价值观,知识、技能(技巧)。动机是使个体持续地考虑或想要达到某个目标从而引发行为的内驱力,特质是个体对情境或信息的一贯反应与特性;知识是个体在特定领域所拥有的信息,技能(技巧)是个体执行某项工作的能力。动机与特质处于胜任力最里层,不容易被发展;知识与技能(技巧)处于胜任力最外层,容易培养和发展。自我概念、态度、价值观处于最外层和最里层之间,尽管需要更多的时间、面临较多的困难,但可以通过培训、心理治疗等手段加以改变。该模型揭示了胜任力如洋葱般由内层到外层的特点。

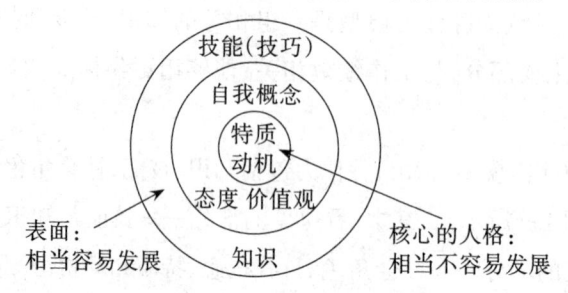

图1-2 素质洋葱模型[③]

---

① 周琬聲.应用型大学教师教学能力评价体系研究[D].厦门:厦门大学,2017.
② 王怀明.组织行为学:理论与应用[M].北京:清华大学出版社,2014:105.
③ 徐建平.教师胜任力模型与测评研究[D].北京:北京师范大学,2004.

可见,心理学视角的能力侧重于对智力的结构进行分析,管理学和组织行为学视角的能力(胜任力冰山模型、素质洋葱模型)侧重于对能力构成要素的显性与隐性、是否易于发展进行分析。本研究倾向于使用管理学和组织行为学对能力进行界定,探讨能力的培养与提升。

三、教学反思能力

对教学反思能力的定义、内涵及构成要素的阐述,主要存在以下观点。

(一)教学反思能力的定义与内涵

1.教学反思能力指向问题解决

朱煜认为教学反思能力就是教师在教学实践过程中发现问题、思考问题、解决问题的能力。教学反思能力有以下特征:追求教学实践的合理性、较强的教学研究色彩、贯穿于教学活动的各个环节和层面。教学反思能力可以推动教学研究的深入、促进实践智慧的生成。[①]张悦认为教学反思能力是教师对已经发生或正在发生的教学活动,在用批判性思维发现问题、深入研究问题以及全面解决问题的过程中展现的创造性解决问题的能力。[②]

2.教学反思能力指向专业发展

张海珠等认为"互联网+"时代乡村教师的教学反思能力是指"乡村教师在教育教学和专业发展过程中运用信息技术,反思自己的教学实践,并将个人经历利用网络资源通过理论解释上升成经验,得到专业发展的能力"。[③]

3.教学反思能力是特殊专业能力

郭丽等认为教学反思能力是教师在教学反思过程中表现出的特殊专业能力,是教师在一定的教学情境中,为了实现有效教学,在反思教育理念、教学价值、教学决策、教学实施、教学效果等一系列教学问题的过程中表现出来的内在心理特征和外显行为,它包括教学反思意识和教学反思行为。[④]

[①] 朱煜.论历史教学反思能力及其培养[J].课程·教材·教法,2004,24(08):53-58.
[②] 张悦.小学教师教学反思能力的调查研究[D].上海:上海师范大学,2021.
[③] 张海珠,陈花,李金亭."互联网+"时代乡村教师教学反思能力检核模型的构建[J].河南师范大学学报(哲学社会科学版),2020,47(2):143-150.
[④] 郭丽,张桂春.增强中职实训教师教学反思能力的策略[J].职教论坛,2010(18):71-74.

4.教学反思能力是元认知能力

孔冬梅认为,思想政治课教师教学反思能力的实质是教师关于自身教学过程的元认知能力。[①]

5.教学反思能力是一种综合能力

高鑫认为教学反思能力是教师在教学过程中,具有的反思教学的意识和相关的理论知识、认知知识和操作技能等的综合。同时,他认为反思教学的动力是教学反思的前提,与教学反思能力相对应的理论知识是教学反思的基础,实现教学反思的关键步骤则是操作性能力(即策略)的形成。[②]吴卫东等认为教学反思能力是指教师在教育实践中,把自身作为认知对象,同时在教学实践活动中,将实践活动本体作为认知对象,循环往复地对自身和实践活动进行积极、主动的观察、描述、分析、计划、评价、创新、实践、反馈、调节的能力。[③]

(二)教学反思能力的构成要素

关于教学反思能力的构成要素,学者们提出以下观点,如表1-1所示。

表1-1 教学反思能力构成要素的相关观点

提出者	构成要素
冯磊,黄伟[④]	反思意识、反思知识、反思技能
白晓云[⑤]	反思技能(描述、解释和评价) 反思人格特质(积极、开放、进取、坚毅)
姚继琴[⑥]	对自身教师角色的反省能力 对教学活动的调控能力

结合对能力概念的已有界定及已有研究,本研究认为教学反思能力是教师在教学反思态度的支持下,运用教学反思知识与技能进行教学反思,获得专业发展的能力。

[①] 孔冬梅.思想政治课教师教学反思能力的结构优化研究[D].武汉:华中师范大学,2020.
[②] 高鑫.中学政治教师教学实践反思能力培养的研究[J].黑龙江教育学院学报,2000(4):46-47.
[③] 吴卫东,骆伯巍.教师的反思能力结构及其培养研究[J].教育评论,2001(1):33-35.
[④] 冯磊,黄伟.教学反思能力的现实问题与提升策略——基于西安市部分区县小学的实证研究[J].语文建设,2018(35):58-62.
[⑤] 白晓云.基于教育体验的职前外语教师教学反思能力培养[J].中国成人教育,2016(3):141-143.
[⑥] 姚继琴.教师教学反思能力的培养方式研究[J].教学与管理,2014(11):129-131.

第三节 文献综述

在CNKI中以"教学反思""教师反思""反思性教学""反思性实践"等为关键词进行检索,在Web of Science中,对标题包含"teacher reflection""reflective teaching""reflective practice"的文献进行检索,从而对中、外文文献进行查找与梳理。

一、教学反思内涵相关研究

(一)教学反思的意义、价值及重要性

教学反思的意义、价值及重要性是研究者对该领域研究伊始就重点关注的话题之一,也是教学反思研究得以深入、系统进行的基础。相关研究结论主要体现在以下几个方面。

1.教学反思有助于教师知识的构建与发展,并能够联结理论与实践

维勒(Luis M. Villar)认为教学的一个基本维度是基于反思的知识体系。[1]洛克伦(J. John Loughran)认为经验并不能导致学习,因而对经验的反思必不可少。反思是学习教学的一种有意义的方式,它帮助实践者更好地理解所知,并通过再次考虑他们在实践中所学来发展实践知识。有效的反思性实践对教师专业知识的发展十分重要。[2]柯瑟根提出的现实主义教师教育思想认为,现实主义范式的教师教育是以教师个人经验为基础、以教师自主反思为动力、以"小写的理论"(即教师的实践智慧)的建构为目标的教师教育。要建构"小写的理论",教师必须经历"结合具体实例的经验—形成格式塔—图式化—建立理论"的学习过程,而由格式塔到图式,由图式到理论,都必须借助反思才能实现。[3]

---

[1] Villar L M. Reflections on Action by University Teacher Trainers[C]. Annual Meeting of the American Educational Research Association, 1994.
[2] Loughran J J. Effective Reflective Practice: In Search of Meaning in Learning about Teaching[J]. Journal of Teacher Education, 2002, 53(1): 33-43.
[3] 周成海. 弗雷德·柯瑟根教师反思理论述评[J]. 外国教育研究, 2014(10): 3-14.

2.教学反思能力是教师能力的重要组成部分

舍恩认为一个行业中,专家级的实践者与新手的区别在于应对复杂情况时对实践的反思能力有所不同。刘捷认为"教师越能反思,在某种意义上越是好的教师"。[①]杨鑫等认为,教师在教学中理性、慎思的反思行为与直觉性行为并非相互矛盾,反而存在着深层次的内在联系——教学反思是教师直觉性教学决策的基础。[②]

3.教学反思有助于教师专业成长

美国教育心理学家波斯纳指出,没有反思的经验是狭隘的,最多只能成为肤浅的知识。他提出了一个教师成长公式:经验+反思=成长。[③]芬兰学者则通过研究发现职前教师的反思技能可以对他们的职业发展产生积极影响。[④]张志泉认为在教师专业发展中,反思性研究与实践可以提升教师素养、建设反思型师资队伍,反思成为教师的内在素养,可以促进教师的发展完成从外塑到内发的转变。[⑤]回俊松、饶从满认为基于成长经历的反思是职前教师反思的重要形式,目的是帮助职前教师澄清自我,对成长经历所具有的意义加以重新解释,以更好地指导未来的学习及教学实践活动。[⑥]

我国学者赵明仁对通过教学反思促进教师专业成长有较为深入的研究。赵明仁、黄显华认为教学反思是教师从事研究的方式以及专业成长的途径,教师通过再认与诠释等思维加工活动,对过往的教学赋予意义,来获致专业成长。[⑦]赵明仁、陆春萍依据哈贝马斯(Habermas)的认识兴趣理论,将教学反思分为技术的、实践的、解放的3个越来越高的层次水平。通过此分析框架对教师的教学反思进行分析,并最终发现实践性反思和解放性反思是促进教师专业发展的有力

---

① 刘捷.专业化:挑战21世纪的教师[M].北京:教育科学出版社,2002:261.
② 杨鑫,霍秉坤.论教师直觉性教学决策与教学反思的关系[J].教育发展研究,2012(18):42-47.
③ 王春光.反思型教师教育研究[D].长春:东北师范大学,2007.
④ Körkkö M, et al. Professional Development Through Reflection in Teacher Education[J]. Teaching and Teacher Education, 2016, 55:198-206.
⑤ 张志泉.论教师专业发展的反思性道路[D].上海:华东师范大学,2007.
⑥ 回俊松,饶从满.基于成长经历的反思:职前教师反思的重要形式[J].东北师大学报(哲学社会科学版),2012(6):176-180.
⑦ 赵明仁,黄显华.从教学反思的过程看教师专业成长——基于新课程实施中4位老师的个案研究[J].教育研究与实验,2007(4):37-42.

措施。[1]

由此可见,教学反思既具有理论价值,又具有实践价值,因而在一定程度上成为教师能力的标志与量度,也在教师专业成长中具有重要的地位和作用。

(二)教学反思的过程

教学反思过程体现了反思所遵循的步骤与包含的要素,对引领教师进行教学反思也具有重要的参考和借鉴价值。杜威、柯瑟根、罗斯、史密斯以及我国学者申继亮、赵明仁等均提出了教学反思过程的相关理论。

杜威提出的反省思维五阶段具体包括:(1)暗示;(2)理智化;(3)假设;(4)推理;(5)用行动检验假设。[2]其中,暗示是自发出现的,它来自于反思者已有经验和知识,并提供了可能的解决方法;理智化是反思者对情境中的困难和行动的障碍加以明确的过程,从而清楚其所遇到的问题;反思者通过对问题的洞察、理解,形成确定的推测,即为假设;而后,反思者根据已有的知识积累及实际情况展开推理;最后,反思者用行动对推测的观念进行检验。需要说明的是杜威认为这5个阶段的顺序并不固定,它们体现的是反思的几个特质。

柯瑟根的反思过程ALACT模式包括以下步骤:(1)行动;(2)对行动的回顾;(3)意识到必要的方面;(4)寻求替代性的行动方法;(5)尝试。[3]柯瑟根认为反思应基于教师已有的实际经验,首先需要通过行动并对行动进行分析,只有当教师意识到实践中存在的问题时,才有可能激发其反思。而后,教师自主建构个人理论,找到替代性的行动方法并进行尝试。其实,此时教师已经开启了下一个循环的"行动"。

罗斯的反思性过程五要素具体为:(1)识别教育困境;(2)通过识别与其他情况的相似性和差异性来应对困境;(3)构建与重构;(4)在困境中尝试,从而发现各种解决方案的后果和影响;(5)检查已实施解决方案预期和非预期

---

[1] 赵明仁,陆春萍. 从教学反思的水平看教师专业成长——基于新课程实施中四位教师的个案研究[J]. 课程·教材·教法,2007(2):83-88.

[2] Dewey J. How We Think: A Restatement of the Relation of Reflective Thinking to the Educative Process[M]. Boston: D. C. Heath and Company, 1933:107-118.

[3] Korthagen F A J. Reflective Teaching and Preservice Teacher Education in the Netherlands[J]. Journal of Teacher Education, 1985, 36(5):11-15.

的结果,并通过判定结果是否令人满意来评估解决方案。[1]该理论在整体思路上与杜威的理论有一定的相似之处,但它同时强调了反思过程中的情境迁移与经验重构,体现出对具体情境的复杂性、特殊性的关切。

史密斯(John Smyth)提出了教学反思的4个连续阶段:(1)描述;(2)了解;(3)面对;(4)重构。[2]这四个阶段分别与4个问题相关联:描述阶段要解决的问题是"我在做什么",了解阶段主要思考"这意味着什么",面对阶段需要思考"我是如何成为这样的",而重构阶段则主要思考"我还能采取何种不同方式"。该反思阶段理论强调教学反思的批判性,具有较强的可操作性,有利于反思的深入并为进一步的实践打下基础。

申继亮认为,可以从狭义和广义两个方面理解教学反思的过程。狭义的教学反思是个体自我经验总结回顾的过程。广义的教学反思包括狭义的教学反思,也包括对自身教学经验的理论升华与迁移,还包括教师对教学问题主动探究进而监控、调节、修正教学实践的过程,如图1-3所示。可以看到,教学反思是一个多重的螺旋式发展的过程,每一环表示不同的发展阶段,由内向外表示发展阶段的逐渐提高。理论上,教师在进行教学反思时,应该由内向外经历这3个阶段,而实际上有些教师可能只处于阶段1(最里面一环),有

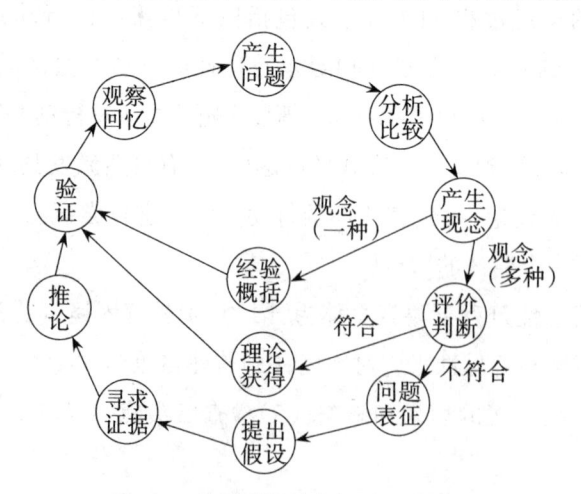

图1-3 教学反思的内部心理过程图

---

[1] Ross D D. First Steps in Developing a Reflective Approach[J]. Journal of Teacher Education, 1989, 40(2): 22-30.

[2] Smyth J. Developing and Sustaining Critical Reflection in Teacher Education[J]. Journal of Teacher Education, 1989, 40(2): 2-9.

些则能够达到阶段2与阶段3(中间一环和最外面一环)。①

赵明仁等在综合杜威、舍恩以及申继亮等多位研究者观点的基础上,将教学反思的过程概括为:识别问题、描述情境、分析与重构。②

可以看到,已有教学反思过程的理论在探讨反思思维具体阶段的同时,强调了行动在反思过程中的积极作用。

(三)教学反思的水平

反思水平主要体现的是反思的深度问题。研究者依据不同的理论,先后提出了不同的反思水平框架。最早对反思水平进行研究的主要有范梅兰、蔡克纳(Kenneth M. Zeichner)和利斯顿(Daniel P. Liston)等学者,在他们的研究基础上,学者们又进行了大量研究。

1. 反思水平的早期研究

范梅兰于20世纪70年代在哈贝马斯认识与兴趣理论的基础上研究了反思水平。哈贝马斯将实践活动中的认知兴趣区分为技术的、实践的以及解放的3种,范梅兰在此基础上将反思分为由低到高3个水平。③之后,蔡克纳和利斯顿将反思水平划分为技术理性(Technical Rationality)、实践活动(Practical Action)以及批判性反思(Critical Reflection)。④在技术理性水平,教师仅仅考虑知识原理的技术性应用,以期达到既定的结果。⑤在实践活动水平,教师通过提出"我们应该学习什么"这样的问题来审视其方法和目标。在批判性反思水平,教师则在审视方法和结果的同时还要考虑伦理和道德等问题。⑥反思水平理论层层深入,较好地体现了反思的水平,成为后续研究的重要基础。

---

① 申继亮,刘加霞. 论教师的教学反思[J]. 华东师范大学学报(教育科学版),2004(3):44-49.

② 赵明仁,黄显华. 从教学反思的过程看教师专业成长——基于新课程实施中4位老师的个案研究[J]. 教育研究与实验,2007(4):37-42.

③ Van Manen M. Linking Ways of Knowing with Ways of Being Practical[J]. Curriculum Inquiry,1977,6(3):205-228.

④ Zeichner K M, Liston D P. Teaching Student Teachers to Reflect[J]. Harvard Educational Review,1987,57(1):23-48.

⑤ Pultorak E G. Following the Developmental Process of Reflection in Novice Teachers:Three Years of Investigation[J]. Journal of Teacher Education,1996,47(4):283-291.

⑥ Sparks-Langer G M, et al. Reflective Pedagogical Thinking:How Can We Promote It and Measure It? [J]. Journal of Teacher Education,1990,41(5):23-32.

2.反思性思维的框架

斯帕克斯-兰格(Georgea M. Sparks-Langer)等人提出了反思性思维框架的七个水平,具体如表1-2所示。[①]该框架是一种编码方案,旨在评价学生反思教学决策中潜在的教学原则、影响原则应用的情境因素以及围绕教学经历的道德、伦理或政治问题的能力。斯帕克斯-兰格及其同伴认为,对职前教师的语言进行分析可以明确他们使用概念和原则解释课堂事件的能力。该编码方案的水平体现了加涅(Robert Mills Gagné)的思维层次及范梅兰批判性反思的理论,由没有描述、简单描述到解释,层层深入,研究者根据该框架可以对教师的反思进行编码,从而得出相应的结论。

表1-2 反思性思维框架

水平	描述
1	没有描述性语言
2	简单的、外行的描述
3	用恰当的术语标记事件
4	以传统或个人倾向为依据进行解释
5	以原则或理论为依据进行解释
6	用原则/理论并考虑背景因素进行解释
7	考虑伦理的、道德的以及政治的问题进行解释

3.反思性写作的水平

哈顿和史密斯将反思性写作分为四种水平:描述性写作、描述性反思、对话反思、批判性反思。其中,描述性写作完全没有反思,仅仅报告了事件或者阅读的文献;描述性反思尝试提供基于个人判断或文献阅读得到的证据;对话反思是以自我对话的形式,对可能的原因进行探索;批判性反思则指能在具体的历史、社会背景下进行决策。[②]

肯伯(David Kember)等认为,对反思性思维的水平进行评价将会促进反思性实践。他认为斯帕克斯-兰格等人的反思性思维框架更侧重于对语言结构的论述,从而提出了评价书面写作中反思水平的方法,将书面写作分为4种

---

① Sparks-Langer G M, et al. Reflective Pedagogical Thinking: How Can We Promote It and Measure It? [J]. Journal of Teacher Education, 1990, 41(5): 23-32.

② Hatton N, Smith D. Reflection in Teacher Education: Towards Definition and Implementation[J]. Teaching and Teacher Education, 1995, 11(1): 33-49.

类型(水平),分别是习惯性行为/不反思、理解、反思、批判性反思。[1]

4.反思性实践的水平

拉瑞维(Barbara Larrivee)开发了评价教师反思性实践水平的工具。他以范梅兰所提出的3个水平为基础,进一步提出了前反思、表面反思、教育学反思以及批判性反思4个水平。在前反思水平,教师没有做出有意识或有质量的思考;表面反思水平的教师主要关注的是为达到预定目标所使用的策略和方法;在教育学反思水平,教师则能关注教育目标、基础理论以及理论与实践之间的联系;在批判性反思水平,教师还会考虑他们课堂实践的伦理及道德影响。[2]在该评价工具中,拉瑞维用教育学反思这一具有包容性的概念指代已有研究中实践的、理论的、协商的、比较的反思等概念。

除了上述观点,在范梅兰、哈顿和史密斯等人研究的基础上,学者们对教学反思水平进行了大量研究,如表1-3所示。

表1-3 教学反思水平相关研究

研究者	教学反思的水平
麦卡伦姆(McCollum)[3]	描述的、解释的和批判的
沃德(Ward)和麦考特(McCotter)[4]	常规的、技术的、对话的、转化的
戴维斯(Davis)[5]	生产性反思、非生产性反思
申继亮,刘加霞[6]	前反思水平、准反思水平、反思水平
胡金生,李博[7]	顺从水平、认同水平、内化水平

---

[1] Kember D, et al. A Four-category Scheme for Coding and Assessing the Level of Reflection in Written Work[J]. Assessment & Evaluation in Higher Education,2008,33(4):369-379.

[2] Larrivee B. Development of a Tool to Assess Teachers' Level of Reflective Practice[J]. Reflective Practice:International and Multidisciplinary Perspectives,2008,9(3),341-360.

[3] McCollum S. Insights into the Process of Guiding Reflection during an Early Field Experience of Preservice Teachers[D]. Blacksburg: Virginia Polytechnic Institute and State University,1997.

[4] Ward J R, McCotter S S. Reflection as a Visible Outcome for Preservice Teachers[J]. Teaching and Teacher Education,2004,20(3):243-257.

[5] Davis E A. Characterizing Productive Reflection Among Preservice Elementary Teachers:Seeing What Matters[J]. Teaching and Teacher Education,2006,22(3):281-301.

[6] 申继亮,刘加霞.论教师的教学反思[J].华东师范大学学报(教育科学版),2004(3):44-49.

[7] 胡金生,李博.论教学反思的情感性——以职业内疚为例[J].教育科学,2007(2):40-43.

（四）教学反思的内容

教学反思的内容体现着反思的广度，不同学者也给出了不同的内容分类，如表1-4所示。

表1-4 教学反思内容的相关理论

研究者	教学反思的内容
霍（Ho）和理查兹（Richards）[1]	教学理论、教学方法、教学评价、教师自我意识、关于教学的问题
法雷尔（Farrell）[2]	教学理论、教学方法、教学评价、教师自我意识、关于教学的问题、对小组（活动）的评论
申继亮，刘加霞[3]	5个指向： 1.课堂教学：主要分析、评价教学活动本身的利与弊，影响教学活动的因素，包括教学内容重难点的分析，教学方法及策略等 2.学生发展：分析、考虑与学生发展、能力培养相关的因素。例如学生的学习成绩及能力、学习兴趣、学习方法、健全的心理与人格发展等 3.教师发展：分析、考虑与教师自身发展及素质提高相关的因素。包括教师自身的专业知识和能力、人格魅力与自我形象等 4.教育改革：关注课程改革、考试制度的改革、宏观教育体制的改革、教育改革的实效性等 5.人际关系：教师与学生、家长以及同事间形成和谐的人际关系，共同促进学生发展
柯瑟根[4]	教师素质的6个方面，从外向内具体包括： 1.环境（教师遭遇到的外在于他的一切事物） 2.行为 3.能力 4.信念 5.认同（教师怎样看待自己的专业角色，即对"我想成为一名什么样的教师"的思考） 6.使命（对"是什么召唤着我从事教师职业""我工作和生活的意义何在"等问题的思考）
丁道勇[5]	3组基本的心理建构：1.行动/能力；2.信念/知识；3.身份/使命

---

[1] Ho B, Richards J. Reflective Thinking Through Teacher Journal Writing: Myths and Realities[J]. Perspectives, 1993, 5(1): 25-40.
[2] Farrell T S C. Reflective Practice in an EFL Teacher Development Group[J]. System, 1999, 27(2): 157-172.
[3] 申继亮，刘加霞. 论教师的教学反思[J]. 华东师范大学学报（教育科学版），2004(3): 44-49.
[4] 周成海. 弗雷德·柯瑟根教师反思理论述评[J]. 外国教育研究，2014(10): 3-14.
[5] 丁道勇. 教师反思的水平模型及其应用[J]. 教育发展研究，2012(22): 31-35.

续表

研究者	教学反思的内容
左屯生[1]	1.教学活动(是否符合新课程标准的要求) 2.教师的教学地位和角色(在现代教育观的指导下是否发生了根本性转变) 3.教师的教学方式及学生的学习方式(是否有利于学生的全面发展)
刘旭东,孟春国[2]	1.课堂教学;2.学生学习;3.师生交往;4.教师发展;5.教育环境
易进,顾丽丽[3]	1.学科教学;2.有效教学;3.学生发展;4.社会建构

在教学反思内容的划分中,部分学者是从教师反思的角度进行分析的,因而得到的结果主要指向教师自身素质或心理建构,例如柯瑟根、丁道勇等,而教师作为教学共同体的一分子,对其自身的反思在广义上也属于教学反思,因此本研究也将其纳入教学反思的范畴中进行讨论。

在一些理论中,教学反思内容的各个部分间是并列的关系,例如申继亮、刘加霞的理论。而另外一些理论中,不同的反思内容则有不同的难度,例如柯瑟根认为越接近素质结构的内层(认同、使命),反思的阻力会越大,而如果能通过反思实现内层素质的提升,就可以带动外层素质的提升。丁道勇也指出,教师针对不同的心理建构而进行的反思,表现出在反思水平上的差异。

(五)教学反思的类型

舍恩提出了教学反思的不同类型:技术理性、对行动反思(reflection-on-action)和行动中反思(reflection-in-action)。哈顿和史密斯在此基础上回顾总结了关于反思类型的关键概念,如表1-5所示。[4]

---

[1] 左屯生.浅谈新课程标准下的教学反思——以高中地理课程为例[J].教育理论与实践,2014,34(29):53-55.
[2] 刘旭东,孟春国.英语教师教学反思内容与反思水平的发展研究[J].中小学外语教学(中学篇),2010(12):1-6.
[3] 易进,顾丽丽.促进教师反思的若干思考[J].教育科学研究,2008(2):53-56.
[4] Hatton N, Smith D. Reflection in Teacher Education: Towards Definition and Implementation[J]. Teaching and Teacher Education, 1995, 11(1):33-49.

表1-5　反思类型的关键概念(哈顿和史密斯)

反思类型	反思性质
行动中反思	5.多重观点的情境化(利用1~4中的任意一种应用于正在发生的情境)
对行动反思	4.批判的 3.对话的(协商的、认知的、叙述的) 2.描述的(发展的、个人的)
技术理性	1.技术的(关于即时行为或技能的决策)

表1-5中"技术的""描述的""对话的""批判的""多重观点的情境化"等内容，与其说是一种反思水平框架，不如说是不同类型的反思。哈顿和史密斯认为不能将不同的反思类型视为一种日益理想的层次结构，例如技术反思是职前教师发展的必要方面，也是其他反思类型的先导，因而，他们更倾向于使用"反思类型"的说法取代"反思水平"。可见，反思类型在一定程度上与反思水平、反思内容有交叉，不同学者秉持自己的观点使用了不同的说法。

其他学者关于教学反思类型的观点如表1-6所示。

表1-6　教学反思类型的相关理论

研究者	教学反思的类型
瓦利(Valli)[1]	技术反思、行动中反思和对行动反思、缜密性反思、个人反思、批判性反思
杰伊(Jay)和约翰逊(Johnson)[2]	描述性的、比较性的、批判性的
斯波尔丁(Spalding)和威尔逊(Wilson)[3]	行动中反思和对行动反思、缜密性反思、个人反思、批判性反思

(六)教学反思的方式与方法

研究者对教师开展教学反思方式的研究，既关注了传统方式，也对信息技术带来的反思方式的变革进行了探讨。

有研究者采用个案研究，通过对研究对象进行长期的现场考察和全方位

---

[1] Valli L. Listening to Other Voices: A Description of Teacher Reflection in the United States[J]. Peabody Journal of Education, 1997, 72(1): 67-88.

[2] Jay J K, Johnson K L. Capturing Complexity: A Typology of Reflective Practice for Teacher Education [J]. Teaching and Teacher Education, 2002, 18(1): 73-85.

[3] Spalding E, Wilson A. Demystifying Reflection: A study of Pedagogical Strategies That Encourage Reflective Journal Writing[J]. Teachers College Record, 2002, 104(7): 1393-1421.

研究(访谈、观察及作品分析),梳理出我国教师采用的教学反思方式,主要有独自省思、师生交往以及同事交流。同时指出,要通过总结与提升,使教师对其所使用的反思方式具有明确的意识,进而增强教师使用相关方法的自觉性与主动性,促进教师专业化发展。[①]

随着信息技术的不断发展,教师进行教学反思的方法也得以更新。王海燕探讨了利用信息技术支持教师教学反思的方法,提出技术支持的教学反思环境框架,并据此开发了用以支持教师协作反思的网络平台。[②]有学者研究了职前教师通过在线合作反思培育参与式文化。[③]

在信息技术中,视频技术为教师进行教学反思带来了新的途径,相关研究成果也较为丰富。例如,有研究者通过研究发现,视频技术被广泛应用于教师教育,已逐步从对教学技能的训练发展为促进教师进行自我反思。有研究者指出基于视频的方法能够给教学反思带来很多正面影响,但仍存在一些使用障碍,视频标注工具则可以在一定程度上弥补这些不足,从而增加视频反思的可行性、便利性。[④]有研究者通过在微格教学中开展不同方式的反思——日志反思、视频标注工具[⑤]反思以及视频俱乐部[⑥]反思,以检验不同反思方法的效果。[⑦]有研究者认为利用视频进行自我反思是职前教师自我发展的有效途径,但视频视角问题会限制其价值,360°全方位录制的视频则更能促进职前教师的体验感与效能感。[⑧]

[①] 陈荟. 一位中学教师教学反思方法的个案研究[J]. 中国教育学刊,2011(7):33-36.

[②] 王海燕. 技术支持的教师教学反思研究[D]. 上海:华东师范大学,2010.

[③] Krutka D G, et al. Microblogging About Teaching: Nurturing Participatory Cultures Through Collaborative Online Reflection with Pre-service Teachers[J]. Teaching and Teacher Education,2014,40(2):83-93.

[④] 王佳莹,郭俊杰. 视频标注工具:支持教师的教学反思[J]. 中国电化教育,2013(7):111-117.

[⑤] Brigham R D. Reliability of Pre-service Teachers' Coding of Teaching Videos Using a Video-Analysis Tool[D]. Provo:Brigham Young University,2007.

[⑥] Tripp T R, Rich P J. The Influence of Video Analysis on the Process of Teacher Change[J]. Teaching and Teacher Education,2012,28(5):728-739.

[⑦] 田兰,张志祯,陈玉姣. 视频促进师范生微格教学反思效果研究[J]. 现代教育技术,2015(10):54-60.

[⑧] Walshe N, Driver P. Developing Reflective Trainee Teacher Practice with 360-Degree Video[J]. Teaching and Teacher Education,2019,78:97-105.

二、教学反思现状及影响因素相关研究

对教师教学反思的现状,研究者主要从教师对反思的认知、教师教学反思的关注点、时机、层次、情境、动因以及反思的积极性等方面进行研究。

一些研究者使用问卷调查的方式进行研究,例如曾拓等采用自编问卷,对近千名中学教师进行调查,发现了教师教学反思的内容指向,同时指出,经验越丰富、职称越高的教师,对教学反思的注重程度以及反思的积极性也越高。[1]邵光华等通过问卷调查对教师教学反思的概况、教师对教学反思的认知、反思的动因及影响因素等进行了分析,并提出了促进教师教学反思的相关建议。[2]

一些研究者采用对个案进行全方位研究的方式,来了解其教学反思现状。例如吴兆旺选取2位实习教师作为研究对象,通过观察、访谈以及实习教案、反思日志、实习总结等材料,对他们的教学反思的内容、时机、层次等进行了分析。[3]郝少毅以3位幼儿园教师为研究对象,采用访谈、观察、实物收集等方法,从对象、情境、内容、时间4个维度对幼儿教师的教学反思进行了深入探讨。[4]

还有一些研究者对教学反思相关材料进行分析,在此过程中借助了Nvivo软件。例如,王碧梅等利用Nvivo软件对职前科学教师(116位)和在职科学教师(100位)的反思材料进行了分析,得到职前教师和在职教师教学反思的关注点,并发现二者存在显著性差异。[5]江丰光等对7位新入职的小学STEM课程教师撰写的教学反思文本进行研究,基于扎根理论的方法,运用Nvivo软件对文本进行了内容分析,总结出STEM教师遇到的问题,并提出相应策略。[6]

值得一提的是,有研究者使用量表对教师的教学反思情况进行研究。徐锦芬、李斑斑通过对全国范围的1000余名高校英语教师进行研究,运用研究构建的《中国高校英语教师反思量表》(包含实践、认知、情感、元认知、批判、道德以及课堂规范7个维度),对我国高校英语教师教学反思的情况进行了

---

[1] 曾拓,李运华.中学教师教学反思指向与积极性调查分析[J].教育研究与实验,2017(6):51-55.
[2] 邵光华,顾泠沅.中学教师教学反思现状的调查分析与研究[J].教师教育研究,2010,22(2):66-70.
[3] 吴兆旺.实习教师的教学反思研究[J].全球教育展望,2011,40(6):52-57.
[4] 郝少毅.幼儿教师教学反思:个案研究[J].教师教育研究,2016,28(3):94-101.
[5] 王碧梅,胡卫平.职前教师和在职教师教学反思关注点比较[J].教育科学,2016,32(1):39-44.
[6] 江丰光,吕倩如.STEM教师教学反思日志分析研究[J].开放教育研究,2017(3):80-86.

研究。[1]

对教学反思的影响因素,研究者主要从主观因素和客观因素两个方面进行关注与研究。

主观因素上,陈超认为由于教师在教学反思时存在误区和盲区,从而导致在认识和行动上产生偏差,造成教学反思失真。[2]耿文侠等人在杜威理论的基础上,通过实证研究证明了教师的反思态度(即专心、虚心、责任心)对其反思倾向具有解释和预测作用。[3]

客观因素上,刘焱等通过观察和访谈,以幼儿园教师为研究对象,发现不同师幼比、有无外部中介能够对教师的教学反思产生影响。[4]熊文从管理层面出发,认为可以通过建立教学反思的有效机制来促进反思。[5]

也有一些研究者发现主、客观因素均会对教学反思产生影响。雷浩通过调查研究,并运用层次分析法,发现了对教师教学反思有不同程度影响的5个因素:教师课后总体感受、课堂中学生表现、学生作业中的错题、同行听课评课及学生考试中的错题。[6]赵潇认为影响教师教学反思的因素有:学校的物质环境和组织文化、教师对教学反思方法的掌握与熟练应用、教师的反思意识及反思动机、教师已具备的教学理论素养。[7]

三、教学反思能力相关研究

对教学反思能力的研究,研究者们或是进行了现状分析,或是进行了相应的标准构建,或是研究了教学反思能力的发展变化。

在对现状的分析上,冯志均等人以大三师范生(化学教育专业)为研究对象,通过分析其教学反思视频与日志,从广度和深度两个维度对职前化学教

---

[1] 徐锦芬,李斑斑.中国高校英语教师教学反思现状调查与研究[J].外语界,2012(4):6-15.
[2] 陈超.失真与回归:对教学反思的反思[J].历史教学问题,2019(5):132-134.
[3] 耿文侠,申继亮,张娜.教师反思态度与其反思倾向之关系的实证研究[J].教师教育研究,2011,23(6):30-33.
[4] 刘焱,刘峰峰.师幼比与外部中介对幼儿教师教学反思的影响研究[J].教师教育研究,2007(6):62-66.
[5] 熊文.如何在管理层面建立教学反思的有效机制[J].教育探索,2010(2):88-89.
[6] 雷浩.影响教师教学反思的关键因素及其作用程度分析[J].教育发展研究,2015(12):52-58.
[7] 赵潇.教师教学反思能力的影响因素与提升策略[J].教学与管理,2019(4):61-64.

师的教学反思能力进行研究,并在访谈的基础上探讨了影响其教学反思能力的主要因素。[1]冯磊等人从反思意识、反思知识及反思技能3个维度表征教师的教学反思能力,以此为基础研究了小学语文教师教学反思能力的现状,并提出相应的提升策略。[2]

在标准的构建上,张海珠等研究者构建了包含5个基本要素、13个能力要点的教学反思能力检核模型(指向"互联网+"时代的乡村教师),从而提供了相应的检核标准。[3]

在教学反思能力发展变化的研究中,罗晓杰等以一名新手型高中英语教师为研究对象,通过为期两年的行动研究发现了反馈在促进新教师教学反思能力发展中的作用。[4]童慧等人以课例研究项目为依托,对教师在课例研究的不同时期反思水平及反思内容的特征进行综合分析,进一步研究了教师教学反思能力的变化与发展。[5]林楠等通过课例研究,考察了新任体育教师反思能力的发展,使用内容分析法,从反思水平和反思内容两方面对4名新任体育教师的变化进行了研究。[6]

四、教学反思能力的培养策略相关研究

有效的教学反思能力培养策略给出了促进反思的具体路径和方法,对教师专业化成长具有重要的价值和意义,因此也受到研究者的重点关注。通过归纳我们可以发现,研究者提出的反思能力培养策略主要有撰写反思日志、对话反思、搜集学生反馈、利用信息技术手段等,也有一些研究者提出了较为综合的方法和策略。

反思日志是教师教学反思的书面成果,撰写反思日志可以促进教师反

---

[1] 冯志均,李佳,王后雄.职前化学教师教学反思能力及影响因素研究[J].化学教育,2013(6):57-60.
[2] 冯磊,黄伟.教学反思能力的现实问题与提升策略——基于西安市部分区县小学的实证研究[J].语文建设,2018(35):58-62.
[3] 张海珠,陈花,李金亭."互联网+"时代乡村教师教学反思能力检核模型的构建[J].河南师范大学学报(哲学社会科学版),2020,47(2):143-150.
[4] 罗晓杰,牟金江.反馈促进新教师教学反思能力发展的行动研究[J].教师教育研究,2016,28(1):96-102.
[5] 童慧,杨彦军.基于"课例研究"的教师教学反思能力成长之研究[J].中国电化教育,2013(3):62-67.
[6] 林楠,毛振明.基于课例研究的新任体育教师反思能力发展的研究[J].北京体育大学学报,2017,40(6):88-93.

思。有学者认为可以使用一定的步骤,促进新手教师撰写反思日志,以此来培养教师的反思习惯和能力。具体方法是:开始阶段引导教师在短周期内(例如每2天)进行反思,并撰写对一些重要教学事件的2到3段反思性描述;之后,逐渐过渡到在较长周期内(例如每2周或更久)引导教师进行反思,此时,教师就需要撰写完整的反思日志。[1]

对话反思侧重于通过沟通交流促进教师反思。有学者探讨了通过讨论一个提前设置的主题来引发教师的反思行为,并认为这种口头对话的形式具有以下优点:促进教师主动探究,增强教师自信心从而发展其教学知识,达成反思性实践的目标;口头对话更具可操作性、更加有效;同行间的客观评论更能激发教师的有效反思。[2]

学生的反馈可以成为教师教学反思的生发点。有研究者比较了对学生的访谈、学生撰写的学习日志、学生完成的观察表、对学生和教师的调查等4种形式的学生反馈以及它们对教师反思的作用与意义。[3]

信息技术的发展为促进教师教学反思提供了更多选择,有学者检验了利用网络档案袋发展职前科学教师反思技能的有效性。[4]有研究通过在线讨论搭建批判性反思的支架,从而帮助师范生进行深入思考。[5]有学者对比了已有的视频注解工具,并研究了它们在支持和改变教师反思中的应用。[6]谢海燕研究了在微格教学中构建视频资源库,通过借助视频资源库,采用课堂学习、小组讨论以及反思表等形式,从而培养数学师范生的反思能力。[7]黄予等

---

[1] Pultorak E G. Following the Developmental Process of Reflection in Novice Teachers: Three Years of Investigation[J]. Journal of Teacher Education, 1996, 47(4): 283-291.

[2] Emery W G. Teachers' Critical Reflection Through Expert Talk[J]. Journal of Teacher Education, 1996, 47(2): 110-119.

[3] Hoban G, Hastings G. Developing Different Forms of Student Feedback to Promote Teacher Reflection: A 10-year Collaboration[J]. Teaching and Teacher Education, 2006, 22(8): 1006-1019.

[4] Oner D, Adadan E. Use of Web-Based Portfolios as Tools for Reflection in Preservice Teacher Education[J]. Journal of Teacher Education, 2011, 62(5): 477-492.

[5] Whipp J L. Scaffolding Critical Reflection in Online Discussions: Helping Prospective Teachers Think Deeply About Field Experiences in Urban Schools[J]. Journal of Teacher Education, 2003, 54(4): 321-333.

[6] Rich P J, Hannafin M. Video Annotation Tools: Technologies to Scaffold, Structure, and Transform Teacher Reflection[J]. Journal of Teacher Education, 2009, 60(1): 52-67.

[7] 谢海燕. 数学师范生反思能力培养的设计研究——基于视频资源库的微格教学[D]. 上海:华东师范大学, 2016.

对师范生利用视频标注系统进行教学反思能力培养的情况进行了实证研究,指出了其中存在的一些问题,并强调要重视教师的作用。[1]

学者们也提出了其他的教学反思能力培养策略。

斯坦利(Claire Stanley)针对反思性教学实践能力的发展提出如下步骤:(1)参与反思;(2)学会反思;(3)应用反思(当教师了解什么是反思以及如何反思时,他们可以将其用作一种工具);(4)维持反思(在使用和尝试反思的过程中,教师需要克服遇到的困难,以维持其致力于发展反思性教学实践的承诺);(5)实践反思(反思成为实践整体的一部分)。[2]颜奕等认为,通过建构并分析关键事件可以引导教师进行反思。[3]曾令强等认为,引导教师对教育问题、教育现象进行独立思考,能提高教师的教学反思能力。[4]

也有一些学者提出了培养教学反思能力的综合策略。例如朱煜提出的策略有案例研究、课堂观察、课后小结与反思札记。[5]朱建灵认为有以下方法:(1)在教育理论和实践家的经验基础上不断超越自我;(2)运用集体智慧,培养剖析问题的能力;(3)注重教师之间的交流,充分发挥教研活动作用;(4)撰写教学反思日记。[6]回俊松在职前教师反思能力培养的研究中,主要讨论了在职前阶段,培养教师的反思能力时,应该做什么,能够做什么。通过质性研究,发现培养职前教师的工具性反思能力存在着反思基础、反思内容上的局限,而培养职前教师的本体性反思能力则具有必要性与可能性。[7]苗培周等提出的策略有:提高师范生对教学反思的认识、掌握教学反思基本策略、强化理论指导、营造有利于师范生教学反思的支持性组织文化环境。[8]赵潇认为提升教师教学反

---

[1] 黄予,石亚冰,覃翠华.利用视频标注系统培养师范生教学反思能力的实证研究[J].教育理论与实践,2016,36(23):31-34.

[2] Stanley C. A Framework for Teacher Reflectivity[J]. TESOL Quarterly,1998,32(3):584-591.

[3] 颜奕,罗少茜.高校外语教师反思性语言教学研究——一项关键事件问卷调查[J].中国外语,2014,11(2):4-9.

[4] 曾令强,孔德彦,闫岩,王红燕.新课改背景下数学教师教学反思能力发展的途径研究[C].北京:北京中教智创信息技术研究院会议论文集,2016.

[5] 朱煜.论历史教学反思能力及其培养[J].课程·教材·教法,2004,24(8):53-58.

[6] 朱建灵.浅谈教师教学反思的策略[J].教育理论与实践,2012,32(11):63-64.

[7] 回俊松.职前教师反思能力培养研究——本体性反思能力培养的必要性与可能性[D].长春:东北师范大学,2014.

[8] 苗培周,曹雪梅,耿会贤.师范生教学反思能力现状分析与培养策略探讨[J].教育理论与实践,2019,39(23):33-35.

思能力的策略包括:改善学校物质环境,营造文化氛围;注重反思方法的学习;培养教师反思意识,激发反思动机;注重教育理论的学习。①

许多高校的教师教育项目中都专门关照对职前教师教学反思能力的培养。以斯坦福大学教师教育项目(Stanford Teacher Education Program)为例,该项目基于"行动中反思"的理念,将教师教学反思能力的培养作为其主要目标之一。

五、中学物理教师教学反思能力相关研究

对中学物理教师教学反思能力的研究,主要集中在现状分析与培养策略的探讨两个方面。(1)现状分析。胡小军、刘炳升从教师专业化发展的角度出发,采用问卷调查的方式,分析发现不同职称的高中物理教师,教学反思能力及具体的反思途径都存在着明显的差异,同时还分析了影响高中物理教师教学反思能力的内、外在因素。②张冬波等从反思意识、反思习惯、反思途径以及反思时间等方面对中学物理教师教学反思能力现状进行了调查研究。③(2)培养策略。通过研究,学者们提出,可利用教学日志、反思清单以及教学录像,通过搭建反思平台等方法提高物理教师教学反思能力。④

也有研究者对这两个方面都进行了研究。王群针对高中物理新手教师,建构了教学反思水平评价指标体系,该指标体系包含教学反思过程、教学反思内容以及教学反思方式3个一级指标、12个二级指标,并借鉴SOLO分类理论将每个二级指标划分为A、B、C、D四个等级水平,从而对高中物理新手教师的教学反思水平现状进行研究,并提出了提升建议。⑤

综合国内外已有研究来看,对教学反思的研究受到了学者们的重视,相关研究成果丰富。相比而言,对中学物理教师教学反思能力的评价还缺少全面系统、可靠有效的研究。

---

① 赵潇.教师教学反思能力的影响因素与提升策略[J].教学与管理,2019(4):61-64.
② 胡小军,刘炳升.专业化视野下高中物理教师教学反思能力现状的调查研究[J].物理教学探讨,2013,31(12):71-74.
③ 张冬波,张雪梅.中学物理教师教学反思能力调查与研究[J].新疆师范大学学报(自然科学版),2013,32(1):81-84.
④ 臧其新.探究物理教师教学反思能力的策略[J].中学物理,2013,31(2):10-11.
⑤ 王群.高中物理新手教师教学反思水平的个案研究[D].长春:东北师范大学,2019.

第四节 理论基础

一、行动中反思

舍恩最初从认识论的角度探讨教育、心理、规划、管理、艺术等领域中的实践问题。1983年,舍恩在案例研究的基础上提出假设:"有能力的实践者往往比他们所能说的知道的更多。"他通过案例发现,因现实问题的复杂性、不确定性、不稳定性,实践者在用其专业知识解决实际问题时常常会遇到困惑,而他们"具有对自己的认识进行反思的能力",于是"他们有时也使用这种能力应对实践中独特的、不确定的以及冲突的情境"[①],亦即通过"行动中反思(Reflection in Action)"提升专业知识的有效应用。

舍恩是在批判技术理性的基础上提出其理论的。他认为技术理性即实证主义的实践认识论(the Positivist Epistemology of Practice),技术理性视角下的专业实践是一个问题解决的过程,"问题选择或决定是专业工作者从可用方法中选择最能实现目标的手段的过程"[②],但技术理性视角下的问题解决忽略了问题情境的复杂性,换句话说专业实践者在解决问题的过程中需要将复杂的、不易理解的、不确定的情境,描述转化成一个可被理解的情境,因此舍恩引入了"行动中反思"的概念进行应对。

舍恩之后,学者们开始进一步研究教育学中的行动反思问题。从舍恩开始,"反思性教学的概念和实践才获得信任,并在西方教育界进行了广泛的讨论。更多的教师和教师教育者通过反思理解教学问题"[③]。

舍恩的"行动中反思"理论,应用于教育教学当中,对我们的启示在于:当教师在实践中面对复杂的、不确定的、不稳定的各种问题及情境时,教师可以综合地应用自身内隐的认识来对具体的情境做出直觉的、即时的判断,在这个过程中,教师会对这些情境进行重新建构。

---

① Schön D A. The Reflective Practitioner: How Professionals Think in Action[M]. New York: Basic Books, 1983: preface viii-ix.
② Schön D A. The Reflective Practitioner: How Professionals Think in Action[M]. New York: Basic Books, 1983: 39-40.
③ Stanley C. A Framework for Teacher Reflectivity[J]. TESOL Quarterly, 1998, 32(3): 584-591.

二、认识与兴趣

批判理论家哈贝马斯对教育教学领域有深远影响,许多反思理论都来源于哈贝马斯的认识与兴趣理论。

哈贝马斯认为,认识论问题是关于"怎样才能有可靠的认识"的问题。认识是人类维持自身生存的工具和创造新生活的手段。对于兴趣,他认为就是乐趣,兴趣贯穿于人类日常的工具行为和交往行为中。兴趣先于认识,指导认识,是认识的基础。人的认识兴趣决定了其科学活动,哈贝马斯把兴趣分为三种:技术的兴趣、实践的兴趣和解放的兴趣。技术的兴趣是人们试图通过技术占有或支配外部世界的兴趣;实践的兴趣是维护人际间相互理解的兴趣;解放的兴趣是人类对自由、独立和主体性的兴趣。[1]

20世纪70年代,范梅兰在哈贝马斯认识与兴趣理论的基础上将反思分为由低到高3个水平。[2]之后,蔡克纳和利斯顿将反思水平划分为技术理性、实践活动以及批判性反思。[3]

三、建构主义理论

皮亚杰认为,知识并非来自主体,也不是来自客体,而是在主、客体之间相互作用的过程中建构起来的。这包含了两个方面:其一,新经验的意义获得要以原有经验为基础;其二,新经验的介入又会使原有经验得到丰富、调整与改造,这是双向的建构过程。维果茨基则认为,个体学习是在一定的历史与社会文化背景之下进行的,社会对个体的学习与发展起到了支持和促进的作用。维果茨基重视学习者的原有经验和新知识的相互作用,他提出了需要相互联系的两种知识,即"自下而上的知识"和"自上而下的知识"。"自下而上的知识"指学习者的日常经验,"自上而下的知识"则是在学校里所学习的知识。前者与后者相联系,才能成为自觉、系统的知识;后者与前者相联系,从而提供成长的基础。

---

[1] 尤尔根·哈贝马斯. 认识与兴趣[M]. 郭官义,李黎,译. 上海:学林出版社,1999.

[2] Van Manen M. Linking Ways of Knowing with Ways of Being Practical[J]. Curriculum Inquiry, 1977, 6(3):205-228.

[3] Zeichner K M, Liston, D P. Teaching Student Teachers to Reflect[J]. Harvard Educational Review, 1987, 57(1):23-48.

建构主义认为,知识是发展的,是由认知主体建构的,而建构的过程则是新旧经验的互动;知识以文化、社会的方式为中介。[1]因此建构主义学习理论的观点认为,学习者依靠自身来建构自己的知识;新的学习需要依赖现有的知识水平;社会性的互动能够促进学习者的学习;有意义的学习发生在真实的任务及情境之中。

从建构主义的观点来看,教师的反思也是一个学习的过程。在这个过程中,教师通过新旧经验的联系,使反思中出现的认识冲突得到解决,而在解决的过程中,教师也完成了对自我经验的重组与改造,从而达成个人知识的增长与专业发展的目的。

四、TPACK理论

TPACK(Technological Pedagogical and Content Knowledge)即整合技术的学科教学知识,它由科勒(Koehler)和米什拉(Mishra)在2005年提出。[2]该理论认为TPACK是"学科内容、教学法和技术"这三种知识要素之间的复杂互动,不是它们的简单叠加,而是这三种知识经过"整合"后所形成的新知识形式。教学过程中不仅要关注学科内容、教学法和技术这三个知识要素,更要关注三者之间的交互,这种交互形成四种新知识,分别是:PCK——学科教学知识;TCK——整合技术的学科内容知识;TPK——整合技术的教学法知识;TPACK——整合技术的学科教学知识。[3](如图1-4所示)

---

[1] 莱斯利·P.斯特弗,等.教育中的建构主义[M].高文,等译.上海:华东师范大学出版社,2002.
[2] Koehler M J, Mishra P. What Happen When Teachers Design Educational Technology? The Development of Technological Pedagogical Content Knowledge[J]. Journal of Educational Computing Research, 2005, 32(2):131-152.
[3] 何克抗.TPACK——美国"信息技术与课程整合"途径与方法研究的新发展(下)[J].电化教育研究,2012,33(6):47-56.

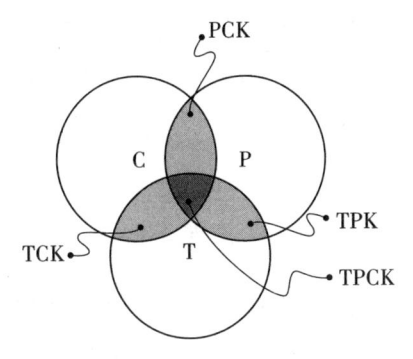

图1-4 TPACK的要素

TPACK理论建立在舒尔曼(Shulman)学科教学知识[①]理论基础之上,并加入了技术知识。舒尔曼曾在对美国当时教师资格认证过程的批评中指出,存在着一种"缺失的范式"(the Missing Paradigm),即该过程往往仅考虑了学科知识与教育知识,因此他提议在教师资格认证制度中重新重视一种知识——学科教学知识,即适用于具体学科内容教学的教学法知识。这样,教学知识就包括学科知识、教育知识、学科教学知识,而不是仅由学科知识与教育知识构成。

科克伦(Cochran)、德鲁透(DeRuiter)和金(King)认为"知识"一词是静态的,并且与建构主义的视角相矛盾。他们提出了学科教学认识(Pedagogical Content Knowing,即PCKg)来强调一种动态性。PCKg的定义为:教师对教学法、学科内容、学生特点、学习的环境背景4种要素的整合理解。PCKg的发展是持续的。PCKg能够使教师利用他们的理解为某一学科中特定内容的教学创造教学策略,从而能够使特定的学生在给定的情境中建构有用的理解。[②]

学者朱德全等认为,对教学知识的认识与理解经历了两种转变,即单一性教学知识观向多元性教学知识观的转变(舒尔曼)、静态结构教学知识观向动态生成教学知识观的转变(科克伦等)。同时指出,在多元动态生成的教学知识观视野下,教学知识表现出如下特征:内容的整体性、意义的建构性、生成的转化性以及表现形态的实践性。[③]

---

① Shulman L S. Those Who Understand: Knowledge Growth in Teaching[J]. Educational Researcher, 1986,15(2):4-14.

② Cochran K F, et al. Pedagogical Content Knowing: An Integrative Model for Teacher Preparation[J]. Journal of Teacher Education,1993,44(4):263-272.

③ 朱德全,杨鸿. 论教学知识[J]. 教育研究,2009,30(10):74-79.

在本研究中,教师的教学反思必然涉及对自身教学知识的反思,而对教学知识的理解,对其构成的分析,则有助于厘清教师在对自身教学知识进行反思时的具体指向。

五、能力标准及能力评价相关理论

一些组织和个人提出了能力标准及能力评价的相关理论,可以供本研究借鉴。例如派瑞(Parry)认为能力是影响工作主要部分的相关知识、态度与技能的集合,能力可以被测量,也可以加以提升。[①]其他组织及个人的理论如下所述。

(一)国际培训、绩效、教学标准委员会(IBSTPI)能力标准界定[②]

国际培训、绩效、教学标准委员会(the Internet Board of Standards for Training,Performance and Instruction)是一个独立的非营利性组织,致力于能力标准的开发,以促进个人与组织在培训、教学、学习和绩效方面的工作。

2004年,国际培训、绩效、教学标准委员会更新了IBSTPI教师能力标准,以反映技术条件下教学对教师能力的新要求。同时,将能力标准定义为:一整套使得个人可以按照专业标准的要求有效完成特定职业或工作职责的相关知识、技能和情感态度。IBSTPI所定义的能力标准是关于绩效的描述,而非个人品质或信念,该定义的另一潜层含义是:通过培训和教育,能力是可以得到发展的。

(二)教学能力三维结构模型

教学能力三维结构模型(如图1-5所示)表明,教学能力由"能力构成维度""组织级别维度"和"教学领域维度"3个相互独立的维度构成。在"能力构成维度"中,教学能力包括态度、知识和技能;在"组织级别维度"中,教学能力包括宏观的领导力、中观的协调力和微观的教学力;在"教学领域维度"中,教学能力包括教学开发能力、教学组织能力、教学实施能力、教学指导能力、教学评价能力

---

① Parry S B. Just What Is a Competency?(And Why Should You Care?)[J]. Training,1996,35(6),58-64.

② 克莱因,等.教师能力标准:面对面、在线及混合情境[M].顾小清,译.上海:华东师范大学出版社,2007:12.

和教学评估能力。

该模型将教学能力从一个复杂难测的整体分解成直观可测的三个相互独立的维度和各维度下具体的组成部分,降低了教学能力的测量难度,为教学能力评价提供了依据。

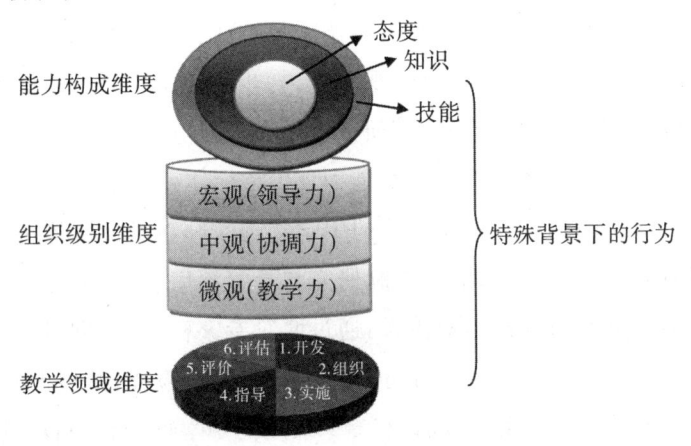

图1-5　教学能力三维结构模型[①]

该模型认为,能力是知识、技能和态度的综合。在"能力构成维度",知识的含义是教师"知道什么",技能的含义是教师"能够做什么",态度的含义是教师"计划做什么"。[②]这也为本研究构建教学反思能力评价指标体系提供了一种思路。

以上理论从知识、技能和态度方面对能力进行评价,可以为本研究提供借鉴。同时,我们也可以得出结论:能力是可以进行提升与发展的。

第五节　研究内容

本研究旨在构建中学物理教师教学反思能力评价指标体系,并在此基础上,用所构建的指标体系评价中学物理教师的教学反思能力。因此,本研究具体包含"中学物理教师教学反思能力评价指标构建研究""中学物理教师教

[①] 徐继红.高校教师教学能力结构模型研究[D].长春:东北师范大学,2013:38.
[②] Molenaar W M, et al. A Framework of Teaching Competencies Across the Medical Education Continuum [J]. Medical Teacher, 2009, 31(5):390-396.

学反思能力评价指标体系构建研究""中学物理教师教学反思能力问卷调查研究""中学物理教师教学反思能力评价案例研究"四个研究，具体内容如下：

研究一　中学物理教师教学反思能力评价指标构建研究

本研究的目的是为构建中学物理教师教学反思能力评价指标体系提供前期研究基础。具体通过访谈与问卷调查等方法，分析、归纳出评价中学物理教师教学反思能力的主要指标、观测点，初步构建中学物理教师教学反思能力评价指标框架。本研究是后续研究的现实基础与参考。

研究二　中学物理教师教学反思能力评价指标体系构建研究

本研究旨在构建具有专家效度的中学物理教师教学反思能力评价指标体系。在研究一的基础上，通过文献研究与专家深度访谈，初步构建中学物理教师教学反思能力评价指标体系；通过两轮专家咨询，分别对指标体系的一级指标、二级指标、观测点及评分标准进行审视与检查，并根据专家意见，对指标体系进行对应修正，形成具有专家效度的中学物理教师教学反思能力评价指标体系。

研究三　中学物理教师教学反思能力问卷调查研究

本研究旨在开发《中学物理教师教学反思能力自评问卷》，形成中学物理教师教学反思能力评价模型，定量调查中学物理教师教学反思能力现状。首先，依据评价指标体系及具体的评分标准，编制《中学物理教师教学反思能力自评问卷》，修订后进行预测试与正式测试，通过项目分析、探索性因素分析、验证性因素分析以及信度分析，得到正式问卷；其次，通过第三轮专家咨询，计算评价指标体系各指标的权重，形成中学物理教师教学反思能力评价模型；再次，对中学物理教师的教学反思能力进行分析。

研究四　中学物理教师教学反思能力评价案例研究

通过案例研究进一步评价中学物理教师教学反思能力。具体通过访谈法、口语报告法，对中学物理教师教学反思能力进行个案研究，对量化研究进行补充。

第二章 中学物理教师教学反思能力评价指标构建研究

教学反思是促进教师专业化发展的重要手段之一,对教师专业化发展具有重要价值与作用。本研究通过访谈与问卷调查,深入了解中学物理教师教学反思的主要指标,旨在为构建中学物理教师教学反思能力评价指标体系提供现实依据和参考。

基于此,本章重点研究以下问题:中学物理教师对教学反思认识与理解的现状如何?中学物理教师一般主要对哪些内容开展教学反思?中学物理教师教学反思的过程是怎样的?在个案访谈及问卷调查的基础上,本研究将梳理当前我国中学物理教师教学反思的不同维度,形成评价指标,为后续构建评价指标体系提供具体依据。

本研究以个案访谈与问卷调查的方式展开,旨在了解中学物理教师教学反思的主要维度。为此,在文献研究的基础上,结合中学物理教学实际,编制了中学物理教师教学反思访谈提纲(面向教师及专家)及中学物理教师教学反思调查问卷。

第一节 中学物理教师教学反思能力评价指标初构的访谈研究

个案访谈可以对被访谈者进行较为深入、全面的研究。访谈对象包括中学物理教师、物理教育专家。

一、访谈提纲编制

为了调查我国中学物理教师教学反思的指标,笔者结合相关文献资料中对教学反思进行研究的维度,针对中学物理教师对教学反思的理解、学校层面教学反思的开展情况及制度保障、反思方法与过程、反思内容、反思影响因素及存在的困难、教学反思能力的自我评价等设置具体访谈问题,形成初步的教师访谈提纲。然后,邀请3位物理课程与教学领域的专家对访谈提纲进行了两轮审核,根据专家意见进行相应的调整与修改。最终,形成如下的教师访谈提纲:

a.您是怎么理解教学反思的?

b.您所在的学校对教学反思持什么态度?学校是否有教学反思的相关制度?学校教师开展教学反思的整体情况如何?

c.您平时是怎样进行教学反思的?您认为教学反思的过程一般是怎样的?您主要对哪些方面的内容进行反思?

d.您觉得哪些行为/措施可以促进您的教学反思?

e.教学反思过程中,您一般会遇到哪些困难?

f.您能否对自己的教学反思能力做出评价?

专家访谈提纲的编制过程与教师访谈提纲类似,具体内容如下:

a.您对教学反思的认识是什么?

b.您认为当前我国中学物理教师教学反思的现状如何?

c.您认为通过哪些方法和措施可以促进中学物理教师的教学反思?

d.您认为是否有构建中学物理教师教学反思能力评价标准的必要?

二、个案访谈过程

本研究的个案访谈选取了5位中学物理教师及4位物理教育专家,为了方便下文的叙述与分析,对每位访谈对象均进行了相应的编号。访谈采用面对面或电话访谈的形式进行,在具体访谈过程中,会根据具体情况进行适当追问,以获取更多的有效信息。被访谈者基本信息见表2-1。

表2-1 被访谈者基本信息

编号	教龄	职称	学校类型
教师A	4年	中小学二级教师	地级市高中
教师B	12年	中小学一级教师	地级市初中

续表

编号	教龄	职称	学校类型
教师C	40年	中小学一级教师	乡镇初中
教师D	3年	中小学二级教师	地级市高中
教师E	8年	中小学一级教师	省会城市高中
专家A	26年	教授	高校
专家B	23年	教授	高校
专家C	40年	特级教师	省会城市中学
专家D	22年	教授	高校

三、访谈结果分析

基于对访谈内容的归纳分类，笔者将从"教学反思概况""教学反思制度建设""对教学反思的认识""教学反思方法""教学反思内容""教学反思过程""教学反思层次水平""反思遇到的困难及促进策略""教学反思能力的评价"等方面分析访谈结果。

(一)教学反思概况

反思概况可以使我们对中学物理教师教学反思现状有一个宏观的认识和理解，为后续研究奠定基础。整体而言，受访者认为中学物理教师教学反思的整体情况有待进一步改善。

专家A认为："我在高校从事教师培训二十余年，各种层次的教师都有接触，从刚入职、入职三五年的新教师，到省骨干教师、省名师，有教学思想、有自己想法的教师不是很多。一些教师好学、谦虚、上进心强，有把自己的教学再提高、再升级的意识。有这样的意识才会去评估自己教学的有效性，想方设法用新的办法来尝试。有些教师教学反思的意识还比较欠缺。"

专家B认为："有些教师可能不太注重教学反思，也不知道该反思什么，自己习惯性的反思可能还没有常态化。"

专家C认为："目前中学物理教师的教学反思中主要有两个问题：一是追

求形式,忽视目标。教案最后一般都有教学反思的板块,就想当然地'塞上去',看不出这个反思有什么目标,是为什么而反思,于是反思就变成了在没有目的的情况下,对教学过程的一些片段的思考,很容易流于形式,为反思而反思。二是孤立看待反思,没有从自己整个教学大的方面来看待反思的重要性。反思什么内容?事先不知道。如果只是找哪些地方可以反思,写一些不痛不痒的东西,完全没有一个预先需要反思的目的和框架,就会孤立地为反思而反思。总体而言,目前中学物理教师教学反思的动力不足,收效也甚微。"

专家D认为:"教师教学反思的情况是分化的,优秀的教师不断反思成长,而一般的教师如果不喜欢反思,也就不会进行教学反思。"

由以上访谈内容可以看出:中学物理教师教学反思的情况存在一定的差异,整体而言有待改善;教师内在的动机与意识是其进行教学反思的现实动力;部分教师认识到了教学反思的重要性,但是不太清楚教学反思的目标、内容、过程,换句话说就是反思理论的不足在一定程度上影响了教学反思的效果。

(二)教学反思制度建设

从制度层面来看,部分学校倡导教学反思并取得了一定的效果。例如,教师D提到:"我们学校特别提倡教师进行教学反思,我们每位老师每周都会撰写反思日志,学校会在期末将所有老师一学期的教学反思日志装订成册,供大家相互借鉴、学习。"

但部分学校的相关制度有待进一步完善和细化。例如,教师E提到:"学校层面关于教学反思的态度、制度等整体而言比较一般,也会倡导,在教案中、评课时会涉及教学反思,但学校更多是进行宏观管理,具体的细节没有过多涉及,也没有相关的激励政策。"

并非所有学校都有专门的针对教学反思的相关制度。例如,教师B提到:"教师的教案本中有教学反思专栏,学校也会在期末检查教案本,但不是专门针对教学反思,老师们有时也不怎么写这块儿,所以学校没有针对教学反思的专门规范检查及硬性要求。教研活动主要是讨论知识、制订计划,也会讨论教师个人遇到的问题,教研活动是大家交流的方式,一周一次,这个有硬性规定。因此就学校教师整体开展反思的情况来看,没有硬性要求的话,主要是属于教师个人行为。"

教学反思制度的不合理(例如缺少一定的弹性),也会在一定程度上影响教师教学反思的积极性。如教师C提到:"我们有专门的反思记录本,反思录成为教学检查的必要内容。但学校没有其他专门的制度、活动来进行反思,只是检查反思录。身边几乎每个教师都会进行反思,也会和同事交流、征求意见,但近几年形式化后反思积极性受到一定影响。"

更多的学校是通过教研活动、教案设计来对教学反思的开展加以保障。例如,教师A认为:"(我们)学校通过组织听课活动、每周两次的"大教研",督促教师进行反思。教案最后有"教学反思"一栏,但并没有专门的教学反思手册。"专家B也提到:"教师通常通过教研活动、公开课、教研组评课来进行教学反思。"

总体而言,中学物理教师教学反思的相关制度有待进一步健全,完善并发展具有一定灵活性的反思制度可以为中学物理教师教学反思提供平台和条件,促进教师教学反思的深入、有效开展。

(三)对教学反思的认识

中学物理教师对教学反思的认识包括对教学反思内涵的理解和重要性的理解两部分。

对于教学反思的内涵,多数受访者倾向于认为教学反思即"课后总结、梳理与改进",而教师C提到"教学反思包括教学过程前、中、后几个阶段的反思",教师B认为"教师在任何时刻都可能有反思"。还有受访者认为一线教师对教学反思内涵的认识和理解还有待提升,如专家A认为:"(教师)对教学反思的内涵、过程、评估指标体系等专业内容的认识还非常缺乏,不少教师对教学反思的认识基本还处于生活经验层次的认识。"

总体而言,多数受访者都肯定了教学反思的重要作用。如教师C认为:"教学反思是提高教师自身素质、提高课堂效率、提高学生学习效率的有效途径,是新手教师成熟的过程,是教师综合素质的体现。"教师B认为:"对教师而言,教学反思是必需品,它能促进个人成长。"教师A认为:"对教学反思,大家形成的共识非常有助于教师专业发展。"

由以上访谈内容可知：一线教师对教学反思的理解更多倾向于课后的总结、梳理与改进，部分教师认识到了教学反思的即时性与全过程性；他们都认识到了教学反思对提升教师自身发展水平、提高学生学习效率的重要性，注意到了教学反思对教师专业成长的价值和意义。因此，从教师对教学反思内涵的理解以及重要性的认识设置指标，可以了解到教师的理解情况。

（四）教学反思方法

用什么样的方法进行教学反思，关系到教学反思的路径与效果。

受访者认为一线物理教师进行教学反思的方法包括"自己想一想""写一写""撰写反思日志""与同事交流""参加教研活动"等。如教师C提到："我进行反思的主要方式还是自己想一想，有时在笔记本上写，这已成为我自己必要的教学过程（的一部分）。最开始工作时，我会骑自行车去附近其他学校请教有经验的老师，而与同事交流进行反思这种情况比较少，因为那时乡镇初中同科教师比较少，不像大一点儿的学校有教研组。"教师A提到："一般当我有所反思时，我会随时记在教案上。"教师D认为："我们每位老师每周都会撰写反思日志。"可见，教师自己"想一想""写一写"是最为常见的反思方式。

此外，还有老师会与同事分享自己的反思。例如，教师E提到："我们物理组的几位老师自发组建了讨论小组，每周都要在小组群里共享自己本周的反思短文，把自己的各种想法和收获记录下来，少则一百字，多则两三页Word文档，我们称之为'物理小作文'，如果没有按时提交将会受到一定的'惩罚'。"

随着信息技术的发展，还有老师提到利用手机、网络等现代信息技术手段进行教学反思。如教师B提到："当我想到一些想法，我会及时用手机记录。物理学与生活联系密切，有时看网上的短视频，有一些别出心裁的实验设计或实验片段，我就会记录下来，反思自己的实验教学。这样就将反思与生活融合起来，还可以有效利用网络技术。有很多平台可以将你思考的东西展现出来，比如参加教学技能大赛，或者是通过网络平台，录三五分钟的短视频，表现自己教学反思的成果，同时也促进自己更好地反思。"

不同的反思方法具有各自的特点，"想一想""写一写"等方法更多属于教师自我反思，而通过教研活动、互联网等形式进行反思，可以在交流中实现相互学习。由此可知,不同反思方法可以达成不同的效果,因此反思方法可以成为评价反思能力的指标之一。

(五)教学反思内容

反思内容是教学反思的重要组成部分,因此也应该是评价教学反思能力的重要指标。

受访者认为教学反思的内容主要包括课堂教学、学生、教师等方面。当笔者进一步追问每一方面的具体内容时,不同受访者的侧重点也有所不同。如教师C提到"我的教学反思通常包括以下方面:是否达到教学目标、学生接受情况如何(学习效率)、学生作业中出现的问题。如果发现问题,我会利用自习或者作业辅导时间,把反思后比较成熟的成果给学生再讲一讲。随着教龄的增长,我在知识上基本没有什么问题,更多在教学方法、教学效果上反思。"也就是说,该老师强调对教学目标、学生学习、教学方法、教学效果等的反思。而教师B认为:"一般来说,老师、学生、教学内容是我们主要的反思内容,但是不同老师反思的重点不同,即使是同一位老师在职业发展不同阶段,他的反思内容也会不同,比如新教师一般对自身学科专业知识的关注可能更多,然后慢慢地才会扩展开来。"

由此可知,教师、学生、课堂教学可以作为评估教学反思能力的内容指标,但是如何进一步细化,形成更加合理的指标体系结构还有待进一步探索。

(六)教学反思过程

多数受访者认为教学反思的过程就是一个解决问题的思维过程,具体包括发现问题、寻求支持、解决问题。有些问题可以通过自己思考进行解决,有些问题则需要借助外部的帮助才能解决。

专家C的观点具有一定的代表性,他认为:"应该强调教学反思不要面面俱到,应该事先突出要研究问题的重点。特别是把教学反思作为行动研究的必备步骤,应该明确我们行动研究的目的是什么,围绕着这个目的来进行反思,与此目的无关的东西,不要过多涉及。只有突出目的、把反思作为行动研究的一个环节,才能实现反思的真正效果。为了某一个目的而反思,而不是为了反思而反思。反思不仅是要指出过去的缺点、总结过去的经验,更是要提出今后怎么做。要进一步提升教学反思的效果，就要反对搞形式主义，强调实效。只有看到了反思的效果，才会有动力。"他强调了反思的目的性、实践性、连续性。同时，他还强调反思过程中的创新，认为"不要仅强调错误或经验，更要强调创新"。

受访者往往把教学反思的过程等同于问题解决的过程，这在一定程度上说明教师对教学反思过程的认知还比较模糊，从哪些角度评价教师教学反思的过程有待于进一步研究。

(七)教学反思层次水平

关于教学反思的层次水平，受访者都认为教学反思是有深浅层次区别的，但是受访者对层次水平的描述并不相同。

例如，教师C提到："根据我这些年的教学反思以及观察，我觉得教学反思是有层次区别的，有的老师可能反思得较深入，能够抓住问题的核心或者本质，对有些问题的反思，能够起到一次反思终身受益的效果，而有的老师则停留在较浅的层次。比方说，他可能在很长一段时间内只能保证学科知识上不讲错，我觉得这和老师的悟性是相关的。"该教师认为反思的层次分为"抓住问题的核心或者本质"和"学科知识上不讲错"。专家B则认为："反思肯定是有深浅不同层次水平的，例如，有的老师能反思自身讲的内容正确与否，有的老师能反思教学方法是否合适，新的教学理念是否有效应用到自己的教学实践之中，而有的老师则能够进一步更全面地审视自己的教学，协调自己各方面的教学素养，使教学达到最好的状态。"

受访者意识到教学反思存在层次性，并且不同受访者对反思层次水平的理解并不相同，寻找合理的层次水平，并用之衡量教师的教学反思，可以达到较好的评价效果。

(八)反思遇到的困难及促进策略

教师在反思中遇到的困难包括将反思成果在实践中加以验证时遇挫、缺乏专家引领、时间精力有限等。

教师C提到："我反思中的困难存在于反思以后纠正问题、解决问题的过程。例如反思学生学习效果的问题时，因为受学生因素的影响，改进效果不好，行动之后的效果与个人预期有差别。还有一种情况是反思后发现了问题的症结,尝试了很多方法后问题不能得到解决,究其原因是学生其他学科知识的学习水平低,比如,物理内容牵涉一些数学知识,学生数学水平不高,导致学习效果不佳。"

教师B提到:"我反思中的困难存在于对问题解决办法再实践的过程中,也就是发现问题后,尝试了新的做法。新的做法如果没有效果,我就会产生困惑。"

教师E提到:"我遇到的困难,一是时间、精力有限,二是在反思中缺少专家引领与指导。"

受访者认为,促进教师教学反思的策略包括增强教师问题意识,强调反思态度,注重教育教学理论知识的学习,加强专家指导、同伴互助、教研活动、学校制度保障等。

教师C认为:"促进教学反思,教师要善于在教学中发现问题。注意在对教学理念、教学方法、重难点把握、学生认知能力了解上的问题,尤其注重对自身教学理念的分析与反思。这对培养学生素养、促进学生后续发展比较有益。"

教师B认为:"反思首先是一个态度问题,如果个人比较勤奋好学,通过自己查找书籍、网络,向别人请教,然后仔细思考,会发现教学效果会更好。另外,要在一定的教学经历之上注重教育教学理论知识的学习。当然,也不能迷信书籍,要探究自己的实际情况。比如近些年我有这些反思:初中学生自觉性低、好动、自控力较差,因此教学更讲究技巧,这样才能有效提升教学效果。教学理念很重要,工作12年,我的教学理念的变化,主要体现在对学生成长成才的认识有变化。"

教师E认为:"有一群志同道合的同事一起反思,可以促进我的教学反思,一群人可以走得更远,身边人的态度会影响我。学校层面物质上或精神上的激励措施,琐事少一些,也会促使我们积极进行教学反思。"

专家B认为:"对经验不足的老师来说,靠个人反思还是不行,还要通过教研活动来集思广益,通过听课、评课帮助其反思,也是有效的方法。我所在的地区很多学校教研活动做得比较好,一周有一次教研活动。另外,一个月能够有一些专家讲座,指导教师该反思什么、怎么反思等,也很重要。这里的专家应该是既有理论、又有丰富中学教学经验的大学研究者。教师到底怎么反思、怎么评课还是需要专家的引领。总之,要从专家指导、同伴互助、教研活动(常态化)这几方面着手,促进教师教学反思。"

此外,还有受访者给出了具体的引领教师反思的策略,如教师A认为:"在评价的基础上可以构建'支架型教学反思能力提高策略',给老师的教学反思提供一种框架、支架,支架可以借助于信息技术手段,在页面上分第一项、第二项进行填写。其实就是我们所说的第一个要素、第二个要素,告诉老师所填每一项具体的含义、目的、要求。这样一步一步地,老师慢慢就熟悉了。一段时间之后,去掉这些详细的框架指导,看老师可否自己做下来,相当于甩掉拐杖,自己写教学反思,从而进入第二个层次的练习。"

(九)教学反思能力的评价

整体而言,教师对自身教学反思能力的评价还不是很明确。专家和教师都认为有必要构建中学物理教师教学反思能力的评价标准,他们也提出了评价标准应该包含的要素、评价的作用以及评价方式等。

教师B认为:"教学反思能力要体现在相关成果上,应该制定相应的评价标准。我对自己的反思能力评价为合格,一个主要的原因就是目前没有针对中学物理教师教学反思能力评价的标准,缺乏自我评价的依据,所以我就做了比较中立的选择。"

教师E认为:"如果满分10分,我给自己教学反思能力的评分是6分。我需要一个标准告诉我该怎样去反思,从哪些方面反思是比较全面的,有一套程序可以参照进行反思,而且这个标准不要太烦琐,能够比较节省精力,用起来比较流畅。"

教师C认为:"就我个人而言,我主要针对教学方法和教学效果展开反思,确实是针对个人遇到的问题进行反思,发现问题的能力较强,而对教学理念的反思相对较少,有时想按照新的教学理念来,但是一时半会儿不能见效,担心影响学生的高考或中考成绩,从而还是传统教学理念占据位置较多。教学反思能力的标准,可以涉及教学方法、教学理念、教学效果及学生发展这几个方面,个人认为自己的教学反思能力中,发现问题和纠正问题的能力属于中游偏上,比较好。教学反思能力的标准不好定,评价教师的反思能力,要谨防演变成为评价教师的教学成果。"

专家A认为:"希望能够提供专业化的框架评价教学反思能力,基于教学反思的本质,梳理出教学反思的过程、要素,然后从知识、能力、态度等几个方面分析问题所在。这个框架不仅能用来评价老师教学反思的水平、特点,还可以用来指导老师改进教学反思。既有评价作用,又有教学功能。"

专家D提出:"对教师教学反思能力的评价,可以通过课堂观察、文本分析、深度访谈(教师本人、学生、同行)、量表测量等方式进行。"

四、个案访谈小结

从访谈内容中我们梳理出了"对教学反思的认识""教学反思方法""教学反思内容""教学反思过程""教学反思层次水平"等主要维度,了解到一线中学物理教师教学反思的概况、学校中教学反思的制度建设情况、教师在教学反思中遇到的关键问题等。

这些维度是研究构建评价指标体系的重要参考和依据,当然,还需要结合现状、文献研究等对上述维度进行进一步梳理和验证,尤其是需要进行进一步的细化,最终构建出中学物理教师教学反思能力评价指标体系。

第二节 中学物理教师教学反思能力评价指标初构的问卷调查研究

为了进一步对访谈结果进行验证与细化,确立相应评价指标,笔者结合教学实际,开发调查问卷,并进行调查与分析。

一、问卷编制

中学物理教师教学反思调查问卷由被调查者的基本信息与调查内容两部分构成。

第一部分是被调查者的基本信息,具体包括被调查者的性别、教龄、职称、学历、所在省(区、市)、学校所在行政区域、任职学段等,这些基本信息从不同维度反映了被调查者的背景。本部分共有7道题目,包括6道单选题和

1道填空题。

第二部分是具体的调查内容。结合访谈结果及教学实际，笔者从中学物理教师教学反思动机、教学反思方法、教学反思时机、教学反思内容、教学反思过程、教学反思的困境等维度展开调查。本部分共有9道题目，包括1道单选题与8道多选题，具体如表2-2所示。

表2-2 问卷调查目的与对应题目

序号	调查目的	题目编号
1	教学反思动机	1(单选题)
2	教学反思方法	2(多选题)
3	教学反思时机	3(多选题,最多选两项)
4	教学反思内容	4(多选题)、5(多选题)、6(多选题)、7(多选题)
5	教学反思过程	8(多选题)
6	教学反思的困境	9(多选题)

按照上述思路设计具体调查问题并形成问卷初稿之后，为了保证问卷的科学、有效，笔者请3位物理课程与教学领域的专家对问卷进行了两轮审核，并根据专家意见进行相应调整与改进，最终形成正式的中学物理教师教学反思调查问卷。

二、问卷调查过程

通过"问卷星"平台，在全国范围内进行问卷发放。调查共获得有效问卷623份，涉及29个省(区、市)，样本人员来源地描述统计如表2-3所示。

表2-3 样本人员来源地描述统计（N=623）

省(区、市)	数量	百分比/%	省(区、市)	数量	百分比/%
重庆	113	18.14	山东	11	1.77
四川	78	12.52	江苏	10	1.61
河南	49	7.87	浙江	9	1.44
河北	47	7.54	吉林	9	1.44
山西	35	5.62	北京	8	1.28
广东	32	5.14	安徽	6	0.96
贵州	30	4.82	湖北	5	0.80
云南	26	4.17	内蒙古	5	0.80
海南	23	3.69	宁夏	4	0.64
甘肃	22	3.53	新疆	3	0.48
黑龙江	21	3.37	辽宁	3	0.48
陕西	19	3.05	青海	2	0.32
福建	18	2.89	上海	2	0.32
广西	16	2.57	江西	1	0.16
湖南	16	2.57			

样本基本信息描述统计如表2-4所示。

表2-4　样本基本信息描述统计（$N=623$）

基本信息类别	选项	频数	百分比/%
性别	男	316	50.72
	女	307	49.28
教龄	1—5年	216	34.67
	6—10年	118	18.94
	11—20年	163	26.16
	20年以上	126	20.22
职称	中小学二级教师及以下	290	46.55
	中小学一级教师	214	34.35
	中小学高级教师	115	18.46
	正高级教师	4	0.64
学历	本科	492	78.97
	硕士研究生	125	20.06
	博士研究生	1	0.16
	其他	5	0.8
学校所在行政区域	省会城市	186	29.86
	地级市	208	33.39
	县/区/县级市	190	30.5
	乡镇	39	6.26
任职学段	初中	204	32.74
	高中	393	63.08
	初中和高中	26	4.17

三、问卷数据分析

本部分将具体分析问卷调查的数据,以期用调查结果进一步为中学物理教师教学反思能力评价指标体系的构建提供依据。

(一)教学反思动机

教学反思的动机是教师进行教学反思的动力所在。超过一半的教师(51.85%)进行教学反思的动机是"促进自身专业成长",以"提升学生学习效果"为反思动机的教师约占43%,有5.46%的教师进行教学反思的原因是"学校要求",这说明中学物理教师在教学实践中更多立足于促进自身专业成长与学生发展而进行教学反思,换句话说其教学反思的动机更多是自发的、内在的。

对不同教龄的中学物理教师进行分析后发现,教龄在10年以内的中学物理教师,其进行教学反思的首要动机是"促进自身专业成长",而当教龄达到11年及以上时,教师教学反思的首要动机变为了"提升学生学习效果"。对不同职称的中学物理教师进行分析可以看到,中小学高级教师进行反思的首要动机是"提升学生学习效果",而中小学一级教师及以下职称的中学物理教师则主要是为了"促进自身专业成长"而进行教学反思。这种现象表明,教师在职业发展的初期,更加关注自身专业成长,而在专业成长达到一定程度时,教师会更多关注学生的学习效果。

因此,"促进自身专业成长""提升学生学习效果"等构成教师教学反思的具体动机,可以将其作为评价教学反思动机的参考指标。

(二)教学反思方法

采用何种方法进行教学反思,既体现了中学物理教师开展反思的习惯,也在一定程度上影响其反思的效率及效果。

由图2-1可知,中学物理教师最常用的反思方法是"自己在头脑中思考"(64.53%),采用"与他人交流""定期参加集体备课、教研活动等""撰写反思日志"方法的均占到大约35%,而"借助互联网进行教学反思"的占比最少(4.01%)。此外,还有个别教师提到"在教学设计上批注"等方法。

```
自己在头脑中思考                                    64.53%
与他人交流                         37.24%
定期参加集体备课、教研活动等        36.6%
撰写反思日志                       35.15%
回看自己的教学录像        6.42%
借助互联网进行教学反思    4.01%
其他                     0.48%
         0   10%  20%  30%  40%  50%  60%  70%
```

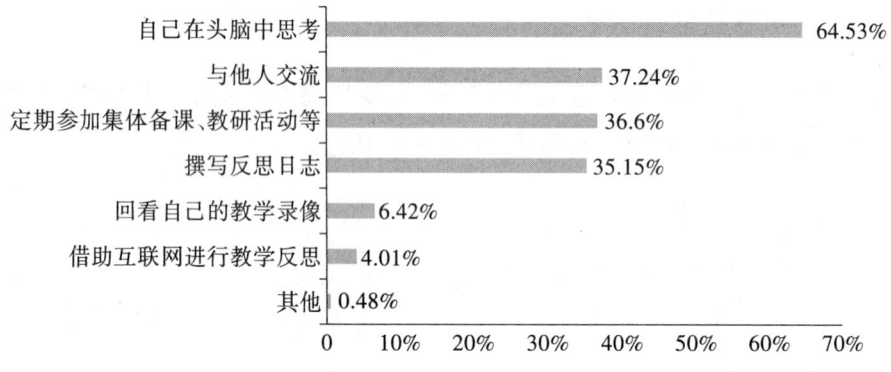

图2-1　中学物理教师进行教学反思的方法及比例

从这些数据可以看出,多数中学物理教师主要依靠自己在头脑中思考来进行教学反思;学校组织的集体备课、教研活动可以为中学物理教师进行教学反思提供平台和契机;撰写反思日志、与他人交流也是当前中学物理教师进行教学反思的常用方法;借助互联网进行教学反思的方法还没有被中学物理教师广泛采纳,互联网如何在发展教师教学反思的过程中发挥其作用与优势,还有待进一步认识与挖掘。

上述问卷调查数据和访谈结果基本吻合,进一步说明"自己在头脑中思考""与他人交流""定期参加集体备课、教研活动等""撰写反思日志""借助互联网进行教学反思"等可以作为评价中学物理教师教学反思方法的参考指标。

(三)教学反思时机

在何时进行教学反思,涉及反思者对教学反思本身的理解,是评价教师教学反思能力的重要方面。关于中学物理教师教学反思的时机,课后反思(74.48%)的教师比例远远高于课中反思(18.62%)、课前反思(14.61%)的教师比例,而在课前、课中、课后均进行反思的教师占比为26%。这也从一个侧面印证了访谈中教师对教学反思内涵的理解现状,即更多一线物理教师认为反思是在教学活动之后进行的。

教学反思时机在一定程度上能够反映中学物理教师对教学反思内涵的理解,同时也在一定层面上反映了其进行教学反思的实践行为,可以作为评价教学反思能力的参考指标。

(四)教学反思内容

反思哪些内容,亦即反思的广度,是教学反思能力的重要组成部分,体现了教师在反思过程中的主要关注点,是后续构建中学物理教师教学反思能力评价指标体系的重要依据。

表2-5 中学物理教师教学反思内容

教学反思内容	频数	百分比/%
课堂教学	601	96.47
课外活动	190	30.50
教师发展	310	49.76
学生发展	458	73.52
其他	2	0.32

表2-5显示,96.47%的中学物理教师会反思课堂教学,73.52%的中学物理教师会反思学生发展,接近一半(49.76%)的中学物理教师会反思教师发展,30.50%的中学物理教师会反思课外活动。可见,教师一般主要反思"课堂教学""学生发展""教师发展"。

教学过程设计 70.63%
教学方法选择 67.42%
教学重难点设置 63.56%
教学效果及评价 57.95%
教学内容及资源选择 52.17%
课堂管理 39.17%
教学理念及相关理论 36.76%
教学目标设置 36.76%
物理实验教学设计与评价 34.51%
其他 0.32%

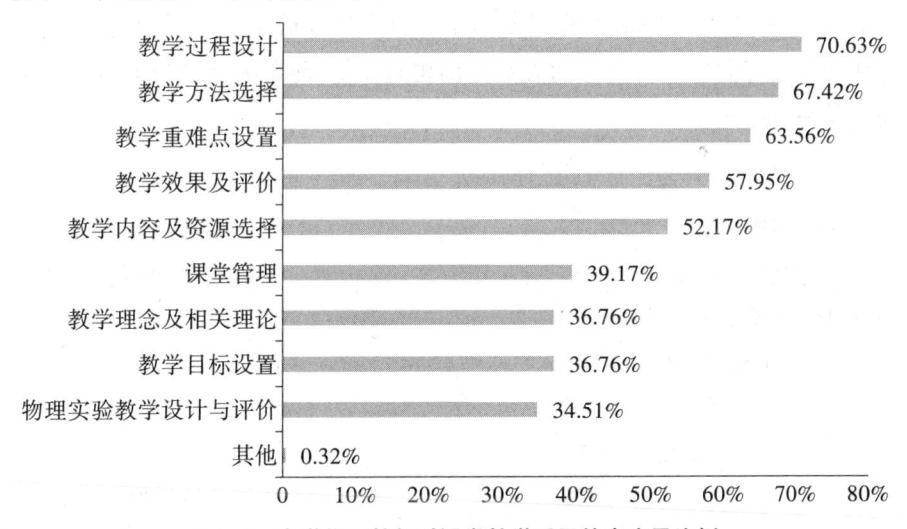

图2-2 中学物理教师对课堂教学反思的内容及比例

进一步具体到课堂教学维度可以发现(图2-2),调查对象主要反思教学过程设计、教学方法选择、教学重难点设置、教学效果及评价、教学内容及资源选择等内容。以上选项的选择比例均在50%以上,其中,反思教学过程设计的比例最高,达到70.63%。调查对象中反思课堂管理、教学理念及相关理论、教学目标设置、物理实验教学设计与评价等内容的人数比例相对较低,均未超过40%。

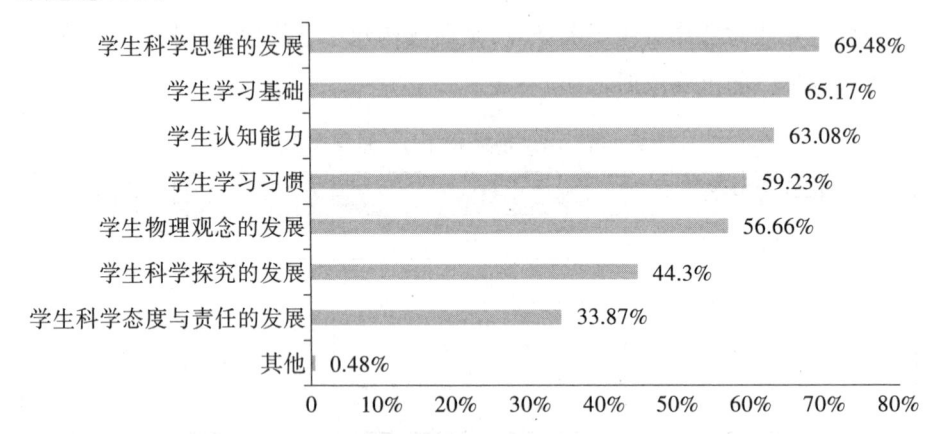

内容	比例
学生科学思维的发展	69.48%
学生学习基础	65.17%
学生认知能力	63.08%
学生学习习惯	59.23%
学生物理观念的发展	56.66%
学生科学探究的发展	44.3%
学生科学态度与责任的发展	33.87%
其他	0.48%

图2-3 中学物理教师对学生发展反思的内容及比例

进一步具体到学生发展维度可以发现(图2-3),调查对象主要反思学生科学思维的发展、学生学习基础、学生认知能力、学生学习习惯、学生物理观念的发展等内容,比例均在55%以上。其中,选择学生科学思维的发展的比例最高,达到了69.48%。调查对象对学生科学探究的发展、学生科学态度与责任的发展等内容进行反思的人数比例相对较低,前者的比例为44.3%,后者的比例为33.87%。

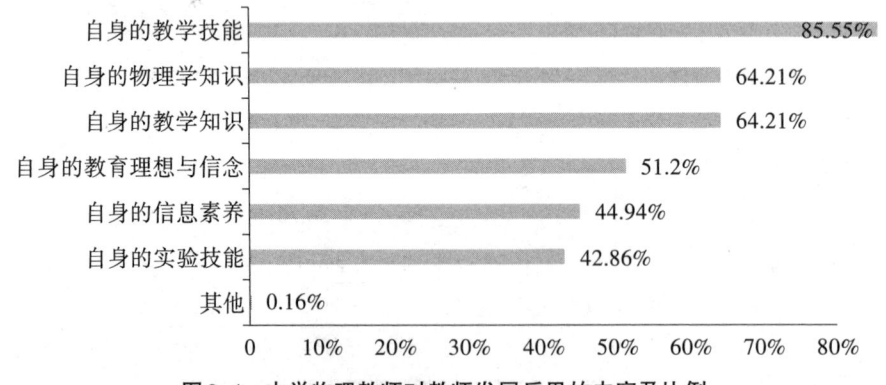

内容	比例
自身的教学技能	85.55%
自身的物理学知识	64.21%
自身的教学知识	64.21%
自身的教育理想与信念	51.2%
自身的信息素养	44.94%
自身的实验技能	42.86%
其他	0.16%

图2-4 中学物理教师对教师发展反思的内容及比例

具体到教师发展维度可以发现(图2-4),中学物理教师反思较多的内容是自身的教学技能、自身的物理学知识、自身的教学知识等,上述内容的选择比例都在60%以上,其中,选择自身的教学技能的比例最高,达到了85.55%。调查对象中对自身的信息素养以及自身的实验技能反思的人数比例相对较低。

综合"教学反思内容"部分数据可以发现：

第一，中学物理教师教学反思的内容主要集中在"课堂教学""学生发展""教师发展"等维度。

第二，中学物理教师更加关注对操作层面的教学过程设计、方法选择以及自身教学技能的反思，相较而言对其背后涉及的教育教学理念、自身的信念等的关注较少。

第三，调查对象整体对物理实验教学的反思相对较少，对物理实验教学设计与评价、学生科学探究的发展、自身的实验技能等内容进行反思的人数比例都相对较低。

第四，调查对象对学生科学态度与责任的发展进行反思的人数比例较低。

相关数据对后续构建中学物理教师教学反思能力评价指标体系具有重要的参考价值。

(五)教学反思过程

为了便于大规模问卷调查的开展，对于教学反思过程，参照杜威、舍恩等学者的观点，结合教师教学实际，将中学物理教师教学反思的具体过程划分为发现问题、聚焦问题并进行描述、选择已有经验进行应对、与他人进行交流、通过学习与实践获得新经验、对教学中的问题与情境进行重构、在重构的情境中应用已有经验或新经验、在行动中验证反思成果、在行动中发现新的问题并进一步进行反思等阶段，以半开放式问题的形式，请被调查者进行选择。

反思过程	比例
发现问题	60.35%
与他人进行交流	57.95%
对教学中的问题与情境进行重构	48.80%
通过学习与实践获得新经验	47.67%
聚焦问题并进行描述	46.55%
选择已有经验进行应对	39.81%
在行动中发现新的问题并进一步进行反思	39.49%
在重构的情境中应用已有经验或新经验	32.74%
在行动中验证反思成果	32.42%
其他做法	0.16%

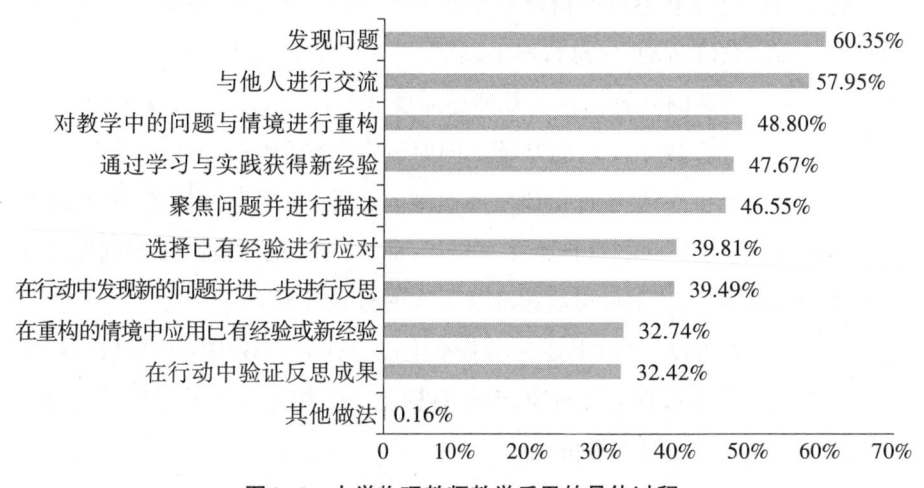

图2-5　中学物理教师教学反思的具体过程

通过图2-5可以看到,中学物理教师在教学反思的具体过程中,超过一半的教师能够"发现问题""与他人进行交流",有近三分之一的教师能够做到"在重构的情境中应用已有经验或新经验""在行动中验证反思成果"。总体而言,上述教学反思过程的各阶段得到了被调查者的认同,具有较强的参考价值。

(六)教学反思的困境

困境	百分比
缺乏足够的教育教学理论知识	53.13%
遇到与已有经验不符的情况时不知如何解决	44.94%
不能有效利用反思手段(如反思日志、教研活动、信息技术手段等)	43.34%
不能清楚地界定遇到的问题	38.84%
无法在实践中验证改进效果	20.55%
无法用反思成果改进教育教学	16.21%
无法与他人进行有效沟通	15.25%
无法得到反思结果	11.4%
其他	0.64%

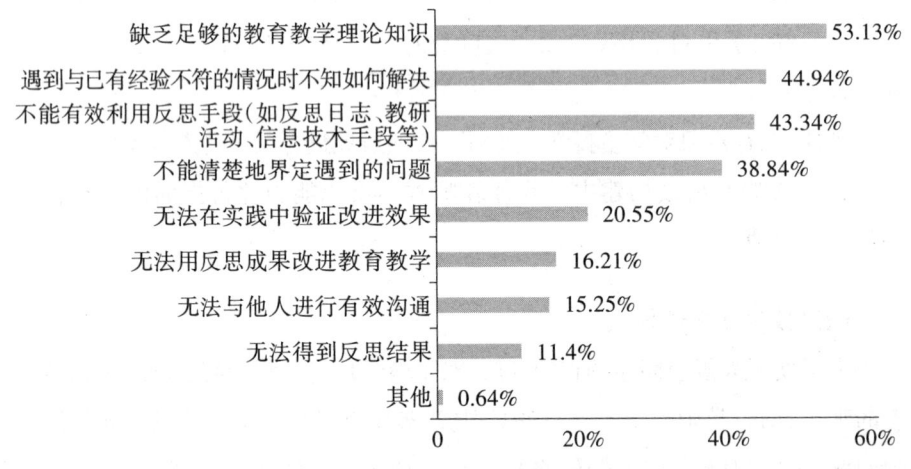

图2-6 中学物理教师教学反思的困境

对于中学物理教师在教学反思中的困境,调查发现(如图2-6),整体而言,"缺乏足够的教育教学理论知识"是大部分调查对象进行反思时存在的困难,"遇到与已有经验不符的情况时不知如何解决""不能有效利用反思手段(如反思日志、教研活动、信息技术手段等)""不能清楚地界定遇到的问题"也是调查对象常遇到的问题。说明教师还需要夯实自身的教育教学理论知识,以此作为自身进行教学反思的基础。同时,教师也需要在如何开展反思、如何有效应用反思手段等方面受到相关指导。此外,在教学反思中,发现问题之后的重要一环是对问题进行聚焦与描述,而38.84%的教师对界定问题还存在困惑,这也会影响教学反思后续环节工作的有效开展。

由调查数据可以发现,上述选项基本上能够代表一线中学物理教师在教学反思过程中所遇到的主要问题,因此对构建中学物理教师教学反思能力评价指标体系具有一定的参考价值。

四、问卷调查小结

本部分通过半开放式问卷调查,从教学反思动机、教学反思方法、教学反思时机、教学反思内容、教学反思过程等维度,进一步验证并细化了访谈所得到的中学物理教师教学反思能力评价指标,并为指标体系构建提供了具体的数据支撑。

从问卷调查中各选项的选择情况、对于"其他"选项的填写情况及比例(选择填写该选项的比例低于1%)表明,被调查者基本认可问卷中所罗列的主要选项。

第三节 研究结论

本研究是构建中学物理教师教学反思能力评价指标体系的前期研究,目的是梳理出当前我国中学物理教师教学反思的不同维度,从而形成评价指标及观测点。本章通过访谈与问卷调查,初步得到以下结论。

1.通过访谈,归纳出"对教学反思的认识""教学反思方法""教学反思内容""教学反思过程""教学反思层次水平"等维度可以作为评价教师教学反思能力的参考指标。访谈结果也对上述维度进行了细化,可以初步归纳出个别维度下的观测点。

2.在访谈基础上进行的问卷调查,梳理出"教学反思动机""教学反思方法""教学反思时机""教学反思内容""教学反思过程"等维度及其观测点。

本章通过访谈和问卷调查,初步梳理出了评价中学物理教师教学反思能力的部分指标,为后续研究提供了基础和生长点,但同时也应该意识到此处的初步的指标尚有待于后续研究的进一步完善、检验与评价。

第三章　中学物理教师教学反思能力评价指标体系构建研究

为了能够对中学物理教师的教学反思能力进行有效评价,首先需要进行中学物理教师教学反思能力评价指标体系的构建。本章构建中学物理教师教学反思能力评价指标体系的方法如下:在对文献进行研究及对专家进行深度访谈的基础上,根据研究一的相关结论,进行指标初构,继而通过两轮专家咨询,建立指标体系之内容效度。

第一节　中学物理教师教学反思能力评价指标体系初构

本节通过对国内外相关研究进行梳理,并结合对专家的深度访谈,根据研究一得到的相关结果,初步构建中学物理教师教学反思能力评价指标体系。

一、研究方法

(一)文献研究法

外文文献的检索,在 Web of Science 中,对标题包含 "teacher reflection" "reflective teaching" "reflective practice" 的文献进行检索,对文献中所引用的参考文献进行再查找与研究。对 *Journal of Teacher Education*(教师教育杂志)、*Teaching and Teacher Education*(教学与教师教育)以及 *Teachers and Teaching: Theory and Practice*(教师与教学:理论与实践)等国际教师教育或教学研究权威期刊的论文进行了重点关注。

中文文献,通过在 CNKI 中以"教学反思""教师反思""反思性教学""反思性实践"等为关键词进行检索,搜集相关期刊论文及学位论文等,对文献中涉及到的参考文献,也进行了搜集与研究。

(二)深度访谈法

深度访谈是指专业访谈人员和被调查者之间针对某一论题采用一对一方式进行的时间较长(通常是30分钟到1小时)的谈话。[①]在文献研究的同时,本研究深度访谈了7位专家。这7位专家的基本情况是:3位专家为对教学反思有较为深入的研究、并发表过高水平论文的高校研究者;1位专家为高校物理课程与教学论研究者;1位专家为中学物理特级教师;1位专家为高校心理学研究者;1位专家为高校教育学研究者,对教育测评模型的构建有深入研究。访谈方式为面对面访谈或电话访谈,访谈提纲如下:

a.您认为什么是教学反思?

b.您认为什么是教学反思能力?

c.如果要评价中学物理教师的教学反思能力,您认为应该从哪些维度构建对应的指标体系?这些维度的关系如何?这些维度又应包含哪些具体的二级指标?

d.您认为应该采用何种方式或途径更好地评价中学物理教师的教学反思能力?

二、评价指标体系初构相关依据

研究首先确定的是一级指标,并对其内涵进行厘清。随后在一级指标之下,确定其所包含的二级指标、观测点及评分标准。

(一)一级指标确立依据与内涵

依据本研究第一章理论基础部分提到的相关能力标准及能力评价的理论,本研究对能力的评价从态度、知识、技能三个维度展开,因而确定评价指标体系的一级指标为教学反思态度、教学反思知识、教学反思技能。各一级指标的内涵如下:

教学反思态度:是教师个人特质、动机、情感、价值观等综合作用的体现,是教师进行教学反思的动力与倾向性。

教学反思知识:指教师对教学反思的理解以及知晓应该反思什么内容。

---

① 陆雄文.管理学大辞典[M].上海:上海辞书出版社,2013:16.

教学反思技能：指教师在实际教育教学过程中所掌握的进行教学反思的方法、时机、过程及水平等技巧。

（二）二级指标、观测点的确立依据及评分标准

1.教学反思心理要素

杜威的《我们怎样思维——再论反省思维与教学的关系》一书中，在讨论为什么必须以反省思维为教育的目的时，强调了态度的重要性。他同时提出了需要培养的三种态度：虚心、专心和责任心，并对其涵义进行了阐述。[①]

在进行专家访谈的过程中，有两位专家均提到了虚心的重要性，认为虚心是教师开展教学反思的前提和心理要素。

本研究认为，虚心、专心、责任心既是教师的态度，也是其个人特质的体现。虚心能够使教师更具包容性，可以采纳更多来自外界的信息，从而更好地对自身进行思考；专心能够使教师专注于自身的教学；责任心使得教师愿意追求更好的个人专业发展与教学效果。这些都能促进教师不断进行教学反思。

综上所述，本研究确立了"教学反思心理要素"的二级指标的观测点及相应的评分标准。（见表3-1）

表3-1 "教学反思心理要素"的观测点及相应的评分标准

二级指标	观测点	评分标准
教学反思心理要素	1.1.1 虚心	愿意考虑新问题、采纳新观念，能够倾听多方面意见，留意来自各种渠道的事实，充分注意到各种可供选择的可能性
	1.1.2 专心	能够全身心地投入自己的教学
	1.1.3 责任心	能够考虑到并愿意承担所做选择的后果

2.教学反思意识

教师具有了虚心、专心、责任心的心理要素，还必须具有相关的意识与思维能力，才能共同构成其开展教学反思的动力机制。从与专家的深度访谈中，笔者共归纳出与教学反思相关联的3种意识：研究意识、创新意识以及批判意识。

[①] 约翰·杜威.我们怎样思维·经验与教育[M].姜文闵,译.北京：人民教育出版社,2005:32-37.

(1)研究意识。

被访谈专家指出:"教学反思是教学研究的过程,是教师通过对自己的教学实践活动和经验进行再分析、再认识,从而更理性地建构自己教学经验的研究过程。同时,教学反思是行动研究的必备步骤,教学改革中,教师就是在完成行动研究。"文献研究方面,申继亮认为,教师教学反思是行动研究的保障,行动研究注重反思性实践循环,以提高行动的理性水平。[1]可见,教学反思与教学研究密切相关,教师进行教学反思,某种程度上就是在对自身的教学进行研究。

(2)创新意识。

被访谈专家指出:"反思应当包括对教学不足的反思、对教学优点的总结、对教学创新的设想以及以后要怎么做。仅反思是远远不够的,很多时候要总结自己的经验,特别是要提出新的教学创新的思想。"

"反思后提出的教学意见,有没有创新?只是看到了过去的缺点,只是总结了过去的优点,而对将来并没有提出一种创造性改革的意见,这个水平还是不够的。"

因此,创新意识在教学反思中具有重要作用,不仅关系到问题的提出,也在问题解决与教学改进中扮演着重要的角色。

(3)批判意识。

被访谈专家指出:"对教学反思能力进行评价的一个要素就是看教学反思中有没有批判意识。在整个反思过程中,有没有质疑和批判的成分?对当今教育中的教学缺点、对自己教学中的缺点,有敢于批判的动机和能力,还是满足于对传统经验的模仿?"

可见,专家认为批判意识可以作为评价教学反思能力的标度之一。在二级指标"教学反思意识"下,共设置了三个观测点及相应的评分标准。(见表3-2)

---

[1] 申继亮. 教学反思与行动研究[M]. 北京:北京师范大学出版社,2006:5.

表 3-2 "教学反思意识"的观测点及相应的评分标准

二级指标	观测点	评分标准
教学反思意识	1.2.1 研究意识	针对教学中的现实需要与问题,具有进行探索和研究的意识
	1.2.2 创新意识	在教学中具有发现新事物、提出新颖独到的思路或方法的意识
	1.2.3 批判意识	具有正确评价教学中已有事实、基于证据大胆质疑并从不同角度思考问题的意识

3. 对教学反思的理解

本研究对教学反思的界定为:教师自觉地运用一定的手段与方法,对自己或他人的教学理论、实践进行判断、审视、思考,并用思考改进结论、重构自己的教学理论和实践的循环往复的过程。因此,对教学反思的理解就包括了以下4个要点:必要性、系统性、主动性以及实践性。

(1)必要性:教师通过教学反思,获得了自身教学理论与实践的提升,在此过程中,实现了自身的专业成长与发展,因而对教师而言,进行教学反思是必不可少的。

(2)系统性:教学反思不是随意的、零散的,而是要遵循一定的方法,其各个环节、各个方面是有机衔接的。

(3)主动性:教学反思是教师自发进行的,任何由于外力而进行的教学反思都无法保证其深度与有效性,也难以持久。

(4)实践性:教学反思来源于教学实践,又必然回到实践中加以验证,如此循环往复,教学反思促进了教学实践,而在实践中,教学反思能力也得以提升。

综上所述,二级指标"对教学反思的理解"的观测点及相应的评分标准见表3-3。

表 3-3 "对教学反思的理解"的观测点及相应的评分标准

二级指标	观测点	评分标准
对教学反思的理解	2.1.1 必要性	能理解教学反思对教师专业发展的重要作用
	2.1.2 系统性	能理解教学反思是一个包含多个面向的系统过程,并遵循一定的反思过程与方法
	2.1.3 主动性	能理解教学反思是教师自发主动进行的
	2.1.4 实践性	能理解教学反思与实践相互促进、循环往复

4.教学反思的内容广度

文献研究中,有研究者(Valli)认为,教学反思的内容和质量,是表征其教学反思水平的两个维度。[①]在专家深度访谈中,专家认为教学反思的内容广度与教学反思能力相关联,教学反思能力强的教师的特点之一就是知道该反思什么。

本研究在申继亮对教学反思内容划分的基础上,与物理学科及物理教学实际相结合,初步确定教学反思内容的5个方面:课堂教学、学生发展、教师发展、教育改革、人际关系,并对其内涵进行澄清,确定相应观测点的评分标准。

(1)课堂教学。

对课堂教学的反思是教师对教学活动本身进行分析,结合物理教学实际,包括教学理念、教学目标、教学重难点、教学方法、教学内容及资源、教学过程、教学效果及评价、课堂管理以及物理实验教学等方面。(见表3-4)

表3-4 "课堂教学"观测点及其评分标准

二级指标	观测点	评分标准
教学反思的内容广度	2.2.1课堂教学	知晓可以对教学理念进行反思
		知晓可以对教学目标进行反思
		知晓可以对教学重难点进行反思
		知晓可以对教学方法进行反思
		知晓可以对教学内容及资源进行反思
		知晓可以对教学过程进行反思
		知晓可以对教学效果及评价进行反思
		知晓可以对课堂管理进行反思
		知晓可以对物理实验教学进行反思

(2)学生发展。

教学是教师和学生所构建的"共同体"的整体行为,指向教师与学生的共同发展。因此,学生发展、教师发展也构成了教师教学反思的重要内容。

对于学生发展,依据《普通高中物理课程标准(2017年版2020年修订)》以

---

① Valli L. Listening to Other Voices: A Description of Teacher Reflection in the United States[J]. Peabody Journal of Education, 1997, 72(1): 67-88.

及《义务教育物理课程标准(2022年版)》,物理学科核心素养是物理学科育人价值的集中体现,是学生通过物理学科学习而逐步形成的正确价值观念、必备品格和关键能力。物理学科核心素养包括四个方面,分别是物理观念、科学思维、科学探究、科学态度与责任。

其中,物理观念主要包括物质观念、运动与相互作用观念、能量观念等要素。科学思维主要包括模型建构、科学推理、科学论证、质疑创新等要素。科学探究主要包括问题、证据、解释、交流等要素。科学态度与责任主要包括科学本质观、科学态度、社会责任等要素。

同时,教师还要能够对学生自身的相关情况及特质进行反思。综合来看,"学生发展"观测点的评分标准如表3-5所示。

表3-5 "学生发展"观测点及其评分标准

二级指标	观测点	评分标准
教学反思的内容广度	2.2.2学生发展	知晓可以对学生学习基础、习惯及认知能力进行反思
		知晓可以对学生物理观念的发展进行反思
		知晓可以对学生科学思维的发展进行反思
		知晓可以对学生科学探究中问题、证据、解释、交流等要素的发展进行反思
		知晓可以对学生科学态度与责任的发展进行反思

(3)教师发展。

教师发展指向教师自身专业发展与素养提升。柯瑟根将教师反思的内容分为6个层次,其中最核心的是对认同和使命的反思,对这两个层面的反思关乎价值、意义等深层次的问题。教师只有对关涉自身的态度、价值观、责任感等问题进行反思,才能更好地带动对知识、技能等的反思。因此,对教师发展的反思,应包含对自身教育理想与信念的反思。

依据2005年美国学者科勒和米什拉在舒尔曼学科教学知识PCK的基础上提出的TPACK[①]理论,同时因为实验在物理教学中具有重要的地位和作用,因而中学物理教师还应该对自身的实验技能进行反思。因此,"教师发展"观测点的评分标准如表3-6所示。

---

① Koehler M J, Mishra P. What Happens When Teachers Design Educational Technology? The Development of Technological Pedagogical Content Knowledge[J]. Journal of Educational Computing Research, 2005, 32(2):131-152.

表3-6 "教师发展"观测点及其评分标准

二级指标	观测点	评分标准
教学反思的内容广度	2.2.3 教师发展	知晓可以对自身的教育理想与信念进行反思
		知晓可以对自身的物理学科知识进行反思
		知晓可以对自身的教学理论及知识进行反思
		知晓可以对自身的教学技能进行反思
		知晓可以对自身的实验技能进行反思
		知晓可以对自身的信息素养进行反思

(4)教育改革。

教育教学改革通常会对教师的教学理念、教学方法等带来冲击与影响，教师需要关注不同层面、不同类型以及不同目的的教育改革，并对其理论基础与实践效果加以反思。对于中学物理教师而言，还要能够对我国基础教育物理课程改革的理论及实践进行反思。例如近年来，我国实行高考改革，如何在高考改革的背景下更好地实施物理教学、贯彻物理课程理念，也应当成为教师教学反思的内容。因此，"教育改革"观测点的评分标准如表3-7所示。

表3-7 "教育改革"观测点及其评分标准

二级指标	观测点	评分标准
教学反思的内容广度	2.2.4 教育改革	知晓可以对全球教育教学思潮进行反思
		知晓可以对基础教育物理课程改革相关理念及理论进行反思
		知晓可以对国家、区域、学校等不同层面的教学改革进行反思

(5)人际关系。

教学过程涉及多种人际关系，包括生生之间，师生之间，教师与同事、家长、学校之间等。生生之间在教学中的人际关系主要体现在合作学习中，对其进行反思，能够促进学生更好地开展合作学习；教学是师生共同体的整体行为，师生关系在一定程度上体现了教师的自我角色认知，同时良好和谐的师生关系能够促进教学的有效开展；而教师与同事、家长以及学校又构成了一个教育共同体，对这几者之间的关系进行反思，有助于形成教育教学的合力，更好地促进学生发展。因此，"人际关系"观测点的评分标准如表3-8所示。

表3-8 "人际关系"观测点及其评分标准

二级指标	观测点	评分标准
教学反思的内容广度	2.2.5人际关系	知晓可以对学生的合作学习进行反思
		知晓可以对教学中的教师角色及师生关系进行反思
		知晓可以对自身和同事、家长、学校之间的关系进行反思

5.教学反思方法

通过前期研究,笔者归纳出中学物理教师可采用的教学反思方法主要有:个人反思、同伴互助以及集体反思。其中,个人反思中,教师可采取的方式包括撰写反思日志、回看自己的教学录像等;同伴互助中,教师之间形成学习共同体,通过相互交流讨论等进行教学反思;而在集体反思中,教师可以通过集体备课、集体听评课以及教研活动等方式进行教学反思。另外,值得一提的是,随着网络技术的发展,教师可以借助网络技术开展教学反思,网络的即时性、便捷性、交互性为教学反思提供了极大的便利,也成为促进教学反思的有力手段。因此,"教学反思方法"的观测点及相应的评分标准如表3-9所示。

表3-9 "教学反思方法"的观测点及相应的评分标准

二级指标	观测点	评分标准
教学反思方法	3.1.1个人反思	能够通过撰写反思日志、回看自己的教学录像等方式独立进行反思
	3.1.2同伴互助	能够通过与他人交流借鉴进行反思
	3.1.3集体反思	能够通过参加集体备课、集体听评课、教研活动等进行反思
	3.1.4网络技术	能够借助网络技术开展教学反思

6.教学反思时机

如果从时间维度对教学反思进行划分,则可以分为教学前反思、教学中反思与教学后反思。教学后反思是实践结束后的回顾与梳理,教学中反思是实践过程中的即时反思与调整,而教学前反思则是根据已有经验,对实践中可能出现情况的预期,从而提前进行调整与改进。因此,"教学反思时机"的观测点及相应的评分标准如表3-10所示。

表3-10 "教学反思时机"的观测点及相应的评分标准

二级指标	观测点	评分标准
教学反思时机	3.2.1 教学前反思	能够结合已有经验对教学中可能遇到的问题或达到的效果进行预判,并采取相关措施
	3.2.2 教学中反思	教学过程中,能够根据教学情境的具体情况对教学进行即时的设计、调整与改进
	3.2.3 教学后反思	教学活动结束后,能结合已有理论与经验,对教学活动进行回顾、梳理、思考、改进

7. 教学反思过程

以杜威、舍恩等人的理论为基础,结合第二章的研究结果,在二级指标"教学反思过程"下共设置7个观测点。(1)发现问题:教学反思源于教学中发现的问题与困惑。(2)描述问题:在这个环节,教师需要在教育教学理论的指导下,对问题加以厘清,进行界定,同时分析问题所处的背景。(3)经验联系:在对问题有了较为清晰、全面的认识后,教师会从自身已有经验中进行筛选,寻找对问题的解释。(4)交流对话:如果已有经验并没有发挥作用,教师会向他人寻求帮助。(5)持续学习:教师也可以通过继续学习、研究与实践,以获得新经验,不断寻求对问题的解决。(6)情境重构:教师通过对问题及其情境重新建构,发现可以运用自己的经验进行解决。(7)行动验证:当反思有了结果,找到有可能解决问题的方法时,教师会在实践中对自己的反思结果加以验证,同时,实践中又会发现新的问题,从而开启新一轮的教学反思过程。因此,"教学反思过程"的观测点及相应的评分标准如表3-11所示。

表3-11 "教学反思过程"的观测点及相应的评分标准

二级指标	观测点	评分标准
教学反思过程	3.3.1 发现问题	能够发现教学中的问题
	3.3.2 描述问题	能够对教学问题进行聚焦与定义
		能够恰当地描述问题及其背景
	3.3.3 经验联系	能够有效选择已有经验分析、解决所发现的问题
	3.3.4 交流对话	能够通过不同途径与他人进行交流,并借鉴他人经验
	3.3.5 持续学习	能够通过学习、研究、实践获得新经验
	3.3.6 情境重构	能够对教学中的问题与情境进行重构
		能够在重构的情境中应用已有经验
	3.3.7 行动验证	能够在行动中验证反思成果
		能够在行动中发现新的问题并进一步进行反思

8.教学反思水平

教学反思水平即教学反思的深度，本研究主要借鉴范梅兰的理论，将教学反思划分为3个水平——技术理性、实践活动、批判反思，结合前期研究结果与中学物理教学实际，该指标的观测点及评分标准如表3-12所示。

表3-12 "教学反思水平"的观测点及相应的评分标准

二级指标	观测点	评分标准
教学反思水平	3.4.1 技术理性	能反思教学内容是否正确，教学方法是否合理，教学目标是否达成
	3.4.2 实践活动	能切实结合实际，审视自身教育教学实践，发现问题并进行改进
	3.4.3 批判反思	能以批判性的眼光，全面地、多维度地系统审视自身的教学

三、评价指标体系初构结果

上述研究初步构建了中学物理教师教学反思能力评价指标体系，包括教学反思态度、教学反思知识、教学反思技能3个一级指标，8个二级指标，32个观测点以及56项评分标准，具体如表3-13所示。

表3-13 中学物理教师教学反思能力评价指标体系初构

一级指标	二级指标	观测点	评分标准
1.教学反思态度	1.1 教学反思心理要素	1.1.1 虚心	1.愿意考虑新问题、采纳新观念，能够倾听多方面意见，留意来自各种渠道的事实，充分注意到各种可供选择的可能性
		1.1.2 专心	2.能够全身心地投入自己的教学
		1.1.3 责任心	3.能够考虑到并愿意承担所做选择的后果
	1.2 教学反思意识	1.2.1 研究意识	4.针对教学中的现实需要与问题，具有进行探索和研究的意识
		1.2.2 创新意识	5.在教学中具有发现新事物、提出新颖独到的思路或方法的意识
		1.2.3 批判意识	6.具有正确评价教学中已有事实、基于证据大胆质疑并从不同角度思考问题的意识

续表

一级指标	二级指标	观测点	评分标准
2.教学反思知识	2.1对教学反思的理解	2.1.1 必要性	7.能理解教学反思对教师专业发展的重要作用
		2.1.2 系统性	8.能理解教学反思是一个包含多个面向的系统过程,并遵循一定的反思过程与方法
		2.1.3 主动性	9.能理解教学反思是教师自发主动进行的
		2.1.4 实践性	10.能理解教学反思与实践相互促进、循环往复
	2.2教学反思的内容广度	2.2.1课堂教学	11.知晓可以对教学理念进行反思
			12.知晓可以对教学目标进行反思
			13.知晓可以对教学重难点进行反思
			14.知晓可以对教学方法进行反思
			15.知晓可以对教学内容及资源进行反思
			16.知晓可以对教学过程进行反思
			17.知晓可以对教学效果及评价进行反思
			18.知晓可以对课堂管理进行反思
			19.知晓可以对物理实验教学进行反思
		2.2.2学生发展	20.知晓可以对学生学习基础、习惯及认知能力进行反思
			21.知晓可以对学生物理观念的发展进行反思
			22.知晓可以对学生科学思维的发展进行反思
			23.知晓可以对学生科学探究中问题、证据、解释、交流等要素的发展进行反思
			24.知晓可以对学生科学态度与责任的发展进行反思
		2.2.3教师发展	25.知晓可以对自身的教育理想与信念进行反思
			26.知晓可以对自身的物理学科知识进行反思
			27.知晓可以对自身的教学理论及知识进行反思
			28.知晓可以对自身的教学技能进行反思
			29.知晓可以对自身的实验技能进行反思
			30.知晓可以对自身的信息素养进行反思
		2.2.4教育改革	31.知晓可以对全球教育教学思潮进行反思
			32.知晓可以对基础教育物理课程改革相关理念及理论进行反思
			33.知晓可以对国家、区域、学校等不同层面的教学改革进行反思

续表

一级指标	二级指标	观测点	评分标准
2.教学反思知识	2.2教学反思的内容广度	2.2.5人际关系	34.知晓可以对学生的合作学习进行反思
			35.知晓可以对教学中的教师角色及师生关系进行反思
			36.知晓可以对自身和同事、家长、学校之间的关系进行反思
3.教学反思技能	3.1教学反思方法	3.1.1个人反思	37.能够通过撰写反思日志、回看自己的教学录像等方式独立进行反思
		3.1.2同伴互助	38.能够通过与他人交流借鉴进行反思
		3.1.3集体反思	39.能够通过参加集体备课、集体听评课、教研活动等进行反思
		3.1.4网络技术	40.能够借助网络技术开展教学反思
	3.2教学反思时机	3.2.1教学前反思	41.能够结合已有经验对教学中可能遇到的问题或达到的效果进行预判,并采取相关措施
		3.2.2教学中反思	42.教学过程中,能够根据教学情境的具体情况对教学进行即时的设计、调整与改进
		3.2.3教学后反思	43.教学活动结束后,能结合已有理论与经验,对教学活动进行回顾、梳理、思考、改进
	3.3教学反思过程	3.3.1发现问题	44.能够发现教学中的问题
		3.3.2描述问题	45.能够对教学问题进行聚焦与定义
			46.能够恰当地描述问题及其背景
		3.3.3经验联系	47.能够有效选择已有经验分析、解决所发现的问题
		3.3.4交流对话	48.能够通过不同途径与他人进行交流,并借鉴他人经验
		3.3.5持续学习	49.能够通过学习、研究、实践获得新经验
		3.3.6情境重构	50.能够对教学中的问题与情境进行重构
			51.能够在重构的情境中应用已有经验
		3.3.7行动验证	52.能够在行动中验证反思成果
			53.能够在行动中发现新的问题并进一步进行反思
	3.4教学反思水平	3.4.1技术理性	54.能反思教学内容是否正确,教学方法是否合理,教学目标是否达成
		3.4.2实践活动	55.能切实结合实际,审视自身教育教学实践,发现问题并进行改进
		3.4.3批判反思	56.能以批判性的眼光,全面地、多维度地系统审视自身的教学

第二节　第一轮专家咨询及指标修正

一、第一轮专家咨询调查问卷的编制

根据前期研究初构的中学物理教师教学反思能力评价指标体系(表3-13),笔者制成《中学物理教师教学反思能力评价指标体系构建研究(专家意见咨询第一次)》问卷,专家需要对各级指标、观测点及评分标准给出相应的意见分值(共5个分数等级,其中5分代表"非常同意",1分代表"非常不同意")。

二、调查对象及过程

专家咨询中,研究所选取的调查对象分为两类:(1)高校物理课程与教学论研究者、教育学研究者、心理学研究者等;(2)中学物理特级教师、高级教师,中学物理教研员,中学物理教学管理者。

本轮专家咨询以电子邮件或微信、QQ在线传输的方式将调查问卷发送给专家,共发出问卷26份,收回25份,回收率96%。

三、调查结果统计分析

对收集的专家意见进行分析,主要从两个维度进行。(1)专家评分的统计分析。主要包括对众数、平均值、标准差、变异系数、众数与平均值之差的绝对值等数值的分析,以此确定专家整体对各个指标、观测点及评分标准的认可度、专家意见的一致性等;(2)依据专家具体的意见和建议进行修正。

专家对一级指标的设置总体上认可,如表3-14所示。经过统计分析,3个一级指标得分的众数均为5,平均值均大于3.75(将5分量表换算成75%等级),标准差均小于1,变异系数均小于0.2,众数与平均值之差的绝对值$|M_0-M|$小于1,可见专家整体认同一级指标,因此保留一级指标结构不变。下面将对各一级指标之下的二级指标、观测点及评分标准的修正意见进行统计分析。

表3-14　一级指标的修正意见统计分析

一级指标	众数 M_0	平均值 M	标准差 SD	变异系数 CV	$|M_0-M|$	修正意见	处理意见
教学反思态度	5	4.72	0.46	0.10	0.28		保留
教学反思知识	5	4.56	0.71	0.16	0.44		保留
教学反思技能	5	4.76	0.52	0.11	0.24		保留

(一)教学反思态度

专家对教学反思态度一级指标内的结构提出了较多修改建议,因此对该一级指标下的二级指标、观测点及评分标准进行了重新梳理。

林崇德等认为,态度是个体基于过去经验对其周围的人、事、物持有的比较持久而一致的心理准备状态或人格倾向。包含认知成分、情感成分和行为意向成分三部分。[①]朱智贤认为,态度是由认知、情感和意向三个成分所构成。a.认知因素,对态度对象的思想、信念与知识,尤其是伴有评价的信念的认知成分。b.情感因素,个体对某个态度对象特有的好恶情感,是较为持久的内心体验。c.意向因素,因情感、情绪或动机所引起的行为反应成分,它是个体对态度对象的反应倾向,即行为的准备状态,行为前的思想倾向。[②]笔者由此认为教学反思态度是指教师对教学反思的认知、情感以及进行教学反思的行为倾向,并确定教学反思态度一级指标下的二级指标为教学反思认知、教学反思情感与教学反思意向。

因此,总体来看本部分的修改情况为:二级指标中,将原有的2个二级指标删除或进行调整,新增3个二级指标;观测点中,删除3个,新增4个,合并3个;评分标准中,删除3条,随观测点的增加新增8条,有3条进行了文字表述上的修改。具体见表3-15、表3-16(※后的内容代表某一位专家的意见)。

---

① 林崇德,杨治良,黄希庭.心理学大辞典[M].上海:上海教育出版社,2003:1217.
② 朱智贤.心理学大词典[M].北京:北京师范大学出版社,1989:658.

表3-15 "教学反思态度"下二级指标的修正意见统计分析

二级指标	众数 M_0	平均值 M	标准差 SD	变异系数 CV	$\lvert M_0 - M \rvert$	修正意见	处理意见
教学反思心理要素	4	4.16	0.90	0.22	0.16	※心理要素、意识,这两个词不是并列关系,不能很好地说明态度问题 ※建议斟酌、补充教学理念、教学情怀方面的内容,凸显"冰面"以下的信息	删除
教学反思认知						新增	
教学反思情感						新增	
教学反思意向	5	4.72	0.46	0.10	0.28	—	作为观测点纳入新的二级指标"教学反思意向"

表3-16 "教学反思态度"下观测点及评分标准的修正意见统计分析

观测点	评分标准及修正意见	众数 M_0	平均值 M	标准差 SD	变异系数 CV	$\lvert M_0 - M \rvert$	处理意见
虚心	t1 愿意考虑新问题、采纳新观念,能够倾听多方面意见,留意来自各种渠道的事实,充分注意到各种可供选择的可能性 ※含多条标准,指向不清晰	5	4.48	0.77	0.17	0.52	删除
专心	t2 能够全身心地投入自己的教学 ※是对教学工作专心,还是对"反思活动"专心?	5	3.72	1.17	0.32	1.28	删除

续表

观测点	评分标准及修正意见	众数 M_0	平均值 M	标准差 SD	变异系数 CV	$\|M_0-M\|$	处理意见
责任心	t3 能够考虑到并愿意承担所做选择的后果 ※何谓责任心？是"勇于担当"，还是"敢于担当"？或者二者都有？前者是力争把事情做好、并把它当作自己的责任；后者是愿意承担后果、不推卸责任。从该题目措辞来看似乎是说"敢于担当"的，与观测点是否一致？ ※这条标准的本质是责任心，还是担当和勇气？指向不清晰	5	4.20	0.96	0.23	0.80	删除
1.1.1 价值与意义	能够认识到教学反思的重要价值与意义			新增			
1.1.2 自我效能感	认为自己能够进行有效教学反思并促进自身发展			新增			
	认为教学反思很容易			新增			
1.2.1 喜爱度	喜欢进行教学反思			新增			
	能够主动进行教学反思			新增			
	乐于将反思成果应用于教学实践			新增			
1.3.1 教学反思动机	具有通过教学反思促进自身专业成长与发展的愿望			新增			
	具有通过教学反思提升教学效果的愿望			新增			

续表

观测点	评分标准及修正意见	众数 M_0	平均值 M	标准差 SD	变异系数 CV	$\|M_0-M\|$	处理意见
研究意识	t4 针对教学中的现实需要与问题，具有进行探索和研究的意识	5	4.68	0.56	0.12	0.32	将该3个观测点合并为"1.3.2教学反思意识" t4 在教学中具有探索和研究的意识 t5 在教学中具有创新意识 t6 在教学中具有批判意识
创新意识	t5 在教学中具有发现新事物、提出新颖独到的思路或方法的意识	5	4.52	0.77	0.17	0.48	
批判意识	t6 具有正确评价教学中已有事实、基于证据大胆质疑并从不同角度思考问题的意识 ※如何体现大胆？不同角度有没有优劣？	5	4.68	0.69	0.15	0.32	

(二)教学反思知识

在该一级指标下，进行修正的总体情况为：二级指标中，有2个更改了指标名称；观测点中，删除3个；评分标准中，删除4条，新增1条，有9条评分标准进行了文字表述上的修改。具体见表3-17、表3-18。本研究认为教学反思知识是指教师对教学反思原则的理解以及知晓应该反思什么内容。

表3-17 "教学反思知识"下二级指标的修正意见统计分析

二级指标	众数 M_0	平均值 M	标准差 SD	变异系数 CV	$\|M_0-M\|$	修正意见	处理意见
对教学反思的理解	5	4.48	0.87	0.19	0.52	※教学反思原则	将该二级指标名称更改为"教学反思原则"
教学反思的内容广度	5	4.28	0.89	0.21	0.72	※删除"广度"一词，或将其换为另外的词语，与观测点内容一致	将该二级指标名称更改为"教学反思内容"

表3-18 "教学反思知识"下观测点及评分标准的修正意见统计分析

观测点	评分标准及修正意见	众数 M_0	平均值 M	标准差SD	变异系数CV	$\|M_0-M\|$	处理意见
2.1.1 必要性	t7 能理解教学反思对教师专业发展的重要作用 ※该观测点主要是对教学反思价值大小的判断 ※这个不属于知识 ※教学反思不只是对教师专业发展重要,对改进教学提高人才培养质量等也很重要 ※不能只站在教师专业发展的角度,还应加上提高课堂教学效果	5	4.56	0.58	0.13	0.44	删除
2.1.2 系统性	t8 能理解教学反思是一个包含多个面向的系统过程,并遵循一定的反思过程与方法 ※建议对该条标准进行拆解,使表述更清晰	5	4.60	0.71	0.15	0.40	能理解教学反思具有系统性
	知道教学反思的过程与方法	新增				
2.1.3 主动性	t9 能理解教学反思是教师自发主动进行的 ※"主动性"更多地属于态度而非知识,应该放入"1.1 教学反思心理要素"之下 ※应该放在态度指标里	5	4.48	0.87	0.19	0.52	删除
2.1.4 实践性	t10 能理解教学反思与实践相互促进、循环往复	5	4.72	0.54	0.11	0.28	
2.2.1 课堂教学	t11 知晓可以对教学理念进行反思	5	4.56	0.51	0.11	0.44	
	t12 知晓可以对教学目标进行反思	5	4.76	0.44	0.09	0.24	
	t13 知晓可以对教学重难点进行反思 ※教学重难点在设计层面与教学目标有交叉,在实施层面与教学过程有交叉 ※该条标准设置不合理	5	4.64	0.57	0.12	0.36	删除

续表

观测点	评分标准及修正意见	众数 M_0	平均值 M	标准差SD	变异系数CV	$|M_0-M|$	处理意见
2.2.1 课堂教学	t14 知晓可以对教学方法进行反思 ※知晓可以对教学方法的选择及应用进行反思	5	4.68	0.48	0.10	0.32	知晓可以对教学方法的选择及应用进行反思
	t15 知晓可以对教学内容及资源进行反思	5	4.44	0.87	0.20	0.56	
	t16 知晓可以对教学过程进行反思 ※知晓可以对教学过程的设计及实施进行反思	5	4.60	0.50	0.11	0.40	知晓可以对教学过程的设计及实施进行反思
	t17 知晓可以对教学效果及评价进行反思 ※知晓可以为对教学评价进行反思 ※对教学效果进行反思应该属于"2.2.2学生发展"	5	4.56	0.77	0.17	0.44	知晓可以对教学评价进行反思
	t18 知晓可以对课堂管理进行反思	5	4.68	0.48	0.10	0.32	
	t19 知晓可以对物理实验教学进行反思 ※实验教学只是物理教学的一部分，这里单独拿出来进行分析，会与其他标准交叉。比如，对物理实验教学方法的反思就会与t14、t16交叉；对物理实验教学效果的反思就会与t17交叉 ※实验教学不适合作为独立于教学的一项 ※物理实验教学本身也是课堂教学，也含有t11—t18的各要素	5	4.32	0.99	0.23	0.68	删除

续表

观测点	评分标准及修正意见	众数 M_0	平均值 M	标准差 SD	变异系数 CV	$\|M_0-M\|$	处理意见
2.2.2 学生发展	t20 知晓可以对学生学习基础、习惯及认知能力进行反思 ※与下面 t21、t22、t23、t24 交叉，例如对"学习基础"的反思包括物理观念、科学思维、科学探究、科学态度与责任等 ※建议删除本条 ※t20 和 t21、t22、t23、t24 存在包含关系	5	4.48	0.92	0.20	0.52	删除
	t21 知晓可以对学生物理观念的发展进行反思	5	4.56	0.65	0.14	0.44	
	t22 知晓可以对学生科学思维的发展进行反思	5	4.56	0.65	0.14	0.44	
	t23 知晓可以对学生科学探究中问题、证据、解释、交流等要素的发展进行反思 ※表述不够简洁	5	4.56	0.65	0.14	0.44	知晓可以对学生科学探究能力的发展进行反思
	t24 知晓可以对学生科学态度与责任的发展进行反思	5	4.44	0.71	0.16	0.56	
2.2.3 教师发展	t25 知晓可以对自身的教育理想与信念进行反思 ※建议增加"使命"以体现责任感	5	4.44	0.82	0.18	0.56	知晓可以对自身的教育理想、信念与使命进行反思
	t26 知晓可以对自身的物理学科知识进行反思	5	4.68	0.48	0.10	0.32	
	t27 知晓可以对自身的教学理论及知识进行反思 ※自身的物理学科教学知识	5	4.60	0.71	0.15	0.40	知晓可以对自身的物理学科教学知识进行反思
	t28 知晓可以对自身的教学技能进行反思	5	4.64	0.57	0.12	0.36	

续表

观测点	评分标准及修正意见	众数 M_0	平均值 M	标准差 SD	变异系数 CV	$\|M_0-M\|$	处理意见
2.2.3 教师发展	t29 知晓可以对自身的实验技能进行反思 ※t28 与 t29 的关系应斟酌，或者推敲语言，使其不重合 ※与 t28 有交叉	5	4.60	0.58	0.13	0.40	知晓可以对自身的实验操作技能进行反思
	t30 知晓可以对自身的信息素养进行反思	5	4.52	0.77	0.17	0.48	
2.2.4 教育改革	t31 知晓可以对全球教育教学思潮进行反思 ※这个描述太广泛 ※对教育改革的反思也会体现在课堂教学、教师发展等观测点，建议删除该观测点	4	3.92	1.08	0.27	0.08	删除
	t32 知晓可以对基础教育物理课程改革相关理念及理论进行反思 ※与 t11、t33 重叠 ※t31、t32 重合交叉	5	4.48	0.65	0.15	0.52	
	t33 知晓可以对国家、区域、学校等不同层面的教学改革进行反思 ※与 t11、t32 重叠 ※t33 与 t32 的区别不是太明确	5	4.20	0.96	0.23	0.80	
2.2.5 人际关系	t34 知晓可以对学生的合作学习进行反思 ※学生合作，应该是教学方法、管理和调控的问题	5	4.52	0.87	0.19	0.48	删除
	t35 知晓可以对教学中的教师角色及师生关系进行反思 ※还有学生角色	5	4.64	0.49	0.11	0.36	知晓可以对教学中的师生角色及关系进行反思
	t36 知晓可以对自身和同事、家长、学校之间的关系进行反思	5	4.36	0.76	0.17	0.64	

(三)教学反思技能

在教学反思技能中,进行修正的总体情况为:二级指标中,有1个更改了名称;观测点中,4个更改了名称,删除1个,2个进行了合并;评分标准中,t45与t46、t50与t51分别进行了合并,有12条评分标准进行了文字表述上的修改。本研究认为教学反思技能包括教师进行教学反思的方法、过程、时机及教学反思的深度。

表3-19 "教学反思技能"下二级指标的修正意见统计分析

二级指标	众数 M_0	平均值 M	标准差 SD	变异系数 CV	$|M_0-M|$	修正意见	处理意见
教学反思方法	5	4.72	0.46	0.10	0.28		
教学反思时机	5	4.68	0.56	0.12	0.32		
教学反思过程	5	4.64	0.49	0.11	0.36		
教学反思水平	5	4.40	0.87	0.20	0.60	※教学反思深度水平 ※二级指标名称易引起歧义。本研究整个指标体系的构建都是为了评价中学物理教师教学反思能力水平,这里以一个二级指标呈现教学反思的水平不合适,建议修改	将该二级指标名称更改为"教学反思深度",以免引起歧义

表3-20 "教学反思技能"下观测点及评分标准的修正意见统计分析

观测点	评分标准及修正意见	众数 M_0	平均值 M	标准差 SD	变异系数 CV	$|M_0-M|$	处理意见
3.1.1 个人反思	t37 能够通过撰写反思日志、回看自己的教学录像等方式独立进行反思 ※实际上,很多教师的反思并不是回看自己的教学录像,而可能是回想自己上课的情形,或者结合学生作业情况审视自己的教学	5	4.64	0.57	0.12	0.36	能够通过自己思考、撰写反思日志、回看自己的教学录像等方式独立进行反思

续表

观测点	评分标准及修正意见	众数 M_0	平均值 M	标准差 SD	变异系数 CV	$\|M_0-M\|$	处理意见
3.1.2 同伴互助	t38 能够通过与他人交流借鉴进行反思 ※本条语言要斟酌,凸显和 t39 的不同	5	4.72	0.46	0.10	0.28	能够主动通过与他人对话交流、相互借鉴进行反思
3.1.3 集体反思	t39 能够通过参加集体备课、集体听评课、教研活动等进行反思 ※指标名称建议改为集体活动反思(集体反思有歧义) ※能够通过集体备课、集体听评课、教研活动等进行反思	5	4.76	0.44	0.09	0.24	1.将该观测点名称更改为"集体活动反思" 2.能够通过集体备课、集体听评课、教研活动等进行反思
3.1.4 网络技术	t40 能够借助网络技术开展教学反思 ※感觉不是必备 ※网络技术支持的反思,不外乎个人、同伴和集体,与前面重复 ※无须单独强调网络技术 ※建议删除此条	5	4.24	0.93	0.22	0.76	删除
3.2.1 教学前反思	t41 能够结合已有经验对教学中可能遇到的问题或达到的效果进行预判,并采取相关措施 ※评分标准中,应强调"教学前",以更清晰	5	4.32	1.07	0.25	0.68	课堂教学之前,能够结合已有经验对实践中可能遇到的问题或达到的效果进行预判,并采取相关措施
3.2.2 教学中反思	t42 教学过程中,能够根据教学情境的具体情况对教学进行即时的设计、调整与改进 ※教学过程中,能够根据教学实际,进行即时的设计、调整与改进	5	4.6	0.65	0.14	0.4	教学过程中,能够根据教学实际,进行即时的设计、调整与改进

续表

观测点	评分标准及修正意见	众数 M_0	平均值 M	标准差 SD	变异系数 CV	$\|M_0-M\|$	处理意见
3.2.3 教学后反思	t43 教学活动结束后，能结合已有理论与经验，对教学活动进行回顾、梳理、思考、改进	5	4.68	0.56	0.12	0.32	
3.3.1 发现问题	t44 能够发现教学中的问题 ※教学反思除了反思不足，还有发现教学中的优点 ※还应该包括优点	5	4.80	0.41	0.09	0.2	1.将该观测点名称更改为"发现反思点（问题或优点）" 2.能够发现教学中的具体反思点（问题或优点）
3.3.2 描述问题	t45 能够对教学问题进行聚焦与定义 t46 能够恰当地描述问题及其背景 ※t45和t46有重复 ※这里的"恰当"有问题，何为恰当？	5 5	4.68 4.52	0.48 0.71	0.10 0.16	0.32 0.48	1.将该观测点名称更改为"描述反思点" 2.将t45与t46合并为"能够准确描述反思点及其情境"
3.3.3 经验联系	t47 能够有效选择已有经验分析、解决所发现的问题	5	4.76	0.44	0.09	0.24	能够有效选择已有经验对反思点进行分析
3.3.4 交流对话	t48 能够通过不同途径与他人进行交流，并借鉴他人经验 ※与前面的"同伴互助"观测点有重叠	5	4.68	0.56	0.12	0.32	1.将这两个观测点合并为"寻求证据"； 2.该观测点对应的评分标准为"能够通过不同途径为反思点的分析寻求新的证据"

续表

观测点	评分标准及修正意见	众数 M_0	平均值 M	标准差 SD	变异系数 CV	$\|M_0-M\|$	处理意见
3.3.5 持续学习	t49 能够通过学习、研究、实践获得新经验 ※"交流对话"也是一种学习,与上一个观测点有重复 ※能够持续地通过不同的途径进行学习	5	4.52	0.82	0.18	0.48	
3.3.6 情境重构	t50 能够对教学中的问题与情境进行重构	5	4.60	0.58	0.13	0.40	t50 与 t51 合并为"能够对反思点所涉及的问题、情境等进行重新建构"
	t51 能够在重构的情境中应用已有经验 ※重构的同时即包含了"应用",可与t50合并	5	4.56	0.77	0.17	0.44	
3.3.7 行动验证	t52 能够在行动中验证反思成果 ※将"行动"改为"实践"	5	4.68	0.48	0.10	0.32	1.将该观测点名称更改为"实践验证" 2.能够在实践中验证反思成果
	t53 能够在行动中发现新的问题并进一步进行反思	5	4.64	0.49	0.11	0.36	能够在实践中发现新的反思点并进一步进行反思
3.4.1 技术理性	t54 能反思教学内容是否正确,教学方法是否合理,教学目标是否达成 ※加上一个"等"	5	4.40	0.87	0.20	0.60	能反思教学内容是否正确,教学方法是否合理,教学目标是否达成等
3.4.2 实践活动	t55 能切实结合实际,审视自身教育教学实践,发现问题并进行改进 ※能切实结合实际,审视自身教育教学理论及实践,发现问题并进行改进	5	4.44	0.82	0.18	0.56	能切实结合实际,审视自身教育教学理论及实践,发现问题并进行改进

续表

观测点	评分标准及修正意见	众数 M_0	平均值 M	标准差 SD	变异系数 CV	$|M_0-M|$	处理意见
3.4.3 批判反思	t56 能以批判性的眼光,全面地、多维度地系统审视自身的教学 ※能以批判性的眼光,全面地、多维度地系统审视自身的教育教学理论及实践	5	4.24	0.97	0.23	0.76	能以批判性的眼光,全面地、多维度地系统审视自身的教育教学理论及实践

至此,对第一次专家咨询中专家意见的分析及指标体系的修正工作完成,可进入第二轮专家咨询。

第三节 第二轮专家咨询及指标修正

一、第二轮专家咨询调查问卷的编制

在第一轮专家咨询后,对专家意见进行分析,并进一步查阅文献,通过对指标、观测点及评分标准的增删、修改,形成《中学物理教师教学反思能力评价指标体系构建研究(专家意见咨询第二次)》问卷。问卷中对3个一级指标的含义进行了明确:

教学反思知识:指教师对教学反思原则的理解以及知晓应该反思什么内容。

教学反思技能:指教师进行教学反思的方法、过程、时机及教学反思的深度。

教学反思态度:指教师对教学反思的认知、情感以及进行教学反思的行为倾向。

二、调查过程

本轮专家咨询以电子邮件或微信、QQ在线传输的方式将调查问卷发送给专家,共发出问卷25份,收回24份,回收率96%。

三、调查结果统计分析

与第一轮专家咨询后,对专家意见的统计分析方法相同,进行了第二轮咨询后专家意见的统计分析。

专家对一级指标的修正意见分析如表3-21所示。

表3-21 一级指标修正意见统计分析(第二轮)

一级指标	众数M_0	平均值M	标准差SD	变异系数CV	$|M_0-M|$	处理意见
教学反思知识	5	5.00	0.00	0.00	0.00	保留
教学反思技能	5	5.00	0.00	0.00	0.00	保留
教学反思态度	5	4.92	0.28	0.06	0.08	保留

可见,本轮咨询中专家对一级指标的认可度较第一轮更高,其中教学反思知识、教学反思技能两个一级指标所有专家均给出了5分——"非常同意"的评价,因此保留一级指标不变。下面将对二级指标、观测点及评分标准的修正意见进行统计分析。

(一)教学反思知识

对一级指标"教学反思知识"下二级指标、观测点及评分标准的修正意见如表3-22、表3-23所示。

表3-22 "教学反思知识"下二级指标的修正意见统计分析(第二轮)

二级指标	众数M_0	平均值M	标准差SD	变异系数CV	$|M_0-M|$	处理意见
教学反思原则	5	4.63	0.71	0.15	0.38	保留
教学反思内容	5	4.92	0.28	0.06	0.08	保留

表3-23 "教学反思知识"下观测点及评分标准的修正意见统计分析(第二轮)

二级指标	观测点	评分标准及修正意见	众数M_0	平均值M	标准差SD	变异系数CV	$|M_0-M|$	处理意见
1.1 教学反思原则	1.1.1 系统性	t1 能理解教学反思具有系统性	5	4.79	0.41	0.09	0.21	保留
		t2 知道教学反思的过程与方法	5	4.83	0.48	0.10	0.17	保留
	1.1.2 实践性	t3 能理解教学反思与实践相互促进、循环往复	5	4.79	0.59	0.12	0.21	保留

续表

二级指标	观测点	评分标准及修正意见	众数 M_0	平均值 M	标准差SD	变异系数CV	$\|M_0-M\|$	处理意见
1.2 教学反思内容	1.2.1 课堂教学	t4 知晓可以对教学理念进行反思	5	4.88	0.34	0.07	0.13	保留
		t5 知晓可以对教学目标进行反思	5	4.92	0.28	0.06	0.08	保留
		t6 知晓可以对教学方法的选择及应用进行反思	5	4.96	0.20	0.04	0.04	保留
		t7 知晓可以对教学内容及资源进行反思	5	4.88	0.34	0.07	0.13	保留
		t8 知晓可以对教学过程的设计及实施进行反思	5	4.92	0.28	0.06	0.08	保留
		t9 知晓可以对教学评价进行反思	5	4.79	0.51	0.11	0.21	保留
		t10 知晓可以对课堂管理进行反思	5	4.92	0.41	0.08	0.08	保留
	1.2.2 学生发展	t11 知晓可以对学生物理观念的发展进行反思	5	4.92	0.28	0.06	0.08	保留
		t12 知晓可以对学生科学思维的发展进行反思	5	4.92	0.28	0.06	0.08	保留
		t13 知晓可以对学生科学探究能力的发展进行反思	5	4.92	0.28	0.06	0.08	保留
		t14 知晓可以对学生科学态度与责任的发展进行反思	5	4.92	0.28	0.06	0.08	保留
	1.2.3 教师发展	t15 知晓可以对自身的教育理想、信念与使命进行反思	5	4.75	0.53	0.11	0.25	保留
		t16 知晓可以对自身的物理学科知识进行反思	5	4.83	0.38	0.08	0.17	保留
		t17 知晓可以对自身的物理学科教学知识进行反思	5	4.83	0.38	0.08	0.17	保留
		t18 知晓可以对自身的教学技能进行反思	5	4.92	0.28	0.06	0.08	保留
		t19 知晓可以对自身的实验操作技能进行反思	5	4.92	0.28	0.06	0.08	保留
		t20 知晓可以对自身的信息素养进行反思	5	4.79	0.51	0.11	0.21	保留

续表

二级指标	观测点	评分标准及修正意见	众数 M_0	平均值 M	标准差SD	变异系数CV	$|M_0-M|$	处理意见
1.2 教学反思内容	1.2.4 人际关系	t21知晓可以对教学中的师生角色及关系进行反思	5	4.88	0.34	0.07	0.13	保留
		t22知晓可以对自身和同事、家长、学校之间的关系进行反思	5	4.54	0.72	0.16	0.46	保留

可以看到，在该一级指标下，所有二级指标、观测点及评分标准的统计得分均显示专家具有较高的认可度以及专家之间意见的一致性，因此，所有项目均保留。

(二)教学反思技能

对一级指标"教学反思技能"下二级指标、观测点及评分标准的修正意见如表3-24、表3-25所示。

表3-24　"教学反思技能"下二级指标的修正意见统计分析(第二轮)

二级指标	众数 M_0	平均值 M	标准差SD	变异系数CV	$|M_0-M|$	处理意见
教学反思方法	5	4.96	0.20	0.04	0.04	保留
教学反思时机	5	4.88	0.34	0.07	0.13	保留
教学反思过程	5	4.92	0.28	0.06	0.08	保留
教学反思深度	5	4.83	0.64	0.13	0.17	保留

表3-25　"教学反思技能"下观测点及评分标准的修正意见统计分析(第二轮)

二级指标	观测点	评分标准及修正意见	众数 M_0	平均值 M	标准差SD	变异系数CV	$|M_0-M|$	处理意见
2.1 教学反思方法	2.1.1 个人反思	t23能够通过自己思考、撰写反思日志、回看自己的教学录像等方式独立进行反思	5	4.92	0.28	0.06	0.08	保留
	2.1.2 同伴互助	t24能够主动通过与他人对话交流、相互借鉴进行反思	5	4.92	0.28	0.06	0.08	保留
	2.1.3 集体活动反思	t25能够通过集体备课、集体听评课、教研活动等进行反思	5	5.00	0.00	0.00	0.00	保留

续表

二级指标	观测点	评分标准及修正意见	众数 M_0	平均值 M	标准差 SD	变异系数 CV	$|M_0-M|$	处理意见
2.2 教学反思时机	2.2.1 教学前反思	t26 课堂教学之前,能够结合已有经验对实践中可能遇到的问题或达到的效果进行预判,并采取相关措施	5	4.75	0.61	0.13	0.25	保留
	2.2.2 教学中反思	t27 教学过程中,能够根据教学实际,进行即时的设计、调整与改进	5	4.92	0.28	0.06	0.08	保留
	2.2.3 教学后反思	t28 教学活动结束后,能结合已有理论与经验,对教学活动进行回顾、梳理、思考、改进	5	4.83	0.38	0.08	0.17	保留
2.3 教学反思过程	2.3.1 发现反思点	t29 能够发现教学中的具体反思点(问题或优点)	5	5.00	0.00	0.00	0.00	保留
	2.3.2 描述反思点	t30 能够准确描述反思点及其情境	5	4.79	0.51	0.11	0.21	保留
	2.3.3 经验联系	t31 能够有效选择已有经验对反思点进行分析	5	4.88	0.45	0.09	0.13	保留
	2.3.4 寻求证据	t32 能够通过不同途径为反思点的分析寻求新的证据	5	4.88	0.34	0.07	0.13	保留
	2.3.5 情境重构	t33 能够对反思点所涉及的问题、情境等进行重新建构	5	4.79	0.51	0.11	0.21	保留
	2.3.6 实践验证	t34 能够在实践中验证反思成果	5	4.92	0.28	0.06	0.08	保留
		t35 能够在实践中发现新的反思点并进一步进行反思	5	4.88	0.34	0.07	0.13	保留
2.4 教学反思深度	2.4.1 技术理性	t36 能反思教学内容是否正确,教学方法是否合理,教学目标是否达成等	5	4.88	0.34	0.07	0.13	保留
	2.4.2 实践活动	t37 能切实结合实际,审视自身教育教学理论及实践,发现问题并进行改进	5	4.92	0.28	0.06	0.08	保留
	2.4.3 批判反思	t38 能以批判性的眼光,全面地、多维度地系统审视自身的教育教学理论及实践	5	4.83	0.38	0.08	0.17	保留

在该一级指标下,所有二级指标、观测点及评分标准的统计得分显示专家具有较高的认可度且专家之间的意见具有一致性,因此,所有项目均保留。

(三)教学反思态度

对"教学反思态度"下二级指标、观测点及评分标准的修正意见如表3-26、表3-27所示。

表3-26 "教学反思态度"下二级指标的修正意见统计分析(第二轮)

二级指标	众数 M_0	平均值 M	标准差 SD	变异系数 CV	$|M_0-M|$	处理意见
教学反思认知	5	4.92	0.41	0.08	0.08	保留
教学反思情感	5	4.63	0.71	0.15	0.38	保留
教学反思意向	5	4.63	0.71	0.15	0.38	保留

表3-27 "教学反思态度"下观测点及评分标准的修正意见统计分析(第二轮)

二级指标	观测点	评分标准及修正意见	众数 M_0	平均值 M	标准差 SD	变异系数 CV	$|M_0-M|$	处理意见
3.1 教学反思认知	3.1.1 价值与意义	t39能够认识到教学反思的重要价值与意义	5	4.71	0.69	0.15	0.29	保留
	3.1.2 自我效能感	t40认为自己能够进行有效教学反思并促进自身发展	5	4.75	0.53	0.11	0.25	保留
		t41认为教学反思很容易	4	4.25	0.79	0.19	0.25	保留
3.2 教学反思情感	3.2.1 喜爱度	t42喜欢进行教学反思	5	4.71	0.55	0.12	0.29	保留
		t43能够主动进行教学反思	5	4.83	0.48	0.10	0.17	保留
		t44乐于将反思成果应用于教学实践	5	4.83	0.48	0.10	0.17	保留
3.3 教学反思意向	3.3.1 教学反思动机	t45具有通过教学反思促进自身专业成长与发展的愿望	5	4.88	0.34	0.07	0.13	保留
		t46具有通过教学反思提升教学效果的愿望	5	4.88	0.34	0.07	0.13	保留
	3.3.2 教学反思意识	t47在教学中具有探索和研究的意识	5	4.79	0.66	0.14	0.21	保留
		t48在教学中具有创新意识	5	4.67	0.70	0.15	0.33	保留
		t49在教学中具有批判意识	5	4.75	0.68	0.14	0.25	保留

第一轮专家咨询后,对教学反思态度部分的改动较大,修正后进行第二轮专家咨询,可以看到专家对该部分所有二级指标、观测点及评分标准有了较高的认可度,因而所有项目均予以保留。

综合以上分析,在第二轮专家咨询后,各级指标、观测点及评分标准均得到了专家的认可,具体表现为:(1)所有项目得分的众数几乎全部为5(除观测点"3.1.2自我效能感"的评分标准之一"认为教学反思很容易"的众数为4),所有项目得分的平均值均大于3.75,标准差小于1,变异系数小于0.2,$|M_0-M|$小于1。(2)专家未提出其他修改意见与建议。至此,研究构建了具有专家效度的中学物理教师教学反思能力评价指标体系。

第四节 评价指标体系构建小结

本章研究的主要目的是构建具有专家效度的中学物理教师教学反思能力评价指标体系,因而主要通过以下步骤开展研究:

1. 评价指标体系初构

通过文献研究、专家深度访谈,并结合研究一相关结果,初步构建了中学物理教师教学反思能力评价指标体系。该评价指标体系由3个一级指标,8个二级指标,32个观测点以及56项评分标准构成。

2. 第一轮专家咨询

将初构的评价指标体系形成问卷,向研究所选取的专家进行第一轮意见咨询。专家对所有评价指标、观测点以及评分标准从"非常同意""同意""不清楚""不同意""非常不同意"的5个等级中给出意见,其分值分别为5、4、3、2、1,同时给出文字表述的修改意见。

对专家意见的分析主要包括两部分:一是根据专家打分的情况,计算每个指标、观测点及评分标准得分的众数、平均值、标准差、变异系数等,以此获知专家整体的认可度以及意见的一致性,作为该条指标、观测点或评分标准保留与否的依据。二是参照专家提出的修改意见,对指标体系进行文字表述及逻辑上的修正等。

通过对第一轮咨询专家意见的分析及采纳,同时再次结合文献研究,对评价指标体系进行修正,修正后的评价指标体系由3个一级指标,9个二级指标,26个观测点及49项评分标准构成。

3.第二轮专家咨询

将第一轮专家咨询后,经过修正的指标体系再次以问卷的形式向专家进行第二次意见咨询。对专家的意见进行汇总、分析后,发现专家此次对各评价指标、观测点以及评分标准的认可度均较高,且专家意见具有一致性。因此评价指标体系中的所有项目均予以保留,至此具有专家效度的中学物理教师教学反思能力评价指标体系的构建工作完成,所构建的评价指标体系框架如表3-28所示。

表3-28 中学物理教师教学反思能力评价指标体系框架

一级指标	二级指标	观测点
教学反思知识	教学反思原则	系统性、实践性
	教学反思内容	课堂教学、学生发展、教师发展、人际关系
教学反思技能	教学反思方法	个人反思、同伴互助、集体活动反思
	教学反思时机	教学前反思、教学中反思、教学后反思
	教学反思过程	发现反思点、描述反思点、经验联系、寻求证据、情境重构、实践验证
	教学反思深度	技术理性、实践活动、批判反思
教学反思态度	教学反思认知	价值与意义、自我效能感
	教学反思情感	喜爱度
	教学反思意向	教学反思动机、教学反思意识

第四章　中学物理教师教学反思能力评价问卷编制与模型计算研究

本章的研究将对研究二得到的中学物理教师教学反思能力评价指标体系加以应用。依据评价指标体系及具体的评分标准，笔者编制了《中学物理教师教学反思能力自评问卷》，并进行了预测试与正式测试，通过项目分析、探索性因素分析、验证性因素分析以及信度分析，得到正式问卷。最后，通过第三轮专家咨询，计算出评价指标体系各指标的权重，形成中学物理教师教学反思能力评价模型。

第一节　问卷编制及预测试

一、问卷编制

第三章的研究通过结合研究一相关结果、文献研究、深度访谈以及两轮专家咨询，得到了具有专家效度的中学物理教师教学反思能力评价指标体系，该指标体系包含了具体的评分标准。因而本章研究在具体评分标准的基础上，结合问卷的施测对象，编制了《中学物理教师教学反思能力自评问卷》。

二、问卷修订

初步编制的《中学物理教师教学反思能力自评问卷》首先发给15名专家及教师进行意见征求。征求的内容主要包括：1.问卷是否存在表述不清晰之处，请指出；2.问卷是否存在易产生歧义之处，请指出；3.问卷是否存在读者无法理解的用语，请指出；4.问卷在语言及形式上是否存在不妥当之处，请指出；5.需要改进之处。

15名意见征求对象包括2名高校物理课程与教学论研究者，13名中学一线物理教师。依据反馈回来的意见,笔者对《中学物理教师教学反思能力自评问卷》进行了修订,主要包括以下方面:(1)语言表述不清晰、有歧义之处;(2)编排及格式可改进之处。

三、问卷预测试

预测试即首先对问卷进行小规模发放,主要目的是对问卷中的题目进行项目分析,确定题目是否具有鉴别度。

(一)预测试调查对象基本信息

预测试通过问卷星发放问卷,共收回问卷370份,剔除无效问卷后,有效问卷共302份,有效率为81.6%。有效问卷人口特征的描述统计如表4-1所示。

表4-1 预测试样本人口特征描述统计(N=302)

		频率	百分比/%	有效百分比/%	累积百分比/%
性别	男	156	51.7	51.7	51.7
	女	146	48.3	48.3	100.0
	总计	302	100.0	100.0	
教龄	0—5年	76	25.2	25.2	25.2
	6—10年	66	21.9	21.9	47.0
	11—20年	81	26.8	26.8	73.8
	20年以上	79	26.2	26.2	100.0
	总计	302	100.0	100.0	
职称	中小学二级教师	116	38.4	38.4	38.4
	中小学一级教师	117	38.7	38.7	77.2
	中小学高级教师	61	20.2	20.2	97.4
	正高级教师	2	0.7	0.7	98.1
	中小学三级教师	6	2.0	2.0	100.0
	总计	302	100.0	100.0	
学历	本科	227	75.2	75.2	75.2
	硕士研究生	74	24.5	24.5	99.7
	其他	1	0.3	0.3	100.0
	总计	302	100.0	100.0	

续表

		频率	百分比/%	有效百分比/%	累积百分比/%
学校所在行政区域	省会城市	120	39.7	39.7	39.7
	地级市	68	22.5	22.5	62.3
	县/区/县级市	94	31.1	31.1	93.4
	乡镇	20	6.6	6.6	100.0
	总计	302	100.0	100.0	
任职学段	初中	113	37.4	37.4	37.4
	高中	176	58.3	58.3	95.7
	初中、高中均有	13	4.3	4.3	100.0
	总计	302	100.0	100.0	

(二)项目分析

项目分析的主要目的是测验题项的适切程度,探究高低分的受试者在每个题项的差异,其结果可作为题项筛选或修改的依据。[①]

本研究依据每个二级指标的总分,将预试样本按照27%和73%的百分位数分为高分组和低分组,并求出这两组被试在每题的平均数是否具有显著差异,从而确定题目是否删除或者保留。下面将从9个二级指标分别进行分析。

1.教学反思原则

二级指标"教学反思原则"高、低分组的组别统计量如表4-2所示,包括每题高分组和低分组的个案数、平均值、标准差以及标准误差平均值。以t1为例,高分组在该题得分的平均值为4.68、标准差为0.468,低分组的平均值为3.06、标准差为0.809。两个组别的个案数分别为101和115,两组个案数不相等是因为分割点分割的人数不相同。

表4-2 组别统计量(教学反思原则)

题号	原则-组别	个案数	平均值	标准差	标准误差平均值
t1	高分组	101	4.68	0.468	0.047
	低分组	115	3.06	0.809	0.075
t2	高分组	101	4.56	0.518	0.052
	低分组	115	2.95	0.759	0.071
t3	高分组	101	4.87	0.337	0.033
	低分组	115	3.34	0.897	0.084

---

① 吴明隆.问卷统计分析实务——SPSS操作与应用[M].重庆:重庆大学出版社,2010:158.

独立样本 t 检验在于检验高、低分组在每个题目分数的平均值差异是否显著($p<0.05$),如显著,则表明该题目具有鉴别度,应予以保留。"教学反思原则"指标下各题目高、低分组的独立样本检验如表4-3所示。莱文方差等同性检验用于判别两组方差是否相等,如相等,则看"假定等方差"行的数据,如不相等,则看"不假定等方差"行的数据,两行数据均包括 t 值、自由度、显著性(双尾)、平均值差值、差值95%置信区间。

以t1为例,F 统计量为3.073,$p=0.081>0.05$,未达到0.05的显著水平,则不拒绝虚无假设,表明两组方差相等,此时 t 检验数据看第一行"假定等方差"中的数据,t 值为17.722,$p=0.000<0.05$,达到0.05显著水平,则t1应保留。

表4-3 独立样本检验(教学反思原则)

题号		莱文方差等同性检验		平均值等同性t检验					
		F	显著性	t	自由度	显著性(双尾)	平均值差值	差值95%置信区间	
								下限	上限
t1	假定等方差	3.073	0.081	17.722	214	0.000	1.62	1.442	1.803
	不假定等方差			18.307	186.482	0.000	1.62	1.447	1.797
t2	假定等方差	0.073	0.788	18.028	214	0.000	1.62	1.440	1.793
	不假定等方差			18.462	202.151	0.000	1.62	1.444	1.789
t3	假定等方差	76.583	0.000	16.187	214	0.000	1.53	1.346	1.719
	不假定等方差			17.001	149.09	0.000	1.53	1.354	1.710

2.教学反思内容

该二级指标各题目的组别统计量及高、低分组的独立样本检验分别如表4-4、表4-5所示。经分析可知,该指标下的22个题目均具有鉴别度,应予以保留。

表4-4 组别统计量(教学反思内容)

题号	内容-组别	个案数	平均值	标准差	标准误差平均值
t4	高分组	85	4.72	0.453	0.049
	低分组	84	3.10	0.770	0.084
t5	高分组	85	4.81	0.450	0.049
	低分组	84	3.21	0.837	0.091
t6	高分组	85	4.92	0.277	0.030
	低分组	84	3.25	0.742	0.081

续表

题号	内容-组别	个案数	平均值	标准差	标准误差平均值
t7	高分组	85	4.89	0.310	0.034
	低分组	84	3.37	0.861	0.094
t8	高分组	85	4.93	0.258	0.028
	低分组	84	3.25	0.692	0.076
t9	高分组	85	4.79	0.490	0.053
	低分组	84	3.07	0.741	0.081
t10	高分组	85	4.93	0.258	0.028
	低分组	84	3.27	0.782	0.085
t11	高分组	85	4.85	0.362	0.039
	低分组	84	3.08	0.748	0.082
t12	高分组	85	4.75	0.434	0.047
	低分组	84	3.06	0.683	0.075
t13	高分组	85	4.80	0.402	0.044
	低分组	84	3.10	0.705	0.077
t14	高分组	85	4.80	0.402	0.044
	低分组	84	3.06	0.750	0.082
t15	高分组	85	4.85	0.394	0.043
	低分组	84	3.20	0.724	0.079
t16	高分组	85	4.87	0.402	0.044
	低分组	84	3.48	0.719	0.078
t17	高分组	85	4.88	0.324	0.035
	低分组	84	3.45	0.718	0.078
t18	高分组	85	4.94	0.237	0.026
	低分组	84	3.46	0.719	0.078
t19	高分组	85	4.89	0.310	0.034
	低分组	84	3.37	0.724	0.079
t20	高分组	85	4.79	0.558	0.061
	低分组	84	3.24	0.722	0.079
t21	高分组	85	4.88	0.324	0.035
	低分组	84	3.36	0.688	0.075
t22	高分组	85	4.75	0.486	0.053
	低分组	84	3.15	0.752	0.082

表4-5 独立样本检验（教学反思内容）

题号	莱文方差等同性检验			平均值等同性 t 检验					
		F	显著性	t	自由度	显著性（双尾）	平均值差值	差值95%置信区间	
								下限	上限
t4	假定等方差	3.072	0.081	16.716	167	0.000	1.62	1.431	1.814
	不假定等方差			16.668	133.943	0.000	1.62	1.430	1.815
t5	假定等方差	27.033	0.000	15.481	167	0.000	1.60	1.394	1.801
	不假定等方差			15.430	126.91	0.000	1.60	1.393	1.802
t6	假定等方差	60.877	0.000	19.393	167	0.000	1.67	1.498	1.837
	不假定等方差			19.306	105.362	0.000	1.67	1.496	1.839
t7	假定等方差	81.617	0.000	15.354	167	0.000	1.53	1.329	1.721
	不假定等方差			15.284	103.869	0.000	1.53	1.327	1.723
t8	假定等方差	61.854	0.000	20.953	167	0.000	1.68	1.521	1.838
	不假定等方差			20.859	105.344	0.000	1.68	1.520	1.839
t9	假定等方差	5.479	0.020	17.783	167	0.000	1.72	1.526	1.907
	不假定等方差			17.742	143.759	0.000	1.72	1.526	1.908
t10	假定等方差	77.991	0.000	18.537	167	0.000	1.66	1.479	1.832
	不假定等方差			18.449	100.638	0.000	1.66	1.478	1.834
t11	假定等方差	13.922	0.000	19.549	167	0.000	1.76	1.586	1.942
	不假定等方差			19.477	119.569	0.000	1.76	1.584	1.943
t12	假定等方差	1.565	0.213	19.265	167	0.000	1.69	1.520	1.867
	不假定等方差			19.217	140.36	0.000	1.69	1.519	1.868
t13	假定等方差	8.514	0.004	19.337	167	0.000	1.71	1.531	1.879
	不假定等方差			19.278	131.582	0.000	1.71	1.530	1.880
t14	假定等方差	6.873	0.010	18.826	167	0.000	1.74	1.558	1.923
	不假定等方差			18.764	126.784	0.000	1.74	1.557	1.924
t15	假定等方差	25.699	0.000	18.367	167	0.000	1.65	1.468	1.821
	不假定等方差			18.308	127.742	0.000	1.65	1.467	1.822
t16	假定等方差	52.951	0.000	15.578	167	0.000	1.39	1.218	1.571
	不假定等方差			15.530	129.913	0.000	1.39	1.217	1.572
t17	假定等方差	73.761	0.000	16.716	167	0.000	1.43	1.261	1.599
	不假定等方差			16.650	115.162	0.000	1.43	1.260	1.600
t18	假定等方差	128.115	0.000	17.981	167	0.000	1.48	1.315	1.639
	不假定等方差			17.895	100.596	0.000	1.48	1.313	1.641
t19	假定等方差	73.912	0.000	17.832	167	0.000	1.53	1.356	1.694
	不假定等方差			17.759	112.043	0.000	1.53	1.355	1.695

续表

题号	莱文方差等同性检验		平均值等同性 t 检验					
		F	显著性	t	自由度	显著性（双尾）	平均值差值	差值95%置信区间
								下限 / 上限
t20	假定等方差	9.097	0.003	15.627	167	0.000	1.55	1.354 / 1.746
	不假定等方差			15.604	156.217	0.000	1.55	1.354 / 1.746
t21	假定等方差	49.046	0.000	18.471	167	0.000	1.53	1.362 / 1.688
	不假定等方差			18.401	117.8	0.000	1.53	1.361 / 1.689
t22	假定等方差	6.461	0.012	16.425	167	0.000	1.60	1.406 / 1.790
	不假定等方差			16.385	141.683	0.000	1.60	1.405 / 1.791

3. 教学反思方法

该二级指标各题目的组别统计量及独立样本检验分别如表4-6、表4-7所示。经分析可知，该指标下的3个题目均具有鉴别度，应予以保留。

表4-6　组别统计量（教学反思方法）

题号	方法-组别	个案数	平均值	标准差	标准误差平均值
t23	高分组	96	4.43	0.645	0.066
	低分组	130	2.88	0.659	0.058
t24	高分组	96	4.84	0.365	0.037
	低分组	130	3.33	0.730	0.064
t25	高分组	96	4.78	0.440	0.045
	低分组	130	3.47	0.828	0.073

表4-7　独立样本检验（教学反思方法）

题号	莱文方差等同性检验		平均值等同性 t 检验					
		F	显著性	t	自由度	显著性（双尾）	平均值差值	差值95%置信区间
								下限 / 上限
t23	假定等方差	5.988	0.015	17.640	224	0.000	1.55	1.377 / 1.723
	不假定等方差			17.699	207.283	0.000	1.55	1.377 / 1.723
t24	假定等方差	65.591	0.000	18.647	224	0.000	1.51	1.353 / 1.673
	不假定等方差			20.422	199.979	0.000	1.51	1.367 / 1.659
t25	假定等方差	46.628	0.000	14.121	224	0.000	1.31	1.129 / 1.495
	不假定等方差			15.368	205.75	0.000	1.31	1.144 / 1.480

4.教学反思时机

该二级指标各题目的组别统计量及独立样本检验分别如表4-8、表4-9所示。经分析可知,该指标下的3个题目均具有鉴别度,应予以保留。

表4-8 组别统计量(教学反思时机)

题号	时机-组别	个案数	平均值	标准差	标准误差平均值
t26	高分组	82	4.82	0.389	0.043
	低分组	102	3.07	0.633	0.063
t27	高分组	82	4.95	0.217	0.024
	低分组	102	3.29	0.712	0.070
t28	高分组	82	4.93	0.262	0.029
	低分组	102	3.27	0.810	0.080

表4-9 独立样本检验(教学反思时机)

题号	莱文方差等同性检验		平均值等同性t检验						
		F	显著性	t	自由度	显著性(双尾)	平均值差值	差值95%置信区间 下限	差值95%置信区间 上限
t26	假定等方差	1.944	0.165	21.891	182	0.000	1.75	1.591	1.906
	不假定等方差			23.001	171.053	0.000	1.75	1.598	1.898
t27	假定等方差	99.680	0.000	20.327	182	0.000	1.66	1.496	1.818
	不假定等方差			22.263	123.588	0.000	1.66	1.510	1.804
t28	假定等方差	91.891	0.000	17.727	182	0.000	1.65	1.468	1.836
	不假定等方差			19.373	126.318	0.000	1.65	1.484	1.821

5.教学反思过程

该二级指标各题目的组别统计量及独立样本检验分别如表4-10、表4-11所示。经分析可知,该指标下的7个题目均具有鉴别度,应予以保留。

表4-10 组别统计量(教学反思过程)

题号	过程-组别	个案数	平均值	标准差	标准误差平均值
t29	高分组	93	4.73	0.446	0.046
	低分组	93	3.23	0.709	0.074
t30	高分组	93	4.61	0.532	0.055
	低分组	93	2.98	0.608	0.063

续表

题号	过程-组别	个案数	平均值	标准差	标准误差平均值
t31	高分组	93	4.78	0.413	0.043
	低分组	93	2.94	0.622	0.065
t32	高分组	93	4.61	0.532	0.055
	低分组	93	2.94	0.567	0.059
t33	高分组	93	4.68	0.470	0.049
	低分组	93	3.05	0.596	0.062
t34	高分组	93	4.69	0.489	0.051
	低分组	93	3.05	0.649	0.067
t35	高分组	93	4.68	0.493	0.051
	低分组	93	3.03	0.598	0.062

表4-11 独立样本检验（教学反思过程）

题号	莱文方差等同性检验		平均值等同性 t 检验						
		F	显著性	t	自由度	显著性（双尾）	平均值差值	差值95%置信区间	
								下限	上限
t29	假定等方差	8.375	0.004	17.333	184	0.000	1.51	1.334	1.677
	不假定等方差			17.333	154.89	0.000	1.51	1.334	1.677
t30	假定等方差	7.475	0.007	19.514	184	0.000	1.63	1.469	1.800
	不假定等方差			19.514	180.873	0.000	1.63	1.469	1.800
t31	假定等方差	0.225	0.636	23.882	184	0.000	1.85	1.697	2.002
	不假定等方差			23.882	159.914	0.000	1.85	1.697	2.002
t32	假定等方差	10.118	0.002	20.794	184	0.000	1.68	1.518	1.837
	不假定等方差			20.794	183.256	0.000	1.68	1.518	1.837
t33	假定等方差	2.940	0.088	20.619	184	0.000	1.62	1.468	1.779
	不假定等方差			20.619	174.457	0.000	1.62	1.468	1.779
t34	假定等方差	0.682	0.410	19.406	184	0.000	1.63	1.468	1.801
	不假定等方差			19.406	170.941	0.000	1.63	1.468	1.801
t35	假定等方差	3.965	0.048	20.477	184	0.000	1.65	1.487	1.804
	不假定等方差			20.477	177.485	0.000	1.65	1.487	1.804

6. 教学反思深度

该二级指标各题目的组别统计量及独立样本检验分别如表4-12、表4-13所示。经分析可知，该指标下的3个题目均具有鉴别度，应予以保留。

表4-12　组别统计量（教学反思深度）

题号	深度-组别	个案数	平均值	标准差	标准误差平均值
t36	高分组	86	4.78	0.417	0.045
	低分组	90	3.09	0.574	0.060
t37	高分组	86	4.78	0.417	0.045
	低分组	90	2.97	0.550	0.058
t38	高分组	86	4.72	0.501	0.054
	低分组	90	2.87	0.524	0.055

表4-13　独立样本检验（教学反思深度）

题号	莱文方差等同性检验		平均值等同性 t 检验					
	F	显著性	t	自由度	显著性（双尾）	平均值差值	差值95%置信区间下限	差值95%置信区间上限
t36 假定等方差	0.000	0.999	22.266	174	0.000	1.7	1.540	1.840
t36 不假定等方差			22.423	162.642	0.000	1.7	1.541	1.839
t37 假定等方差	2.136	0.146	24.551	174	0.000	1.8	1.667	1.958
t37 不假定等方差			24.702	165.633	0.000	1.8	1.668	1.957
t38 假定等方差	3.390	0.067	23.993	174	0.000	1.9	1.702	2.007
t38 不假定等方差			24.018	174	0.000	1.9	1.702	2.007

7. 教学反思认知

该二级指标各题目的组别统计量及独立样本检验分别如表4-14、表4-15所示。经分析可知，该指标下的3个题目均具有鉴别度，应予以保留。

表4-14　组别统计量（教学反思认知）

题号	认知-组别	个案数	平均值	标准差	标准误差平均值
t39	高分组	113	4.85	0.383	0.036
	低分组	119	3.65	0.755	0.069
t40	高分组	113	4.89	0.309	0.029
	低分组	119	3.36	0.698	0.064
t41	高分组	113	4.21	0.687	0.065
	低分组	119	2.68	0.637	0.058

表4-15 独立样本检验(教学反思认知)

题号		莱文方差等同性检验		平均值等同性t检验				差值95%置信区间	
		F	显著性	t	自由度	显著性(双尾)	平均值差值	下限	上限
t39	假定等方差	56.252	0.000	15.183	230	0.000	1.20	1.046	1.359
	不假定等方差			15.418	177.037	0.000	1.20	1.049	1.356
t40	假定等方差	91.092	0.000	21.427	230	0.000	1.53	1.392	1.673
	不假定等方差			21.804	164.503	0.000	1.53	1.394	1.671
t41	假定等方差	0.750	0.387	17.618	230	0.000	1.53	1.360	1.703
	不假定等方差			17.583	226.306	0.000	1.53	1.360	1.703

8.教学反思情感

该二级指标各题目的组别统计量及独立样本检验分别如表4-16、表4-17所示。经分析可知,该指标下的3个题目均具有鉴别度,应予以保留。

表4-16 组别统计量(教学反思情感)

题号	情感-组别	个案数	平均值	标准差	标准误差平均值
t42	高分组	97	4.71	0.478	0.049
	低分组	108	3.13	0.495	0.048
t43	高分组	97	4.77	0.445	0.045
	低分组	108	3.13	0.565	0.054
t44	高分组	97	4.84	0.400	0.041
	低分组	108	3.23	0.574	0.055

表4-17 独立样本检验(教学反思情感)

题号		莱文方差等同性检验		平均值等同性t检验				差值95%置信区间	
		F	显著性	t	自由度	显著性(双尾)	平均值差值	下限	上限
t42	假定等方差	3.353	0.069	23.228	203	0.000	1.58	1.447	1.716
	不假定等方差			23.271	201.915	0.000	1.58	1.448	1.716
t43	假定等方差	1.002	0.318	22.952	203	0.000	1.64	1.502	1.785
	不假定等方差			23.244	199.659	0.000	1.64	1.504	1.783
t44	假定等方差	15.672	0.000	22.966	203	0.000	1.60	1.466	1.741
	不假定等方差			23.399	191.617	0.000	1.60	1.468	1.739

9.教学反思意向

该二级指标各题目的组别统计量及独立样本检验分别如表4-18、表4-19所示。经分析可知,该指标下的5个题目均具有鉴别度,应予以保留。

表4-18 组别统计量(教学反思意向)

题号	意向-组别	个案数	平均值	标准差	标准误差平均值
t45	高分组	100	4.91	0.288	0.029
	低分组	95	3.31	0.701	0.072
t46	高分组	100	4.90	0.302	0.030
	低分组	95	3.37	0.759	0.078
t47	高分组	100	4.81	0.394	0.039
	低分组	95	3.25	0.729	0.075
t48	高分组	100	4.59	0.534	0.053
	低分组	95	3.00	0.526	0.054
t49	高分组	100	4.54	0.593	0.059
	低分组	95	3.03	0.691	0.071

表4-19 独立样本检验(教学反思意向)

题号		莱文方差等同性检验		平均值等同性 t 检验					
		F	显著性	t	自由度	显著性(双尾)	平均值差值	差值95%置信区间 下限	上限
t45	假定等方差	87.178	0.000	21.109	193	0.000	1.61	1.455	1.755
	不假定等方差			20.726	123.5	0.000	1.61	1.451	1.758
t46	假定等方差	90.203	0.000	18.695	193	0.000	1.53	1.370	1.693
	不假定等方差			18.348	121.723	0.000	1.53	1.366	1.697
t47	假定等方差	24.853	0.000	18.684	193	0.000	1.56	1.393	1.722
	不假定等方差			18.422	143.032	0.000	1.56	1.390	1.724
t48	假定等方差	28.181	0.000	20.944	193	0.000	1.59	1.440	1.740
	不假定等方差			20.952	192.736	0.000	1.59	1.440	1.740
t49	假定等方差	4.931	0.028	16.379	193	0.000	1.51	1.327	1.690
	不假定等方差			16.315	185.393	0.000	1.51	1.326	1.691

综上,由项目分析结果可知,《中学物理教师教学反思能力自评问卷》的49个题目均具有鉴别度,应予以保留。

第二节 《中学物理教师教学反思能力自评问卷》正式测试

一、测试目的

在问卷进行预测试确定所保留的题目后，即进入《中学物理教师教学反思能力自评问卷》的正式测试。正式测试的目的主要有两个：一是对问卷进行探索性因素分析、验证性因素分析以及信度分析，从而对问卷结构进行优化；二是对中学物理教师的教学反思能力进行评价与分析。本节主要围绕目的一进行研究，目的二将在下一章进行讨论。

二、测试对象及过程

问卷主要通过问卷星在全国范围内进行发放。为了保证问卷填答的质量，除了在问卷指导语部分进行相关说明外，部分地区由教研员协助进行问卷发放。

正式测试共收回问卷3343份，有效问卷2891份，有效率为86.5%。有效问卷样本人口特征、人员来源地的描述统计分别如表4-20、表4-21所示。

表4-20 样本人口特征描述统计（$N=2891$）

		频率	百分比	有效百分比	累积百分比
性别	男	1538	53.2	53.2	53.2
	女	1353	46.8	46.8	100
	总计	2891	100	100	
教龄	0—5年	645	22.3	22.3	22.3
	6—10年	425	14.7	14.7	37
	11—20年	770	26.6	26.6	63.6
	20年以上	1051	36.4	36.4	100
	总计	2891	100	100	
职称	中小学二级教师	960	33.2	33.2	33.2
	中小学一级教师	1165	40.3	40.3	73.5
	中小学高级教师	619	21.4	21.4	94.9

续表

		频率	百分比	有效百分比	累积百分比
职称	正高级教师	11	0.4	0.4	95.3
	中小学三级教师	136	4.7	4.7	100
	总计	2891	100	100	
学历	本科	2438	84.3	84.3	84.3
	硕士研究生	394	13.6	13.6	98
	博士研究生	7	0.2	0.2	98.2
	其他	52	1.8	1.8	100
	总计	2891	100	100	
学校所在行政区域	省会城市	519	17.9	17.9	17.9
	地级市	931	32.2	32.2	50.1
	县/区/县级市	762	26.4	26.4	76.5
	乡镇	679	23.5	23.5	100
	总计	2891	100	100	
任职学段	初中	1731	59.9	59.9	59.9
	高中	1054	36.4	36.4	96.3
	初中、高中均有	106	3.7	3.7	100
	总计	2891	100	100	

表4-21 样本人员来源地描述统计（N=2891）

省/区/市	人数	百分比	省/区/市	人数	省/区/市	人数
广东	836	28.9%	陕西	38	内蒙古	6
河南	598	20.7%	贵州	35	新疆	6
江苏	401	13.9%	云南	22	湖北	5
重庆	309	10.7%	福建	21	江西	4
甘肃	208	7.2%	广西	21	浙江	4
山西	90	3.1%	山东	18	湖南	3
海南	63	2.2%	北京	12	安徽	2
四川	53	1.8%	黑龙江	12	上海	2
河北	50	1.7%	吉林	9	天津	1
宁夏	44	1.5%	辽宁	8	未知	10

可见，样本主要分布在广东省、河南省、江苏省、重庆市、甘肃省以及山西省等，涵盖了我国的东部、中部及西部地区。

将研究获得的有效问卷进行分割，一半问卷用于进行探索性因素分析，另外一半问卷用于进行验证性因素分析，以此来对问卷的效度进行交互检验与评价。

三、信度与效度分析

本部分主要运用SPSS26.0、AMOS24.0等软件,对《中学物理教师教学反思能力自评问卷》进行信度与效度分析。

(一)探索性因素分析

从2891份有效问卷中,抽取1446份进行探索性因素分析,余下1445份用于进行验证性因素分析。通过在SPSS26.0中采用主成分分析法、最大方差旋转法,对问卷进行探索性因素分析。由于本研究是在文献研究、深度访谈以及专家咨询的基础上构建的指标体系,因此,根据事先决定准则法,萃取因素个数,开展相关分析。KMO和巴特利特检验结果及《中学物理教师教学反思能力自评问卷》的探索性因素分析(旋转后)结果分别如表4-22、表4-23所示。

表4-22 KMO和巴特利特检验

KMO取样适切性量数		0.980
巴特利特球形度检验	近似卡方	48796.157
	自由度	561
	显著性	0.000

KMO取样适切性量数结果分析:KMO值在0~1之间,其值越大,表明问卷越适合执行因素分析。其中,0.9以上表示非常适合,0.8~0.9表示适合,0.7~0.8表示尚可。《中学物理教师教学反思能力自评问卷》的KMO值为0.980,表明非常适合进行因素分析。

巴特利特球形度检验结果分析:达显著水平,表示数据适合进行因素分析,未达显著则表明不适合进行因素分析。《中学物理教师教学反思能力自评问卷》的巴特利特球形度检验显著性为0.000,表明问卷适合进行因素分析。

从探索性因素分析的结果可以看到,旋转后的成分矩阵表中,共抽取出9个因素,总方差解释率为81.35%,每个题目(观测点)分别在某个因素上有较高的负荷量(大于0.45)[①],说明该问卷具有良好的结构效度。

---

① 一般因素负荷量大小的取舍标准为0.45以上,较为宽松的标准为因素负荷量数值在0.40以上。(参考吴明隆.问卷统计分析实务——SPSS操作与应用[M].重庆:重庆大学出版社,2010.)

表4-23 《中学物理教师教学反思能力自评问卷》探索性因素分析(旋转后)

	因素1	因素2	因素3	因素4	因素5	因素6	因素7	因素8	因素9
t1				0.834					
t2				0.797					
t3				0.768					
t23								0.738	
t24								0.613	
t25								0.482	
t26						0.664			
t27						0.668			
t28						0.563			
t29	0.640								
t30	0.723								
t31	0.718								
t32	0.743								
t33	0.705								
t34	0.646								
t35	0.685								
t36									0.546
t37									0.590
t38									0.547
t39					0.675				
t40					0.458				
t41							0.529		
t42							0.660		
t43							0.677		
t44							0.544		
t45		0.513							
t46		0.468							
t47		0.634							
t48		0.742							
t49		0.744							
课堂教学			0.640						
学生发展			0.713						
教师发展			0.667						
人际关系			0.667						
单个因素的有效程度/%	18.19	9.93	9.24	9.03	8.55	8.21	7.59	5.44	5.18
累积方差解释率/%	18.19	28.12	37.36	46.39	54.94	63.15	70.73	76.17	81.35

根据表4-23,t1～t3在因素4上具有较高的负荷值,因此我们可以认为因素4即二级指标"教学反思原则",它的贡献率也即有效程度为9.03%;t23～t25在因素8上具有较高的负荷值,因此我们可以认为因素8即二级指标"教学反思方法",它的贡献率为5.44%;t26～t28在因素6上具有较高的负荷值,可以认为因素6即二级指标"教学反思时机",它的贡献率为8.21%;t29～t35在因素1上具有较高的负荷值,可以认为因素1即二级指标"教学反思过程",它的贡献率为18.19%;t36—t38在因素9上具有较高的负荷值,可以认为因素9即二级指标"教学反思深度",它的贡献率为5.18%;t39～t40在因素5上具有较高的负荷值,t41～t44在因素7上具有较高的负荷值,可以认为因素5即二级指标"教学反思认知",因素7即二级指标"教学反思情感",二者的贡献率分别为8.55%、7.59%,而t41"教学反思对我来说很容易"属于个人在教学反思中的自我效能感,是对教学反思的认知,而非情感,可见该题的归属与理论不符,对该题的处理将进一步结合验证性因素分析进行;t45～t49在因素2上具有较高的负荷值,可以认为因素2即二级指标"教学反思意向",它的贡献率为9.93%;观测点课堂教学、学生发展、教师发展、人际关系在因素3上具有较高的负荷值,可以认为因素3即二级指标"教学反思内容",它的贡献率为9.24%。

通过以上分析可以看到,《中学物理教师教学反思能力自评问卷》具有较好的结构效度,经过探索性因素分析后,除t41将在验证性因素分析中进一步加以分析外,保持问卷其余部分结构不变。

(二)验证性因素分析

将有效问卷中的另外一半1445份用于进行结构方程模型的验证性因素分析,从而交叉验证问卷结构的适切性。研究所使用的软件为AMOS24.0,以最大概似法(maximum likelihood)进行估计。分析得到二阶验证性因素分析路径图以及模型拟合指数(图4-1、表4-24)。

由图4-1可知,因素负荷量均符合建议值,即大于0.6。表4-24的模型拟合指数中,拟合优度指数GFI和调整拟合优度指数AGFI的值分别为0.841、0.817,均大于0.8;比较拟合指数CFI的值为0.945,大于0.9;TLI、NFI、IFI的值均大于0.9;近似误差均方根RMSEA为0.062,小于0.08;SRMR值为0.0315,小

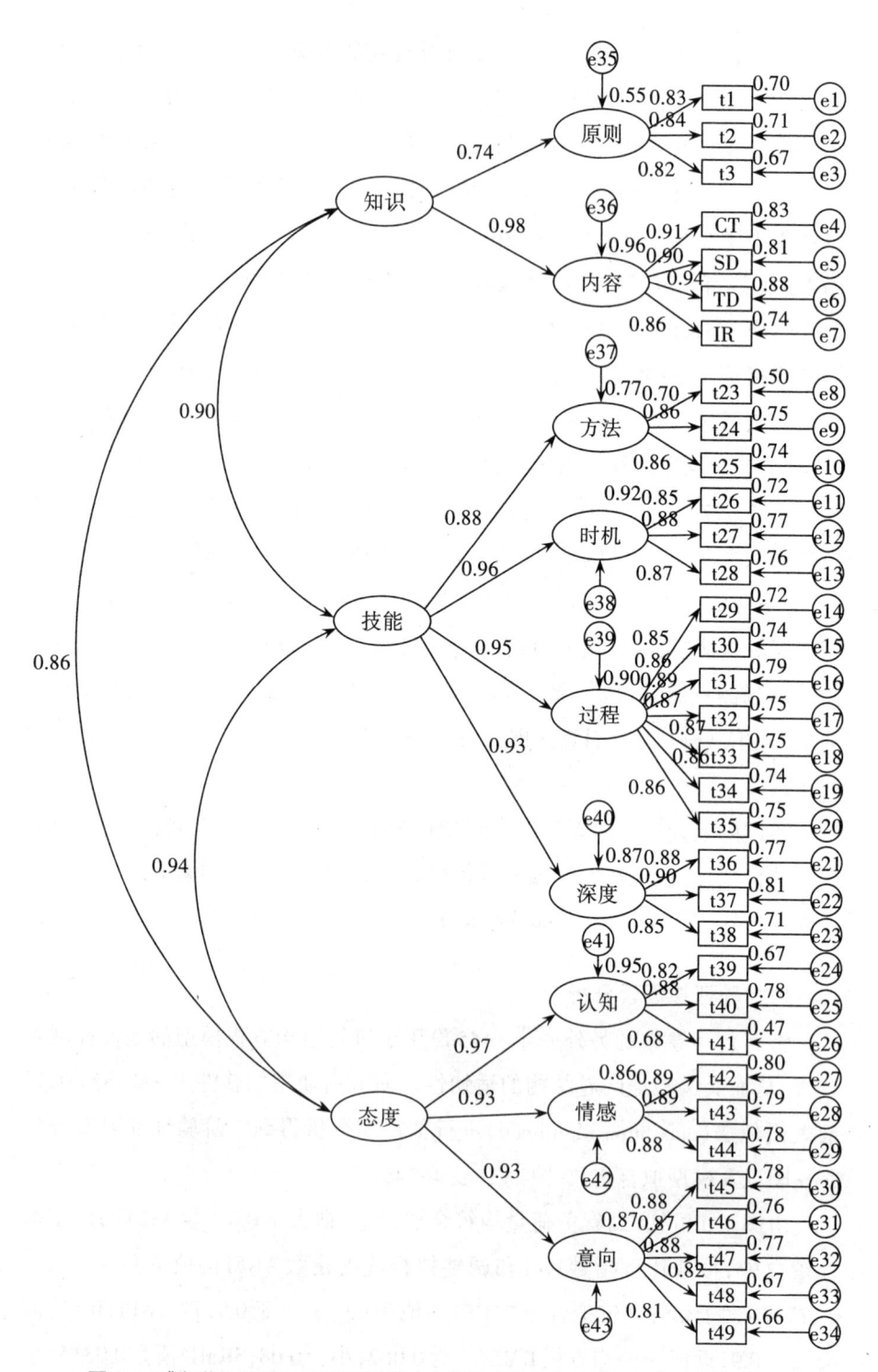

图4-1 《中学物理教师教学反思能力自评问卷》二阶验证性因素分析路径图

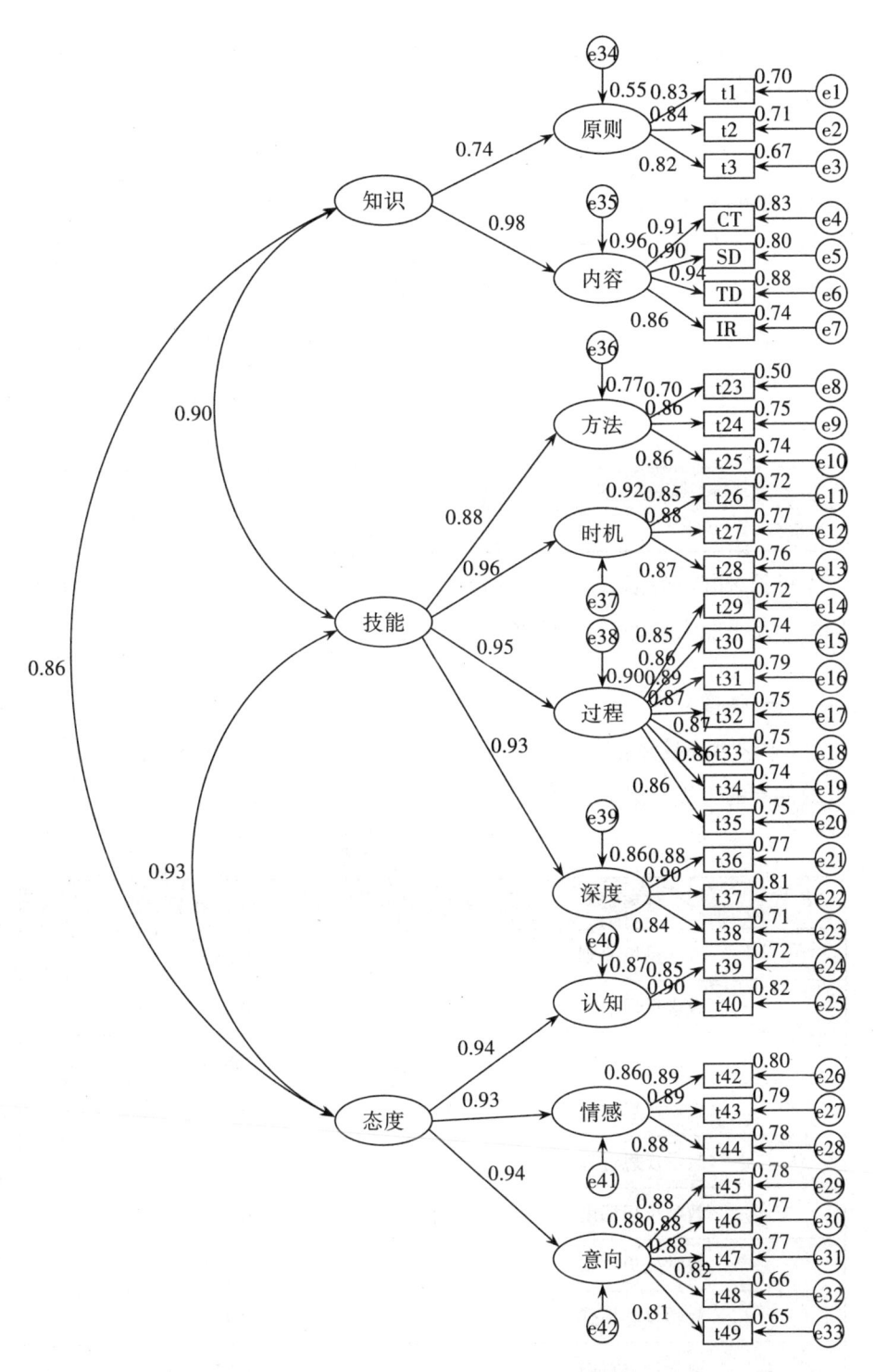

图4-2 《中学物理教师教学反思能力自评问卷》二阶验证性因素分析路径图（删除t41）

于0.05。总体而言，模型拟合较好，中学物理教师教学反思能力自评问卷具有比较好的结构效度。

表4-24　二阶验证性因素分析模型拟合指数

GFI	AGFI	CFI	TLI	NFI	IFI	RMSEA	SRMR
0.841	0.817	0.945	0.940	0.935	0.945	0.062	0.0315

在探索性因素分析中，t41的归属与理论不符，删除t41后再次进行验证性因素分析，得到的二阶验证性因素分析路径图以及模型拟合指数分别如表4-25、图4-2所示。

表4-25　二阶验证性因素分析模型拟合指数（删除t41）

GFI	AGFI	CFI	TLI	NFI	IFI	RMSEA	SRMR
0.865	0.844	0.953	0.948	0.943	0.953	0.058	0.0277

可见，删除t41后，模型拟合指数有所改善，因此最终决定在《中学物理教师教学反思能力自评问卷》中将t41删除。

（三）信度分析

《中学物理教师教学反思能力自评问卷》的信度，利用SPSS26.0对2891份有效问卷的二级指标进行分析，分析结果如表4-26所示。

表4-26　信度分析表

二级指标	克隆巴赫α
教学反思原则	0.859
教学反思内容	0.940
教学反思方法	0.828
教学反思时机	0.892
教学反思过程	0.953
教学反思深度	0.897
教学反思认知	0.844
教学反思情感	0.916
教学反思意向	0.925

由表4-26可知,各二级指标的克隆巴赫α值均大于0.8,表明各指标信度良好,具有足够的内部一致性。证明《中学物理教师教学反思能力自评问卷》具有良好的信度。

四、最终测试题项

通过预测试、探索性因素分析、验证性因素分析以及信度分析,《中学物理教师教学反思能力自评问卷》的最终测试题项共48题,如表4-27所示。

表4-27 问卷测试题项

一级指标	二级指标	观测点	题目
教学反思知识	教学反思原则	系统性	t1 我能理解教学反思具有系统性
			t2 我知道教学反思的过程与方法
		实践性	t3 我能理解教学反思与实践相互促进、循环往复
	教学反思内容	课堂教学	t4 我明确知道可以对教学理念进行反思
			t5 我明确知道可以对教学目标进行反思
			t6 我明确知道可以对教学方法的选择及应用进行反思
			t7 我明确知道可以对教学内容及资源进行反思
			t8 我明确知道可以对教学过程的设计及实施进行反思
			t9 我明确知道可以对教学评价进行反思
			t10 我明确知道可以对课堂管理进行反思
		学生发展	t11 我明确知道可以对学生物理观念的发展进行反思
			t12 我明确知道可以对学生科学思维的发展进行反思
			t13 我明确知道可以对学生科学探究能力的发展进行反思
			t14 我明确知道可以对学生科学态度与责任的发展进行反思
		教师发展	t15 我明确知道可以对我自身的教育理想、信念与使命进行反思
			t16 我明确知道可以对我自身的物理学科知识进行反思
			t17 我明确知道可以对我自身的物理学科教学知识进行反思
			t18 我明确知道可以对我自身的教学技能进行反思
			t19 我明确知道可以对我自身的实验操作技能进行反思
			t20 我明确知道可以对我自身的信息素养进行反思
		人际关系	t21 我明确知道可以对教学中的师生角色及关系进行反思
			t22 我明确知道可以对自身和同事、家长、学校之间的关系进行反思

续表

一级指标	二级指标	观测点	题目
教学反思技能	教学反思方法	个人反思	t23我能够通过自己思考、撰写反思日志、回看自己的教学录像等方式独立进行反思
		同伴互助	t24我能够主动通过与他人对话交流、相互借鉴进行反思
		集体活动反思	t25我能够通过集体备课、集体听评课、教研活动等进行反思
	教学反思时机	教学前反思	t26我在课堂教学之前,能够结合已有经验对实践中可能遇到的问题或达到的效果进行预判,并采取相关措施
		教学中反思	t27我在教学过程中,能够根据教学实际,进行即时的设计、调整与改进
		教学后反思	t28我在教学活动结束后,能结合已有理论与经验,对教学活动进行回顾、梳理、思考、改进
	教学反思过程	发现反思点	t29我能发现教学中的具体反思点(问题或优点)
		描述反思点	t30我能准确描述反思点及其情境
		经验联系	t31我能有效选择已有经验对反思点进行分析
		寻求证据	t32我能通过不同途径为反思点的分析寻求新的证据
		情境重构	t33我能对反思点所涉及的问题、情境等进行重新建构
		实践验证	t34我能在实践中验证反思成果
			t35我能在实践中发现新的反思点并进一步进行反思
	教学反思深度	技术理性	t36我能反思教学内容是否正确,教学方法是否合理,教学目标是否达成等
		实践活动	t37我能切实结合实际,审视自身教育教学理论及实践,发现问题并进行改进
		批判反思	t38我能以批判性的眼光,全面地、多维度地系统审视自身的教育教学理论及实践

续表

一级指标	二级指标	观测点	题目
教学反思态度	教学反思认知	价值与意义	t39 我能认识到教学反思具有重要价值与意义
		自我效能感	t40 我能进行有效教学反思并促进自身发展
	教学反思情感	喜爱度	t41 我喜欢进行教学反思
			t42 我能够主动进行教学反思
			t43 我乐于将反思成果应用于教学实践
	教学反思意向	教学反思动机	t44 我具有通过教学反思促进自身专业成长与发展的愿望
			t45 我具有通过教学反思提升教学效果的愿望
		教学反思意识	t46 我在教学中具有探索和研究的意识
			t47 我在教学中具有创新意识
			t48 我在教学中具有批判意识

第三节 中学物理教师教学反思能力评价模型计算

构建中学物理教师教学反思能力评价模型，关键是明确指标之间的相互关系。不同指标在中学物理教师教学反思能力评价中的重要程度不同，也即有不同的权重。确定权重的方法包括：主观赋权法、客观赋权法以及主客观综合赋权法。[1]本研究将采用主观赋权法确定各指标的权重。

一、研究目的

研究拟通过第三次专家咨询，确定各指标的权重系数，从而得到中学物理教师教学反思能力评价模型。

---

[1] 范涌峰，宋乃庆. 大数据时代的教育测评模型及其范式构建[J]. 中国社会科学，2019(12)：139-155.

二、研究过程及方法

研究编制了中学物理教师教学反思能力评价指标的《相对权重调查问卷》，由专家对一、二级指标的重要性进行排序，利用公式计算得到不同指标的权重分配数值。具体计算方法为，假设某一层级有 n 个指标，将 m 位专家对某指标所评定的秩进行相加，其和称为秩和，记作 R，则指标 i 的权重计算公式为：

$$W_i = \frac{2[m(1+n) - R_i]}{mn(1+n)} \quad i=1,2,\cdots,n$$

在第一次及第二次专家咨询的基础上形成此次专家咨询名单，共发放问卷22份，收回18份，回收率为82%。

三、研究结果

依据专家意见，计算出一级指标、二级指标的相对权重，得到中学物理教师教学反思能力评价模型。

（一）一级指标权重分配数值分析

由表4-28可知，三个一级指标的相对权重均大于0.3，其中相对权重最高的指标为"教学反思态度"，其次为"教学反思知识"，"教学反思技能"的相对权重最低。

表4-28　一级指标相对权重及排序

一级指标	相对权重	排序
教学反思态度	0.352	1
教学反思知识	0.342	2
教学反思技能	0.306	3
总和	1.000	

（二）二级指标权重分配数值分析

由表4-29可知，二级指标中，教学反思知识维度下的教学反思原则及教学反思内容两个指标的相对权重最高，均为0.171；教学反思态度维度下的3个二级指标——教学反思认知、教学反思意向、教学反思情感的相对权重分别为0.143、0.124、0.085,排在所有二级指标的第3、4、6位;教学反思技能维度下的4个二级指标相对权重由高到低依次为,教学反思方法(相对权重为0.103)、教学反思过程(相对权重为0.082)、教学反思时机(相对权重为0.071)、教学反思深度(相对权重为0.050),在所有二级指标中的排序分别为5、7、8、9。

表4-29 二级指标相对权重及排序

二级指标	相对权重	排序
教学反思原则	0.171	1
教学反思内容	0.171	1
教学反思认知	0.143	3
教学反思意向	0.124	4
教学反思方法	0.103	5
教学反思情感	0.085	6
教学反思过程	0.082	7
教学反思时机	0.071	8
教学反思深度	0.050	9
总和	1.000	

(三)模型表达

根据一级指标、二级指标的相对权重,中学物理教师教学反思能力评价模型可以用以下数学表达式表示:

$$C=0.342K+0.306S+0.352A$$

$$其中:K=0.500P+0.500C_1;$$

$$S=0.338M+0.231O+0.269P_1+0.162D;$$

$$A=0.407C_2+0.241A_1+0.352I$$

其中，C表示中学物理教师教学反思能力（Competence），K表示教学反思知识（Knowledge），S表示教学反思技能（Skill），A表示教学反思态度（Attitude）；P表示教学反思原则（Principle），C_1表示教学反思内容（Content）；M表示教学反思方法（Method），O表示教学反思时机（Occasion），P_1表示教学反思过程（Process），D表示教学反思深度（Depth）；C_2表示教学反思认知（Cognition），A_1表示教学反思情感（Affection），I表示教学反思意向（Intention）。

至此，中学物理教师教学反思能力评价模型已构建完成。

第四节 本章小结

本章研究主要围绕以下两点展开：

1.构建信效度良好的《中学物理教师教学反思能力自评问卷》。根据研究二得到的中学物理教师教学反思能力评价指标体系，编制教师自评问卷，随后进行了预测试与正式测试。预测试共收回有效问卷302份，通过项目分析确定了问卷中的49个题目均具有鉴别度，全部予以保留。正式测试共收回有效问卷2891份，通过探索性因素分析、验证性因素分析以及信度分析，删掉t41"教学反思对我来说很容易"，得到中学物理教师教学反思能力自评的最终问卷（共48题）。

2.形成中学物理教师教学反思能力评价模型。通过第三轮专家咨询，由专家对一级指标、二级指标的重要性进行排序，计算得到各指标的权重分配数值。研究确定的中学物理教师教学反思能力评价模型为：

$$C=0.342K+0.306S+0.352A$$
$$其中：K=0.500P+0.500C_1;$$
$$S=0.338M+0.231O+0.269P_1+0.162D;$$
$$A=0.407C_2+0.241A_1+0.352I$$

第五章　中学物理教师教学反思能力问卷调查研究

在形成中学物理教师教学反思能力自评问卷、构建中学物理教师教学反思能力评价模型的基础上,本章研究拟对自评问卷的结果进行分析,对测评模型进行初步应用,从而对中学物理教师教学反思能力有进一步的理解与认识。

第一节　调查目的与过程

通过问卷调查,对指标及观测点的自评得分情况进行同级比较,并对不同背景变量(性别、教龄、职称、学校所在行政区域、任职学段)的中学物理教师在各个指标的得分以及总得分进行差异分析,从而对中学物理教师教学反思能力的培养与发展提出有益建议。

正式问卷主要通过问卷星在全国范围内进行发放。为了保证问卷填答的质量,除了在问卷指导语部分进行相关说明外,部分地区首先与教研员进行沟通,由教研员在协助进行问卷发放时对教师给予说明与指导。正式测试共收回问卷3343份,有效问卷2891份,有效率为86.5%。有效问卷人口特征、来源地的描述统计分别在表4-20、表4-21中呈现。

第二节　数据分析

一、总体评分情况分析

(一)教学反思能力结果分析

经过计算,研究样本的教学反思能力得分情况如表5-1所示。可见,2891个个案中,教学反思能力得分最低为1.014,最高为4.994,总体平均分为4.004,标准差为0.619。总体而言,中学物理教师的教学反思能力较好,但仍有一定的提升空间。

表5-1　教学反思能力得分的描述统计

	N	最小值	最大值	均值	标准差
教学反思能力	2891	1.014	4.994	4.004	0.619

(二)一级指标结果分析

研究样本在3个一级指标的得分情况按照均值由高到低进行排序,如表5-2所示。

表5-2　一级指标得分的描述统计

一级指标	N	最小值	最大值	均值	标准差
教学反思态度	2891	1.00	5.00	4.058	0.669
教学反思知识	2891	1.00	5.00	3.991	0.678
教学反思技能	2891	1.00	5.00	3.956	0.658

根据表5-2,研究样本在3个一级指标的得分按照均值从高到低依次为"教学反思态度"(4.058)、"教学反思知识"(3.991)、"教学反思技能"(3.956)。表明中学物理教师在教学反思态度上的自我评价较好,在教学反思知识及教学反思技能上仍有一定的提升空间,尤其是教学反思技能,教师还需要进一步提升。

进一步对3个一级指标的均值差异进行分析,通过配对样本t检验,结果如表5-3所示。可以看到,3个一级指标的得分存在显著差异,教学反思态度得分显著高于其他二者。

表5-3 一级指标的配对样本检验

		配对差值				t	自由度	显著性(双尾)
		平均值	标准差	差值95%置信区间				
				下限	上限			
配对1	教学反思态度-教学反思知识	0.066	0.495	0.048	0.084	7.183	2890	0.000
配对2	教学反思态度-教学反思技能	0.101	0.361	0.088	0.114	15.047	2890	0.000
配对3	教学反思知识-教学反思技能	0.035	0.443	0.019	0.051	4.248	2890	0.000

(三)二级指标结果分析

研究样本在9个二级指标的得分情况如表5-4所示,同样按照均值由高到低进行排序。

表5-4 二级指标得分的描述统计

二级指标	N	最小值	最大值	均值	标准差
教学反思认知	2891	1.00	5.00	4.122	0.733
教学反思内容	2891	1.00	5.00	4.064	0.685
教学反思时机	2891	1.00	5.00	4.038	0.716
教学反思意向	2891	1.00	5.00	4.034	0.700
教学反思情感	2891	1.00	5.00	3.982	0.748
教学反思方法	2891	1.00	5.00	3.969	0.734
教学反思原则	2891	1.00	5.00	3.919	0.805
教学反思深度	2891	1.00	5.00	3.903	0.728
教学反思过程	2891	1.00	5.00	3.902	0.715

可以看到,"教学反思认知""教学反思内容""教学反思时机""教学反思意向"这4个二级指标的平均分大于4.000,即样本对照评分标准进行自评,介于"比较符合"和"完全符合"之间;其余5个二级指标的平均分在3.000~4.000之间,表明经过自评,样本的情况对照评分标准介于"一般"和"比较符合"之间,有一定的提升空间。

通过配对样本t检验对9个二级指标的差异进行分析,结果如表5-5所示。可见,中学物理教师在各二级指标的得分存在显著差异。

表5-5　二级指标的配对样本检验

		配对差值				t	自由度	显著性（双尾）
		平均值	标准差	差值95%置信区间				
				下限	上限			
配对1	教学反思原则-教学反思内容	−0.144	0.631	−0.167	−0.121	−12.305	2890	0.000
配对2	教学反思原则-教学反思方法	−0.050	0.735	−0.077	−0.023	−3.672	2890	0.000
配对3	教学反思原则-教学反思时机	−0.119	0.717	−0.145	−0.093	−8.925	2890	0.000
配对4	教学反思原则-教学反思过程	0.017	0.729	−0.010	0.044	1.248	2890	0.212
配对5	教学反思原则-教学反思深度	0.017	0.752	−0.011	0.044	1.200	2890	0.230
配对6	教学反思原则-教学反思认知	−0.203	0.750	−0.231	−0.176	−14.559	2890	0.000
配对7	教学反思原则-教学反思情感	−0.063	0.768	−0.091	−0.035	−4.405	2890	0.000
配对8	教学反思原则-教学反思意向	−0.115	0.751	−0.142	−0.088	−8.235	2890	0.000
配对9	教学反思内容-教学反思方法	0.094	0.499	0.076	0.112	10.139	2890	0.000
配对10	教学反思内容-教学反思时机	0.025	0.464	0.008	0.042	2.940	2890	0.003
配对11	教学反思内容-教学反思过程	0.161	0.476	0.144	0.179	18.208	2890	0.000
配对12	教学反思内容-教学反思深度	0.161	0.510	0.143	0.180	16.999	2890	0.000
配对13	教学反思内容-教学反思认知	−0.059	0.520	−0.078	−0.040	−6.089	2890	0.000
配对14	教学反思内容-教学反思情感	0.081	0.556	0.061	0.102	7.869	2890	0.000
配对15	教学反思内容-教学反思意向	0.029	0.514	0.011	0.048	3.068	2890	0.002
配对16	教学反思方法-教学反思时机	−0.069	0.490	−0.087	−0.051	−7.544	2890	0.000
配对17	教学反思方法-教学反思过程	0.067	0.523	0.048	0.086	6.899	2890	0.000

续表

		配对差值				t	自由度	显著性（双尾）
		平均值	标准差	差值95%置信区间				
				下限	上限			
配对18	教学反思方法-教学反思深度	0.067	0.575	0.046	0.088	6.259	2890	0.000
配对19	教学反思方法-教学反思认知	−0.153	0.591	−0.175	−0.131	−13.912	2890	0.000
配对20	教学反思方法-教学反思情感	−0.013	0.581	−0.034	0.008	−1.174	2890	0.240
配对21	教学反思方法-教学反思意向	−0.065	0.578	−0.086	−0.044	−6.022	2890	0.000
配对22	教学反思时机-教学反思过程	0.136	0.439	0.120	0.152	16.653	2890	0.000
配对23	教学反思时机-教学反思深度	0.136	0.500	0.117	0.154	14.594	2890	0.000
配对24	教学反思时机-教学反思认知	−0.084	0.547	−0.104	−0.064	−8.279	2890	0.000
配对25	教学反思时机-教学反思情感	0.056	0.557	0.036	0.076	5.410	2890	0.000
配对26	教学反思时机-教学反思意向	0.004	0.531	−0.015	0.023	0.400	2890	0.689
配对27	教学反思过程-教学反思深度	0.000	0.423	−0.016	0.015	−0.018	2890	0.985
配对28	教学反思过程-教学反思认知	−0.220	0.540	−0.240	−0.200	−21.900	2890	0.000
配对29	教学反思过程-教学反思情感	−0.080	0.505	−0.098	−0.061	−8.494	2890	0.000
配对30	教学反思过程-教学反思意向	−0.132	0.498	−0.150	−0.114	−14.250	2890	0.000
配对31	教学反思深度-教学反思认知	−0.220	0.534	−0.239	−0.201	−22.134	2890	0.000
配对32	教学反思深度-教学反思情感	−0.080	0.524	−0.099	−0.061	−8.172	2890	0.000
配对33	教学反思深度-教学反思意向	−0.132	0.516	−0.151	−0.113	−13.730	2890	0.000
配对34	教学反思认知-教学反思情感	0.140	0.522	0.121	0.159	14.453	2890	0.000

续表

		配对差值				t	自由度	显著性（双尾）
		平均值	标准差	差值95%置信区间				
				下限	上限			
配对35	教学反思认知-教学反思意向	0.088	0.495	0.070	0.106	9.589	2890	0.000
配对36	教学反思情感-教学反思意向	-0.052	0.449	-0.068	-0.036	-6.239	2890	0.000

（四）各观测点结果分析

通过计算得到研究样本在各观测点得分的描述统计如表5-6所示，按均值由高到低进行排列。

表5-6 各观测点得分的描述统计

序号	观测点	N	最小值	最大值	均值	标准差
1	3.1.1价值与意义	2891	1.00	5.00	4.180	0.780
2	2.1.3集体活动反思	2891	1.00	5.00	4.160	0.809
3	1.2.3教师发展	2891	1.00	5.00	4.141	0.709
4	3.3.1教学反思动机	2891	1.00	5.00	4.136	0.744
5	1.1.2实践性	2891	1.00	5.00	4.090	0.895
6	2.2.2教学中反思	2891	1.00	5.00	4.080	0.779
7	1.2.1课堂教学	2891	1.00	5.00	4.073	0.713
8	3.1.2自我效能感	2891	1.00	5.00	4.070	0.796
9	2.1.2同伴互助	2891	1.00	5.00	4.060	0.814
10	2.2.3教学后反思	2891	1.00	5.00	4.060	0.791
11	1.2.4人际关系	2891	1.00	5.00	4.057	0.781
12	2.3.1发现反思点	2891	1.00	5.00	4.000	0.773
13	2.4.1技术理性	2891	1.00	5.00	4.000	0.769
14	1.2.2学生发展	2891	1.00	5.00	3.984	0.772
15	3.2.1喜爱度	2891	1.00	5.00	3.982	0.748
16	2.2.1教学前反思	2891	1.00	5.00	3.970	0.796
17	3.3.2教学反思意识	2891	1.00	5.00	3.933	0.741
18	2.3.6实践验证	2891	1.00	5.00	3.915	0.774
19	2.3.3经验联系	2891	1.00	5.00	3.910	0.805

续表

序号	观测点	N	最小值	最大值	均值	标准差
20	2.4.2 实践活动	2891	1.00	5.00	3.910	0.788
21	2.3.5 情境重构	2891	1.00	5.00	3.900	0.808
22	2.3.2 描述反思点	2891	1.00	5.00	3.870	0.815
23	2.3.4 寻求证据	2891	1.00	5.00	3.820	0.833
24	2.4.3 批判反思	2891	1.00	5.00	3.800	0.838
25	1.1.1 系统性	2891	1.00	5.00	3.752	0.848
26	2.1.1 个人反思	2891	1.00	5.00	3.690	0.924

可以看到，26个观测点得分的均值位于3.690~4.180，标准差位于0.709~0.924。

均值在4.000分及以上的观测点有13个，从高到低分别是"3.1.1 价值与意义"（4.180）、"2.1.3 集体活动反思"（4.160）、"1.2.3 教师发展"（4.141）、"3.3.1 教学反思动机"（4.136）、"1.1.2 实践性"（4.090）、"2.2.2 教学中反思"（4.080）、"1.2.1 课堂教学"（4.073）、"3.1.2 自我效能感"（4.070）、"2.1.2 同伴互助"（4.060）、"2.2.3 教学后反思"（4.060）、"1.2.4 人际关系"（4.057）、"2.3.1 发现反思点"（4.000）、"2.4.1 技术理性"（4.000），表明样本整体认为自己的实际情况对照这些观测点，介于"比较符合"到"完全符合"之间。

均值在3.000~4.000（不含）的观测点有13个，从低到高分别是"2.1.1 个人反思"（3.690）、"1.1.1 系统性"（3.752）、"2.4.3 批判反思"（3.800）、"2.3.4 寻求证据"（3.820）、"2.3.2 描述反思点"（3.870）、"2.3.5 情境重构"（3.900）、"2.4.2 实践活动"（3.910）、"2.3.3 经验联系"（3.910）、"2.3.6 实践验证"（3.915）、"3.3.2 教学反思意识"（3.933）、"2.2.1 教学前反思"（3.970）、"3.2.1 喜爱度"（3.982）、"1.2.2 学生发展"（3.984），表明样本整体认为自身的实际情况与这些观测点相对照，介于"一般"和"比较符合"之间。

根据均值，各观测点在各自所属的二级指标内的排序情况如表5-7所示。

表5-7 二级指标内观测点均值排序

二级指标	观测点	均值	排序
教学反思原则	1.1.2 实践性	4.090	1
	1.1.1 系统性	3.752	2
教学反思内容	1.2.3 教师发展	4.141	1

续表

二级指标	观测点	均值	排序
教学反思内容	1.2.1 课堂教学	4.073	2
	1.2.4 人际关系	4.057	3
	1.2.2 学生发展	3.984	4
教学反思方法	2.1.3 集体活动反思	4.160	1
	2.1.2 同伴互助	4.060	2
	2.1.1 个人反思	3.690	3
教学反思时机	2.2.2 教学中反思	4.080	1
	2.2.3 教学后反思	4.060	2
	2.2.1 教学前反思	3.970	3
教学反思过程	2.3.1 发现反思点	4.000	1
	2.3.6 实践验证	3.915	2
	2.3.3 经验联系	3.910	3
	2.3.5 情境重构	3.900	4
	2.3.2 描述反思点	3.870	5
	2.3.4 寻求证据	3.820	6
教学反思深度	2.4.1 技术理性	4.000	1
	2.4.2 实践活动	3.910	2
	2.4.3 批判反思	3.800	3
教学反思认知	3.1.1 价值与意义	4.180	1
	3.1.2 自我效能感	4.070	2
教学反思情感	3.2.1 喜爱度	3.982	1
教学反思意向	3.3.1 教学反思动机	4.136	1
	3.3.2 教学反思意识	3.933	2

由表 5-7 可知，在教学反思原则中，观测点"1.1.2 实践性"的均值高于"1.1.1 系统性"；教学反思内容中，均值最高的观测点是"1.2.3 教师发展"，最低的是"1.2.2 学生发展"；教学反思方法中，均值最高的观测点是"2.1.3 集体活动反思"，最低的是"2.1.1 个人反思"；教学反思时机中，均值最高的观测点是"2.2.2 教学中反思"，最低的是"2.2.1 教学前反思"；教学反思过程中，均值最高的观测点是"2.3.1 发现反思点"，最低的是"2.3.4 寻求证据"；教学反思深度中，均值最高的观测点是"2.4.1 技术理性"，最低的是"2.4.3 批判反思"；教学反思

认知中,观测点"3.1.1价值与意义"的均值高于"3.1.2自我效能感";教学反思意向中,观测点"3.3.1教学反思动机"的均值高于"3.3.2教学反思意识"。

二、不同背景变量中学物理教师教学反思能力比较分析

为研究不同背景变量(性别、教龄、职称、学校所在行政区域、任职学段)的中学物理教师在教学反思能力、一级指标、二级指标上的得分是否存在显著差异,本部分将进行差异分析。具体分析中,以中学物理教师的不同背景变量为分组依据,对教学反思能力、3个一级指标、9个二级指标进行独立样本 t 检验或单因素方差分析,若差异显著,则继续进行事后比较。

(一)性别

以性别为分组依据,对中学物理教师在教学反思能力、一级指标、二级指标上的得分进行独立样本 t 检验。不同组别(男教师组和女教师组)的个案数,在整体及各指标的平均值、标准差,以及差异分析的结果如表5-8所示。

表5-8 不同性别中学物理教师差异分析比较表

		平均值等同性 t 检验				性别	个案数	平均值	标准差
		t	自由度	显著性(双尾)	平均值差值				
整体	教学反思能力	-3.625	2888.082	0.000	-0.083	男	1538	3.965	0.658
						女	1353	4.048	0.568
一级指标	教学反思知识	-2.803	2888.544	0.005	-0.070	男	1538	3.959	0.720
						女	1353	4.029	0.625
	教学反思技能	-3.524	2886.765	0.000	-0.085	男	1538	3.916	0.702
						女	1353	4.002	0.601
	教学反思态度	-3.718	2889.00	0.000	-0.092	男	1538	4.014	0.700
						女	1353	4.107	0.628
二级指标	教学反思原则	-1.791	2887.451	0.073	-0.053	男	1538	3.894	0.859
						女	1353	3.948	0.738
	教学反思内容	-3.441	2888.816	0.001	-0.087	男	1538	4.023	0.726
						女	1353	4.110	0.633
	教学反思方法	-5.131	2888.075	0.000	-0.138	男	1538	3.905	0.778
						女	1353	4.043	0.673

续表

		平均值等同性 t 检验				性别	个案数	平均值	标准差
		t	自由度	显著性（双尾）	平均值差值				
二级指标	教学反思时机	-4.166	2888.381	0.000	-0.110	男	1538	3.987	0.759
						女	1353	4.097	0.658
	教学反思过程	-1.172	2886.955	0.241	-0.031	男	1538	3.888	0.748
						女	1353	3.919	0.676
	教学反思深度	-1.115	2884.412	0.265	-0.030	男	1538	3.888	0.757
						女	1353	3.919	0.693
	教学反思认知	-3.815	2889.000	0.000	-0.104	男	1538	4.074	0.757
						女	1353	4.178	0.701
	教学反思情感	-3.147	2875.299	0.002	-0.087	男	1538	3.941	0.767
						女	1353	4.029	0.723
	教学反思意向	-3.175	2889.000	0.002	-0.083	男	1538	3.996	0.734
						女	1353	4.078	0.657

由表5-8可以看到，研究样本中男教师1538人，女教师1353人，男教师人数高于女教师。通过对男、女教师得分的平均值进行分析，可以得到以下研究结论：(1)在整体教学反思能力上，男、女教师存在显著差异，女教师得分显著高于男教师；(2)三个一级指标中，男、女教师在教学反思知识、教学反思技能、教学反思态度上均存在显著差异，女教师得分均显著高于男教师；(3)9个二级指标中，教学反思内容、教学反思方法、教学反思时机、教学反思认知、教学反思情感、教学反思意向上，男、女教师存在显著差异，女教师得分显著高于男教师。

综上，除了二级指标教学反思原则、教学反思过程、教学反思深度上，男、女中学物理教师的得分不存在显著差异外，其余二级指标、全部一级指标以及整体的教学反思能力上，女教师得分均显著高于男教师。

(二)教龄

以教龄进行分组，分析不同教龄中学物理教师在整体的教学反思能力以及各个指标上的自评得分是否存在显著差异，具体分析如下所述。

1.教学反思能力

不同教龄中学物理教师在教学反思能力上得分的描述统计如表5-9所示。可以看到,教龄"0—5年"的平均值最低(3.929),教龄"11—20年"的平均值最高(4.038);教龄"0—5年""6—10年"的两组平均值(分别为3.929、3.999)低于总体平均值(4.004),教龄"11—20年"与"20年以上"两组的平均值(分别为4.038、4.027)则高于总体平均值(4.004)。

表5-9　不同教龄中学物理教师得分描述统计(教学反思能力)

教龄	个案数	平均值	标准差	最小值	最大值
0—5年	645	3.929	0.563	1.059	4.989
6—10年	425	3.999	0.633	1.226	4.979
11—20年	770	4.038	0.600	1.042	4.994
20年以上	1051	4.027	0.655	1.014	4.994
总计	2891	4.004	0.619	1.014	4.994

进一步进行差异分析与事后比较,相关结果如表5-10所示。可以看到,教龄"0—5年"与"11—20年"、"0—5年"与"20年以上"这两组教师在教学反思能力上存在显著差异,教龄"11—20年""20年以上"的教师组得分要显著高于"0—5年"教师组。

表5-10　不同教龄中学物理教师差异分析比较表(教学反思能力)

教龄(I)	教龄(J)	平均值差值($I-J$)	显著性	95% 置信区间 下限	95% 置信区间 上限
0—5年	6—10年	−0.070	0.325	−0.170	0.030
0—5年	11—20年	−0.110*	0.002	−0.191	−0.028
0—5年	20年以上	−0.099*	0.006	−0.178	−0.020
6—10年	0—5年	0.070	0.325	−0.030	0.170
6—10年	11—20年	−0.040	0.875	−0.139	0.060
6—10年	20年以上	−0.028	0.969	−0.125	0.069
11—20年	0—5年	0.110*	0.002	0.028	0.191
11—20年	6—10年	0.040	0.875	−0.060	0.139
11—20年	20年以上	0.011	0.999	−0.067	0.089
20年以上	0—5年	0.099*	0.006	0.020	0.178
20年以上	6—10年	0.028	0.969	−0.069	0.125
20年以上	11—20年	−0.011	0.999	−0.089	0.067

2.一级指标

不同教龄中学物理教师在3个一级指标得分的描述统计如表5-11所示。在教学反思知识上,教龄"0—5年"的平均值最低(3.899),教龄"20年以上"的平均值最高(4.036);在教学反思技能上,教龄"0—5年"的平均值最低(3.869),教龄"11—20年"的平均值最高(4.009);在教学反思态度上,教龄"0—5年"的平均值最低(4.008),教龄"6—10年"的平均值最高(4.093)。

表5-11 不同教龄中学物理教师得分描述统计(一级指标)

因变量	教龄	个案数	平均值	标准差	最小值	最大值
教学反思知识	0—5年	645	3.899	0.603	1.000	5.000
	6—10年	425	3.956	0.692	1.179	5.000
	11—20年	770	4.027	0.657	1.000	5.000
	20年以上	1051	4.036	0.723	1.000	5.000
	总计	2891	3.991	0.678	1.000	5.000
教学反思技能	0—5年	645	3.869	0.607	1.000	5.000
	6—10年	425	3.938	0.684	1.202	5.000
	11—20年	770	4.009	0.638	1.000	5.000
	20年以上	1051	3.979	0.687	1.000	5.000
	总计	2891	3.956	0.658	1.000	5.000
教学反思态度	0—5年	645	4.008	0.627	1.000	5.000
	6—10年	425	4.093	0.670	1.262	5.000
	11—20年	770	4.075	0.657	1.000	5.000
	20年以上	1051	4.061	0.700	1.000	5.000
	总计	2891	4.058	0.669	1.000	5.000

差异分析与事后比较的相关结果如表5-12所示。由表中数据可知:教龄"0—5年"与"11—20年"、"0—5年"与"20年以上"这两组在教学反思知识、教学反思技能两个一级指标上均存在显著差异;教龄"11—20年""20年以上"的教师组得分要显著高于"0—5年"教师组;不同教龄中学物理教师在教学反思态度上的得分无显著差异。

表5-12 不同教龄中学物理教师差异分析比较表(一级指标)

因变量	教龄(I)	教龄(J)	平均值差值(I-J)	显著性	95%置信区间 下限	95%置信区间 上限
教学反思知识	0—5年	6—10年	−0.057	0.507	−0.163	0.049
	0—5年	11—20年	−0.128*	0.001	−0.214	−0.041
	0—5年	20年以上	−0.137*	0.000	−0.220	−0.053
	6—10年	0—5年	0.057	0.507	−0.049	0.163
	6—10年	11—20年	−0.071	0.316	−0.176	0.035
	6—10年	20年以上	−0.079	0.200	−0.183	0.024
	11—20年	0—5年	0.128*	0.001	0.041	0.214
	11—20年	6—10年	0.071	0.316	−0.035	0.176
	11—20年	20年以上	−0.009	0.993	−0.093	0.075
	20年以上	0—5年	0.137*	0.000	0.053	0.220
	20年以上	6—10年	0.079	0.200	−0.024	0.183
	20年以上	11—20年	0.009	0.993	−0.075	0.093
教学反思技能	0—5年	6—10年	−0.069	0.336	−0.174	0.037
	0—5年	11—20年	−0.139*	0.000	−0.225	−0.054
	0—5年	20年以上	−0.109*	0.004	−0.192	−0.027
	6—10年	0—5年	0.069	0.336	−0.037	0.174
	6—10年	11—20年	−0.071	0.295	−0.175	0.033
	6—10年	20年以上	−0.041	0.727	−0.142	0.060
	11—20年	0—5年	0.139*	0.000	0.054	0.225
	11—20年	6—10年	0.071	0.295	−0.033	0.175
	11—20年	20年以上	0.030	0.772	−0.050	0.110
	20年以上	0—5年	0.109*	0.004	0.027	0.192
	20年以上	6—10年	0.041	0.727	−0.060	0.142
	20年以上	11—20年	−0.030	0.772	−0.110	0.050
教学反思态度	0—5年	6—10年	−0.085	0.208	−0.192	0.023
	0—5年	11—20年	−0.067	0.268	−0.157	0.023
	0—5年	20年以上	−0.053	0.499	−0.139	0.034
	6—10年	0—5年	0.085	0.208	−0.023	0.192
	6—10年	11—20年	0.018	0.998	−0.088	0.124
	6—10年	20年以上	0.032	0.958	−0.071	0.135
	11—20年	0—5年	0.067	0.268	−0.023	0.157
	11—20年	6—10年	−0.018	0.998	−0.124	0.088
	11—20年	20年以上	0.014	0.998	−0.070	0.099

续表

因变量	教龄(I)	教龄(J)	平均值差值(I-J)	显著性	95% 置信区间 下限	95% 置信区间 上限
教学反思态度	20年以上	0—5年	0.053	0.499	−0.034	0.139
		6—10年	−0.032	0.958	−0.135	0.071
		11—20年	−0.014	0.998	−0.099	0.070

3. 二级指标

不同教龄中学物理教师在9个二级指标得分的描述统计如表5-13所示。教龄"0—5年"的教师在所有二级指标上的得分平均值均为最低,教龄"11—20年"的教师在教学反思内容、教学反思方法、教学反思时机、教学反思过程、教学反思深度5个二级指标上的平均值最高,教龄"20年以上"的教师在教学反思原则、教学反思情感这两个二级指标上的平均值最高,教龄"6—10年"的教师在教学反思认知、教学反思意向两个二级指标上的平均值最高。

表5-13　不同教龄中学物理教师得分描述统计(二级指标)

因变量	教龄	个案数	平均值	标准差	最小值	最大值
教学反思原则	0—5年	645	3.826	0.701	1.000	5.000
	6—10年	425	3.861	0.854	1.000	5.000
	11—20年	770	3.948	0.785	1.000	5.000
	20年以上	1051	3.979	0.851	1.000	5.000
	总计	2891	3.919	0.805	1.000	5.000
教学反思内容	0—5年	645	3.972	0.625	1.000	5.000
	6—10年	425	4.052	0.678	1.360	5.000
	11—20年	770	4.106	0.672	1.000	5.000
	20年以上	1051	4.093	0.728	1.000	5.000
	总计	2891	4.064	0.685	1.000	5.000
教学反思方法	0—5年	645	3.944	0.665	1.000	5.000
	6—10年	425	3.957	0.760	1.000	5.000
	11—20年	770	4.016	0.709	1.000	5.000
	20年以上	1051	3.956	0.780	1.000	5.000
	总计	2891	3.969	0.734	1.000	5.000

续表

因变量	教龄	个案数	平均值	标准差	最小值	最大值
教学反思时机	0—5年	645	3.905	0.667	1.000	5.000
	6—10年	425	4.020	0.754	1.000	5.000
	11—20年	770	4.102	0.685	1.000	5.000
	20年以上	1051	4.080	0.740	1.000	5.000
	总计	2891	4.038	0.716	1.000	5.000
教学反思过程	0—5年	645	3.787	0.678	1.000	5.000
	6—10年	425	3.882	0.726	1.170	5.000
	11—20年	770	3.957	0.687	1.000	5.000
	20年以上	1051	3.941	0.744	1.000	5.000
	总计	2891	3.902	0.715	1.000	5.000
教学反思深度	0—5年	645	3.799	0.690	1.000	5.000
	6—10年	425	3.874	0.751	1.000	5.000
	11—20年	770	3.948	0.715	1.000	5.000
	20年以上	1051	3.944	0.744	1.000	5.000
	总计	2891	3.903	0.728	1.000	5.000
教学反思认知	0—5年	645	4.084	0.698	1.000	5.000
	6—10年	425	4.168	0.739	1.500	5.000
	11—20年	770	4.131	0.726	1.000	5.000
	20年以上	1051	4.122	0.755	1.000	5.000
	总计	2891	4.122	0.733	1.000	5.000
教学反思情感	0—5年	645	3.909	0.713	1.000	5.000
	6—10年	425	3.980	0.764	1.000	5.000
	11—20年	770	4.001	0.720	1.000	5.000
	20年以上	1051	4.014	0.781	1.000	5.000
	总计	2891	3.982	0.748	1.000	5.000
教学反思意向	0—5年	645	3.989	0.661	1.000	5.000
	6—10年	425	4.083	0.696	1.170	5.000
	11—20年	770	4.062	0.683	1.000	5.000
	20年以上	1051	4.022	0.736	1.000	5.000
	总计	2891	4.034	0.700	1.000	5.000

进一步进行差异分析及事后比较,相关结果如表5-14所示。教龄"0—5年"与"11—20年"、"0—5年"与"20年以上"这两组在教学反思原则、教学反思内容、教学反思时机、教学反思过程、教学反思深度5个二级指标上存在显著差异,教龄"11—20年""20年以上"的教师组得分要显著高于"0—5年"教师组;教龄"0—5年"与"20年以上"在教学反思情感上存在显著差异,后者得分要显著高于前者;不同教龄中学物理教师在教学反思方法、教学反思认知、教学反思意向上的得分无显著差异。

表5-14 不同教龄中学物理教师差异分析比较表(二级指标)

因变量	教龄(I)	教龄(J)	平均值差值(I-J)	显著性	95% 置信区间 下限	95% 置信区间 上限
教学反思原则	0—5年	6—10年	-0.035	0.897	-0.163	0.093
		11—20年	-0.121*	0.012	-0.223	-0.020
		20年以上	-0.152*	0.000	-0.250	-0.055
	6—10年	0—5年	0.035	0.897	-0.093	0.163
		11—20年	-0.087	0.312	-0.216	0.043
		20年以上	-0.118	0.078	-0.244	0.009
	11—20年	0—5年	0.121*	0.012	0.020	0.223
		6—10年	0.087	0.312	-0.043	0.216
		20年以上	-0.031	0.852	-0.130	0.068
	20年以上	0—5年	0.152*	0.000	0.055	0.250
		6—10年	0.118	0.078	-0.009	0.244
		11—20年	0.031	0.852	-0.068	0.130
教学反思内容	0—5年	6—10年	-0.079	0.215	-0.185	0.026
		11—20年	-0.134*	0.001	-0.223	-0.045
		20年以上	-0.121*	0.002	-0.206	-0.035
	6—10年	0—5年	0.079	0.215	-0.026	0.185
		11—20年	-0.054	0.541	-0.160	0.051
		20年以上	-0.041	0.730	-0.144	0.061
	11—20年	0—5年	0.134*	0.001	0.045	0.223
		6—10年	0.054	0.541	-0.051	0.160
		20年以上	0.013	0.978	-0.072	0.098
	20年以上	0—5年	0.121*	0.002	0.035	0.206
		6—10年	0.041	0.730	-0.061	0.144
		11—20年	-0.013	0.978	-0.098	0.072

续表

因变量	教龄(I)	教龄(J)	平均值差值(I-J)	显著性	95%置信区间 下限	95%置信区间 上限
教学反思方法	0—5年	6—10年	−0.013	0.992	−0.129	0.104
		11—20年	−0.072	0.202	−0.166	0.022
		20年以上	−0.012	0.988	−0.103	0.080
	6—10年	0—5年	0.013	0.992	−0.104	0.129
		11—20年	−0.059	0.551	−0.175	0.056
		20年以上	0.001	1.000	−0.112	0.114
	11—20年	0—5年	0.072	0.202	−0.022	0.166
		6—10年	0.059	0.551	−0.056	0.175
		20年以上	0.060	0.317	−0.030	0.150
	20年以上	0—5年	0.012	0.988	−0.080	0.103
		6—10年	−0.001	1.000	−0.114	0.112
		11—20年	−0.060	0.317	−0.150	0.030
教学反思时机	0—5年	6—10年	−0.115	0.083	−0.239	0.009
		11—20年	−0.196*	0.000	−0.303	−0.090
		20年以上	−0.175*	0.000	−0.274	−0.075
	6—10年	0—5年	0.115	0.083	−0.009	0.239
		11—20年	−0.081	0.311	−0.202	0.039
		20年以上	−0.060	0.544	−0.174	0.055
	11—20年	0—5年	0.196*	0.000	0.090	0.303
		6—10年	0.081	0.311	−0.039	0.202
		20年以上	0.021	0.939	−0.073	0.116
	20年以上	0—5年	0.175*	0.000	0.075	0.274
		6—10年	0.060	0.544	−0.055	0.174
		11—20年	−0.021	0.939	−0.116	0.073
教学反思过程	0—5年	6—10年	−0.095	0.137	−0.209	0.019
		11—20年	−0.170*	0.000	−0.263	−0.076
		20年以上	−0.154*	0.000	−0.245	−0.064
	6—10年	0—5年	0.095	0.137	−0.019	0.209
		11—20年	−0.075	0.307	−0.185	0.036
		20年以上	−0.059	0.494	−0.167	0.049
	11—20年	0—5年	0.170*	0.000	0.076	0.263
		6—10年	0.075	0.307	−0.036	0.185
		20年以上	0.015	0.969	−0.072	0.102

续表

因变量	教龄(I)	教龄(J)	平均值差值 ($I-J$)	显著性	95% 置信区间 下限	上限
教学反思过程	20年以上	0—5年	0.154*	0.000	0.064	0.245
		6—10年	0.059	0.494	−0.049	0.167
		11—20年	−0.015	0.969	−0.102	0.072
教学反思深度	0—5年	6—10年	−0.075	0.437	−0.202	0.052
		11—20年	−0.149*	0.002	−0.257	−0.041
		20年以上	−0.145*	0.001	−0.247	−0.044
	6—10年	0—5年	0.075	0.437	−0.052	0.202
		11—20年	−0.074	0.412	−0.197	0.048
		20年以上	−0.070	0.415	−0.187	0.046
	11—20年	0—5年	0.149*	0.002	0.041	0.257
		6—10年	0.074	0.412	−0.048	0.197
		20年以上	0.004	1.000	−0.092	0.100
	20年以上	0—5年	0.145*	0.001	0.044	0.247
		6—10年	0.070	0.415	−0.046	0.187
		11—20年	−0.004	1.000	−0.100	0.092
教学反思认知	0—5年	6—10年	−0.085	0.333	−0.213	0.044
		11—20年	−0.047	0.698	−0.156	0.063
		20年以上	−0.038	0.782	−0.141	0.065
	6—10年	0—5年	0.085	0.333	−0.044	0.213
		11—20年	0.038	0.867	−0.086	0.162
		20年以上	0.046	0.749	−0.071	0.164
	11—20年	0—5年	0.047	0.698	−0.063	0.156
		6—10年	−0.038	0.867	−0.162	0.086
		20年以上	0.009	0.996	−0.089	0.106
	20年以上	0—5年	0.038	0.782	−0.065	0.141
		6—10年	−0.046	0.749	−0.164	0.071
		11—20年	−0.009	0.996	−0.106	0.089
教学反思情感	0—5年	6—10年	−0.072	0.500	−0.203	0.059
		11—20年	−0.093	0.145	−0.204	0.019
		20年以上	−0.105*	0.047	−0.210	−0.001
	6—10年	0—5年	0.072	0.500	−0.059	0.203
		11—20年	−0.021	0.975	−0.147	0.105
		20年以上	−0.034	0.894	−0.154	0.087

续表

因变量	教龄(I)	教龄(J)	平均值差值(I-J)	显著性	95% 置信区间 下限	95% 置信区间 上限
教学反思情感	11—20年	0—5年	0.093	0.145	−0.019	0.204
		6—10年	0.021	0.975	−0.105	0.147
		20年以上	−0.013	0.988	−0.112	0.087
	20年以上	0—5年	0.105*	0.047	0.001	0.210
		6—10年	0.034	0.894	−0.087	0.154
		11—20年	0.013	0.988	−0.087	0.112
教学反思意向	0—5年	6—10年	−0.094	0.123	−0.204	0.016
		11—20年	−0.072	0.180	−0.165	0.020
		20年以上	−0.033	0.770	−0.122	0.056
	6—10年	0—5年	0.094	0.123	−0.016	0.204
		11—20年	0.021	0.956	−0.086	0.129
		20年以上	0.061	0.443	−0.044	0.165
	11—20年	0—5年	0.072	0.180	−0.020	0.165
		6—10年	−0.021	0.956	−0.129	0.086
		20年以上	0.039	0.646	−0.047	0.125
	20年以上	0—5年	0.033	0.770	−0.056	0.122
		6—10年	−0.061	0.443	−0.165	0.044
		11—20年	−0.039	0.646	−0.125	0.047

(三)职称

以职称进行分组,中学物理教师的职称包括中小学三级教师、中小学二级教师、中小学一级教师、中小学高级教师以及正高级教师。本研究中,中小学三级教师的人数为136人,正高级教师由于本身数量少,在研究样本中仅有11人,这两组的教师人数与其他组别相比悬殊较大,研究中不具有代表性,因而进行并组处理,将职称组别分为三组:中小学二级教师及以下、中小学一级教师、中小学高级教师及以上,采用单因素方差分析,分析不同职称中学物理教师在整体的教学反思能力以及各个指标上的自评得分是否存在显著差异。

1.教学反思能力

不同职称中学物理教师在教学反思能力上得分的描述统计如表5-15所示。可以看到,"中小学二级教师及以下"组的平均值最低(3.964),"中小学高级教师及以上"组的平均值最高(4.069)。

表5-15 不同职称中学物理教师得分描述统计(教学反思能力)

职称	个案数	平均值	标准差	最小值	最大值
中小学二级教师及以下	1096	3.964	0.583	1.049	4.993
中小学一级教师	1165	4.007	0.636	1.014	4.994
中小学高级教师及以上	630	4.069	0.642	1.042	4.994
总计	2891	4.004	0.619	1.014	4.994

差异分析与事后比较的相关结果如表5-16所示。可以看到,"中小学二级教师及以下"与"中小学高级教师及以上"两组在教学反思能力上存在显著差异,后者得分要显著高于前者。

表5-16 不同职称中学物理教师差异分析比较表(教学反思能力)

职称(I)	职称(J)	平均值差值($I-J$)	显著性	95%置信区间下限	95%置信区间上限
中小学二级教师及以下	中小学一级教师	−0.043	0.259	−0.104	0.018
	中小学高级教师及以上	−0.105*	0.002	−0.179	−0.031
中小学一级教师	中小学二级教师及以下	0.043	0.259	−0.018	0.104
	中小学高级教师及以上	−0.062	0.141	−0.138	0.013
中小学高级教师及以上	中小学二级教师及以下	0.105*	0.002	0.031	0.179
	中小学一级教师	0.062	0.141	−0.013	0.138

2.一级指标

不同职称中学物理教师在一级指标得分的描述统计如表5-17所示。在教学反思知识、教学反思技能及教学反思态度这3个一级指标上,"中小学二级教师及以下"组的平均分均为最低,"中小学高级教师及以上"组的平均分均为最高。

表5-17 不同职称中学物理教师得分描述统计(一级指标)

因变量	职称	个案数	平均值	标准差	最小值	最大值
教学反思知识	中小学二级教师及以下	1096	3.938	0.637	1.000	5.000
	中小学一级教师	1165	3.994	0.693	1.000	5.000
	中小学高级教师及以上	630	4.080	0.709	1.000	5.000
	总计	2891	3.991	0.678	1.000	5.000

续表

因变量	职称	个案数	平均值	标准差	最小值	最大值
教学反思技能	中小学二级教师及以下	1096	3.909	0.627	1.000	5.000
	中小学一级教师	1165	3.963	0.677	1.000	5.000
	中小学高级教师及以上	630	4.026	0.668	1.000	5.000
	总计	2891	3.956	0.658	1.000	5.000
教学反思态度	中小学二级教师及以下	1096	4.036	0.639	1.000	5.000
	中小学一级教师	1165	4.057	0.682	1.000	5.000
	中小学高级教师及以上	630	4.096	0.692	1.000	5.000
	总计	2891	4.058	0.669	1.000	5.000

差异分析与事后比较的相关结果如表5-18所示。由表中数据可知，"中小学二级教师及以下"组和"中小学高级教师及以上"组、"中小学一级教师"组和"中小学高级教师及以上"组在教学反思知识上存在显著差异，"中小学高级教师及以上"组的得分显著高于其他两组；"中小学二级教师及以下"组和"中小学高级教师及以上"组在教学反思技能上存在显著差异，后者得分显著高于前者；所有组在教学反思态度上的得分无显著差异。

表5-18　不同职称中学物理教师差异分析比较表（一级指标）

因变量	(I)职称new	(J)职称new	平均值差值(I-J)	显著性	95%置信区间下限	95%置信区间上限
教学反思知识	中小学二级教师及以下	中小学一级教师	-0.055	0.138	-0.122	0.012
		中小学高级教师及以上	-0.142*	0.000	-0.223	-0.060
	中小学一级教师	中小学二级教师及以下	0.055	0.138	-0.012	0.122
		中小学高级教师及以上	-0.086*	0.039	-0.169	-0.003
	中小学高级教师及以上	中小学二级教师及以下	0.142*	0.000	0.060	0.223
		中小学一级教师	0.086*	0.039	0.003	0.169
教学反思技能	中小学二级教师及以下	中小学一级教师	-0.054	0.147	-0.122	0.014
		中小学高级教师及以上	-0.116*	0.002	-0.197	-0.036
	中小学一级教师	中小学二级教师及以下	0.054	0.147	-0.014	0.122
		中小学高级教师及以上	-0.062	0.160	-0.142	0.017
	中小学高级教师及以上	中小学二级教师及以下	0.116*	0.002	0.036	0.197
		中小学一级教师	0.062	0.160	-0.017	0.142

续表

因变量	(I)职称new	(J)职称new	平均值差值(I-J)	显著性	95%置信区间 下限	95%置信区间 上限
教学反思态度	中小学二级教师及以下	中小学一级教师	−0.021	0.759	−0.090	0.048
		中小学高级教师及以上	−0.060	0.205	−0.141	0.022
	中小学一级教师	中小学二级教师及以下	0.021	0.759	−0.048	0.090
		中小学高级教师及以上	−0.039	0.504	−0.120	0.042
	中小学高级教师及以上	中小学二级教师及以下	0.060	0.205	−0.022	0.141
		中小学一级教师	0.039	0.504	−0.042	0.120

3.二级指标

进一步对二级指标加以比较,不同职称中学物理教师在二级指标得分的描述统计如表5-19所示。可以看到,在教学反思原则、教学反思内容、教学反思时机、教学反思过程、教学反思深度、教学反思认知、教学反思情感、教学反思意向这8个二级指标上,"中小学二级教师及以下"组的平均分均为最低,在所有二级指标上,"中小学高级教师及以上"组的平均分均为3个组中最高。

表5-19 不同职称中学物理教师得分描述统计(二级指标)

因变量	职称	个案数	平均值	标准差	平均值的95%置信区间 下限	平均值的95%置信区间 上限	最小值	最大值
教学反思原则	中小学二级教师及以下	1096	3.857	0.767	3.811	3.902	1.000	5.000
	中小学一级教师	1165	3.922	0.811	3.876	3.969	1.000	5.000
	中小学高级教师及以上	630	4.023	0.848	3.957	4.089	1.000	5.000
	总计	2891	3.919	0.805	3.890	3.949	1.000	5.000
教学反思内容	中小学二级教师及以下	1096	4.020	0.649	3.982	4.058	1.000	5.000
	中小学一级教师	1165	4.065	0.705	4.024	4.106	1.000	5.000
	中小学高级教师及以上	630	4.137	0.705	4.082	4.192	1.000	5.000
	总计	2891	4.064	0.685	4.039	4.089	1.000	5.000
教学反思方法	中小学二级教师及以下	1096	3.957	0.695	3.916	3.998	1.000	5.000
	中小学一级教师	1165	3.956	0.763	3.912	4.000	1.000	5.000
	中小学高级教师及以上	630	4.016	0.745	3.958	4.074	1.000	5.000
	总计	2891	3.969	0.734	3.943	3.996	1.000	5.000

续表

因变量	职称	个案数	平均值	标准差	平均值的95%置信区间 下限	平均值的95%置信区间 上限	最小值	最大值
教学反思时机	中小学二级教师及以下	1096	3.966	0.691	3.925	4.007	1.000	5.000
	中小学一级教师	1165	4.064	0.727	4.022	4.106	1.000	5.000
	中小学高级教师及以上	630	4.116	0.725	4.059	4.173	1.000	5.000
	总计	2891	4.038	0.716	4.012	4.064	1.000	5.000
教学反思过程	中小学二级教师及以下	1096	3.839	0.691	3.798	3.880	1.000	5.000
	中小学一级教师	1165	3.921	0.720	3.880	3.963	1.000	5.000
	中小学高级教师及以上	630	3.978	0.738	3.920	4.036	1.000	5.000
	总计	2891	3.902	0.715	3.876	3.928	1.000	5.000
教学反思深度	中小学二级教师及以下	1096	3.846	0.713	3.803	3.888	1.000	5.000
	中小学一级教师	1165	3.905	0.739	3.863	3.948	1.000	5.000
	中小学高级教师及以上	630	3.996	0.722	3.940	4.053	1.000	5.000
	总计	2891	3.903	0.728	3.876	3.929	1.000	5.000
教学反思认知	中小学二级教师及以下	1096	4.101	0.710	4.059	4.143	1.000	5.000
	中小学一级教师	1165	4.128	0.747	4.085	4.171	1.000	5.000
	中小学高级教师及以上	630	4.150	0.746	4.092	4.208	1.000	5.000
	总计	2891	4.122	0.733	4.096	4.149	1.000	5.000
教学反思情感	中小学二级教师及以下	1096	3.943	0.734	3.899	3.986	1.000	5.000
	中小学一级教师	1165	3.983	0.754	3.939	4.026	1.000	5.000
	中小学高级教师及以上	630	4.050	0.759	3.991	4.110	1.000	5.000
	总计	2891	3.982	0.748	3.955	4.009	1.000	5.000
教学反思意向	中小学二级教师及以下	1096	4.026	0.667	3.986	4.065	1.000	5.000
	中小学一级教师	1165	4.026	0.718	3.985	4.068	1.000	5.000
	中小学高级教师及以上	630	4.064	0.723	4.008	4.121	1.000	5.000
	总计	2891	4.034	0.700	4.009	4.060	1.000	5.000

具体的差异分析及事后比较的结果如表5-20所示。在教学反思原则、教学反思深度上,"中小学二级教师及以下"组和"中小学高级教师及以上"组、"中小学一级教师"组和"中小学高级教师及以上"组存在显著差异,"中小学高级教师及以上"组的得分显著高于其他两组;在教学反思时机、教学反思过程上,"中小学二级教师及以下"组和"中小学一级教师"组、"中小学二级教师及以下"组和"中小学高级教师及以上"组存在显著差异,"中小学二级教师及

以下"组的得分显著低于其他两组;在教学反思内容、教学反思情感上,"中小学二级教师及以下"组与"中小学高级教师及以上"组存在显著差异,后者得分显著高于前者;在教学反思方法、教学反思认知、教学反思意向上,各组之间无显著差异。

表5-20 不同职称中学物理教师差异分析比较表(二级指标)

因变量	(I)职称new	(J)职称new	平均值差值(I-J)	显著性	95%置信区间 下限	95%置信区间 上限
教学反思原则	中小学二级教师及以下	中小学一级教师	-0.066	0.138	-0.145	0.014
		中小学高级教师及以上	-0.166*	0.000	-0.264	-0.069
	中小学一级教师	中小学二级教师及以下	0.066	0.138	-0.014	0.145
		中小学高级教师及以上	-0.101*	0.043	-0.200	-0.002
	中小学高级教师及以上	中小学二级教师及以下	0.166*	0.000	0.069	0.264
		中小学一级教师	0.101*	0.043	0.002	0.200
教学反思内容	中小学二级教师及以下	中小学一级教师	-0.045	0.305	-0.113	0.023
		中小学高级教师及以上	-0.117*	0.002	-0.199	-0.035
	中小学一级教师	中小学二级教师及以下	0.045	0.305	-0.023	0.113
		中小学高级教师及以上	-0.072	0.115	-0.155	0.012
	中小学高级教师及以上	中小学二级教师及以下	0.117*	0.002	0.035	0.199
		中小学一级教师	0.072	0.115	-0.012	0.155
教学反思方法	中小学二级教师及以下	中小学一级教师	0.001	1.000	-0.072	0.074
		中小学高级教师及以上	-0.059	0.286	-0.146	0.028
	中小学一级教师	中小学二级教师及以下	-0.001	1.000	-0.074	0.072
		中小学高级教师及以上	-0.060	0.288	-0.149	0.029
	中小学高级教师及以上	中小学二级教师及以下	0.059	0.286	-0.028	0.146
		中小学一级教师	0.060	0.288	-0.029	0.149
教学反思时机	中小学二级教师及以下	中小学一级教师	-0.098*	0.005	-0.171	-0.024
		中小学高级教师及以上	-0.150*	0.000	-0.237	-0.062
	中小学一级教师	中小学二级教师及以下	0.098*	0.005	0.024	0.171
		中小学高级教师及以上	-0.052	0.337	-0.139	0.034
	中小学高级教师及以上	中小学二级教师及以下	0.150*	0.000	0.062	0.237
		中小学一级教师	0.052	0.337	-0.034	0.139

续表

因变量	(I)职称new	(J)职称new	平均值差值(I-J)	显著性	95%置信区间下限	95%置信区间上限
教学反思过程	中小学二级教师及以下	中小学一级教师	−0.083*	0.022	−0.156	−0.009
		中小学高级教师及以上	−0.139*	0.000	−0.227	−0.052
	中小学一级教师	中小学二级教师及以下	0.083*	0.022	0.009	0.156
		中小学高级教师及以上	−0.057	0.277	−0.143	0.030
	中小学高级教师及以上	中小学二级教师及以下	0.139*	0.000	0.052	0.227
		中小学一级教师	0.057	0.277	−0.030	0.143
教学反思深度	中小学二级教师及以下	中小学一级教师	−0.060	0.147	−0.135	0.015
		中小学高级教师及以上	−0.151*	0.000	−0.240	−0.062
	中小学一级教师	中小学二级教师及以下	0.060	0.147	−0.015	0.135
		中小学高级教师及以上	−0.091*	0.040	−0.179	−0.003
	中小学高级教师及以上	中小学二级教师及以下	0.151*	0.000	0.062	0.240
		中小学一级教师	0.091*	0.040	0.003	0.179
教学反思认知	中小学二级教师及以下	中小学一级教师	−0.027	0.680	−0.103	0.049
		中小学高级教师及以上	−0.049	0.406	−0.139	0.041
	中小学一级教师	中小学二级教师及以下	0.027	0.680	−0.049	0.103
		中小学高级教师及以上	−0.022	0.830	−0.111	0.067
	中小学高级教师及以上	中小学二级教师及以下	0.049	0.406	−0.041	0.139
		中小学一级教师	0.022	0.830	−0.067	0.111
教学反思情感	中小学二级教师及以下	中小学一级教师	−0.040	0.445	−0.117	0.037
		中小学高级教师及以上	−0.108*	0.016	−0.199	−0.016
	中小学一级教师	中小学二级教师及以下	0.040	0.445	−0.037	0.117
		中小学高级教师及以上	−0.068	0.187	−0.158	0.023
	中小学高级教师及以上	中小学二级教师及以下	0.108*	0.016	0.016	0.199
		中小学一级教师	0.068	0.187	−0.023	0.158
教学反思意向	中小学二级教师及以下	中小学一级教师	−0.001	1.000	−0.073	0.072
		中小学高级教师及以上	−0.039	0.544	−0.124	0.047
	中小学一级教师	中小学二级教师及以下	0.001	1.000	−0.072	0.073
		中小学高级教师及以上	−0.038	0.548	−0.123	0.047
	中小学高级教师及以上	中小学二级教师及以下	0.039	0.544	−0.047	0.124
		中小学一级教师	0.038	0.548	−0.047	0.123

(四)学校所在行政区域

研究中将样本学校所在行政区域划分为省会城市、地级市、县/区/县级市以及乡镇4个类型,按照此分类方式,比较不同行政区域中学物理教师在教学反思能力及各指标上是否存在显著差异。

1.教学反思能力

不同行政区域中学物理教师在教学反思能力上得分的描述统计如表5-21所示。可以看到,"地级市"组的平均值最高(4.044)。

表5-21 不同行政区域中学物理教师得分描述统计(教学反思能力)

学校所在行政区域	个案数	平均值	标准差	最小值	最大值
省会城市	519	3.966	0.634	1.042	4.994
地级市	931	4.044	0.628	1.042	4.994
县/区/县级市	762	4.000	0.628	1.077	4.994
乡镇	679	3.983	0.580	1.014	4.994
总计	2891	4.004	0.619	1.014	4.994

进行单因素方差分析,可以发现整体差异未达显著水平(如表5-22,$F=2.245$,$p=0.081>0.05$),说明处于不同行政区域的中学物理教师在整体教学反思能力的得分上无显著差异。

表5-22 单因素方差分析

	平方和	自由度	均方	F	显著性
组间	2.575	3	0.858	2.245	0.081
组内	1103.638	2887	0.382		
总计	1106.213	2890			

2.一级指标与二级指标

对一级指标、二级指标进行分析,发现各指标得分在不同行政区域的差异均未达显著水平。

综上,处于不同行政区域的中学物理教师在教学反思能力、各一级指标、二级指标上的得分无显著差异。

(五)任职学段

根据任职学段,笔者将中学物理教师分为"初中"和"高中"两组进行独立样本t检验。不同组别的个案数、在整体及各指标的平均值、标准差以及差异分析的结果如表5-23所示。

表5-23 不同任职学段中学物理教师差异分析比较表

		平均值等同性t检验				任职学段	个案数	平均值	标准差
		t	自由度	显著性（双尾）	平均值差值				
整体	教学反思能力	1.556	2783	0.120	0.037	初中	1731	4.021	0.603
						高中	1054	3.983	0.640
一级指标	教学反思知识	2.078	2783	0.038	0.055	初中	1731	4.013	0.659
						高中	1054	3.959	0.698
	教学反思技能	1.647	2783	0.100	0.042	初中	1731	3.975	0.641
						高中	1054	3.933	0.681
	教学反思态度	0.640	2783	0.522	0.017	初中	1731	4.067	0.652
						高中	1054	4.050	0.691
二级指标	教学反思原则	1.026	2783	0.305	0.032	初中	1731	3.933	0.779
						高中	1054	3.901	0.838
	教学反思内容	2.900	2783	0.004	0.077	初中	1731	4.094	0.669
						高中	1054	4.016	0.703
	教学反思方法	2.472	2127.307	0.014	0.072	初中	1731	4.000	0.716
						高中	1054	3.929	0.757
	教学反思时机	2.331	2783	0.020	0.065	初中	1731	4.066	0.693
						高中	1054	4.001	0.742
	教学反思过程	0.285	2783	0.776	0.008	初中	1731	3.908	0.700
						高中	1054	3.900	0.736
	教学反思深度	0.195	2783	0.845	0.006	初中	1731	3.907	0.721
						高中	1054	3.902	0.737
	教学反思认知	0.059	2783	0.953	0.002	初中	1731	4.127	0.715
						高中	1054	4.126	0.754
	教学反思情感	1.274	2126.983	0.203	0.038	初中	1731	3.999	0.731
						高中	1054	3.962	0.773
	教学反思意向	0.718	2783	0.473	0.020	初中	1731	4.044	0.687
						高中	1054	4.024	0.716

由表5-23可以看到,研究样本中初中物理教师1731人,高中物理教师1054人,初中物理教师人数多于高中物理教师。通过对两组教师得分进行差异分析,可以得到以下研究结论:(1)在整体教学反思能力上,初中、高中物理教师不存在显著差异;(2)3个一级指标中,两组教师在教学反思知识上存在显著差异,初中物理教师得分显著高于高中物理教师;(3)9个二级指标中,教学反思内容、教学反思方法、教学反思时机上,两组教师存在显著差异,初中物理教师得分均显著高于高中物理教师。

第三节 研究结论与建议

一、研究结论

(一)总体评分结果

1. 教学反思能力

研究样本的教学反思能力总体平均分为4.004,标准差为0.619,总体而言,中学物理教师的教学反思能力较好,但仍有一定的提升空间。

2. 一级指标

中学物理教师在3个一级指标上的得分上存在显著差异,如表5-24所示。[①]

表5-24 中学物理教师在一级指标得分的差异分析结果

	教学反思知识	教学反思技能	教学反思态度	备注
教学反思知识	—	1>2	1<3	1=教学反思知识
教学反思技能	2<1	—	2<3	2=教学反思技能
教学反思态度	3>1	3>2	—	3=教学反思态度

3. 二级指标

中学物理教师在9个二级指标上的得分上存在显著差异,如表5-25所

---

① "—"表示二者之间无显著差异。

示。可见,教学反思认知的得分显著高于其他所有二级指标,教学反思原则、教学反思过程、教学反思深度的得分则显著低于教学反思内容、教学反思方法、教学反思时机、教学反思认知、教学反思情感、教学反思意向等二级指标。其他二级指标间也存在显著差异。

表5-25 中学物理教师在二级指标得分的差异分析结果

	原则	内容	方法	时机	过程	深度	认知	情感	意向	备注
原则	—	1<2	1<3	1<4	—	—	1<7	1<8	1<9	1=原则 2=内容 3=方法 4=时机 5=过程 6=深度 7=认知 8=情感 9=意向
内容	2>1	—	2>3	2>4	2>5	2>6	2<7	2>8	2>9	
方法	3>1	3<2	—	3<4	3>5	3>6	3<7	—	3<9	
时机	4>1	4<2	4>3	—	4>5	4>6	4<7	4>8	—	
过程	—	5<2	5<3	5<4	—	—	5<7	5<8	5<9	
深度	—	6<2	6<3	6<4	—	—	6<7	6<8	6<9	
认知	7>1	7>2	7>3	7>4	7>5	7>6	—	7>8	7>9	
情感	8>1	8<2	—	8<4	8>5	8>6	8<7	—	8<9	
意向	9>1	9<2	9>3	—	9>5	9>6	9<7	9>8	—	

(二)不同背景变量中学物理教师得分差异分析结果

不同性别、教龄、职称、学校所在行政区域、任职学段的中学物理教师在教学反思能力、一级指标、二级指标的得分差异情况如下。

1.教学反思能力

在整体的教学反思能力上,不同背景变量中学物理教师的差异情况汇总如表5-26所示。

表5-26 不同背景变量中学物理教师教学反思能力的差异分析结果

不同背景变量	性别 1=男 2=女	教龄 1=0—5年 2=6—10年 3=11—20年 4=20年以上	职称 1=中小学二级教师及以下 2=中小学一级教师 3=中小学高级教师及以上	行政区域 1=省会城市 2=地级市 3=县/区/县级市 4=乡镇	任职学段 1=初中 2=高中
差异分析结果	2>1	3>1,4>1	3>1	—	—

2.一级指标

在3个一级指标上,不同背景变量中学物理教师的差异情况汇总如表5-27所示。

表5-27　不同背景变量中学物理教师一级指标的差异分析结果

不同背景变量	性别 1=男 2=女	教龄 1=0—5年 2=6—10年 3=11—20年 4=20年以上	职称 1=中小学二级教师及以下 2=中小学一级教师 3=中小学高级教师及以上	行政区域 1=省会城市 2=地级市 3=县/区/县级市 4=乡镇	任职学段 1=初中 2=高中
教学反思知识	2>1	3>1,4>1	3>1,3>2	—	1>2
教学反思技能	2>1	3>1,4>1	3>1	—	—
教学反思态度	2>1	—	—	—	—

3.二级指标

在9个二级指标上,不同背景变量中学物理教师的差异情况汇总如表5-28所示。

表5-28　不同背景变量中学物理教师二级指标的差异分析结果

不同背景变量	性别 1=男 2=女	教龄 1=0—5年 2=6—10年 3=11—20年 4=20年以上	职称 1=中小学二级教师及以下 2=中小学一级教师 3=中小学高级教师及以上	行政区域 1=省会城市 2=地级市 3=县/区/县级市 4=乡镇	任职学段 1=初中 2=高中
教学反思原则	—	3>1,4>1	3>1,3>2	—	—
教学反思内容	2>1	3>1,4>1	3>1	—	1>2
教学反思方法	2>1	—	—	—	1>2
教学反思时机	2>1	3>1,4>1	3>1,2>1	—	1>2
教学反思过程	—	3>1,4>1	3>1,2>1	—	—
教学反思深度	—	3>1,4>1	3>1,3>2	—	—

续表

教学反思认知	2>1	—	—	—	—
教学反思情感	2>1	4>1	3>1	—	—
教学反思意向	2>1	—	—	—	—

二、研究建议

(1)中学物理教师的教学反思能力较好,但仍有一定的提升空间;其中男教师、教龄0—5年教师、职称为中小学二级及以下教师的教学反思能力相比而言有更大的提升空间。

(2)一级指标上,教学反思态度得分显著高于教学反思知识与教学反思技能,可见中学物理教师整体还应提升教学反思知识与技能;男教师、教龄0—5年教师、职称为中小学一级及以下的教师、高中教师在教学反思知识上相比其他教师有更大的提升空间;男教师、教龄0—5年教师、职称为中小学二级及以下的教师在教学反思技能上相比其他教师有更大的提升空间;男教师在教学反思态度上相比女教师有更大的提升空间。

(3)二级指标上,教学反思认知、教学反思内容的得分较高,而教学反思原则、教学反思深度、教学反思过程的得分较低,显著低于其他指标,中学物理教师整体应更加注重在这3个二级指标上的提升。男教师、教龄0—5年教师、职称为中小学二级及以下教师、中小学一级及以下教师、高中教师均在不同的二级指标上相比其他教师显示出更大的提升空间。

第六章　中学物理教师教学反思能力评价案例研究

为了进一步评价中学物理教师的教学反思能力,本章选择了8位中学物理一线教师、物理教研员,结合具体教学主题,进行个案研究。接下来主要从访谈目的、访谈对象、访谈工具、访谈过程、访谈结果分析、研究结论与建议等维度进行展开。

第一节　访谈目的与访谈对象

本研究旨在达成以下具体目标:

1.从质性研究角度,立体了解一线中学物理教师针对具体教学主题的反思情况。

2.通过整理访谈资料、对访谈内容进行编码,依据研究构建的中学物理教师教学反思能力评价指标体系,对访谈对象的教学反思能力进行评价。

3.从案例研究角度提出促进一线物理教师教学反思的策略和建议。

根据研究目的和实际情况,本研究选取了8位中学物理一线教师或教研员,访谈对象具体信息如表6-1所示。

表6-1　访谈对象具体信息

姓名	性别	教龄	职称及职务	任职学段	学历	学校所在行政区域	使用教材
Q老师	男	8年	中小学一级教师	高中	研究生	省会城市	人教版
C老师	男	10年	中小学一级教师;年级组长;教务主任	高中	研究生	地级市	人教版
X老师	女	7年	中小学一级教师	初中	研究生	区县	司南版
M老师	女	4年	中小学二级教师	高中	本科	地级市	人教版
L老师	男	44年	中小学一级教师	初中	专科	乡镇	人教版

续表

姓名	性别	教龄	职称及职务	任职学段	学历	学校所在行政区域	使用教材
Y老师	男	12年	中小学高级教师	高中	研究生	地级市	人教版
S老师	男	22年	中小学高级教师；教研员	高中	研究生	地级市	人教版
W老师	女	29年	中小学高级教师	高中	本科	省会城市	人教版

第二节 访谈工具及访谈过程

依据本研究的具体目标，笔者制订了初步的访谈提纲。通过进一步的专家咨询，对访谈提纲的结构和内容进行调整，最终形成本研究的访谈提纲，具体见附录4。本访谈提纲具体包括"课前访谈""课后口语报告""课后访谈"3个部分，3个部分均围绕某一节具体的物理课（初中部分选择了"凸透镜成像的规律"，高中部分选择了"牛顿第二定律"）展开。其中，课前访谈主要聚焦教师在备课过程中，主要反思哪些具体问题，如何结合已有经验进行教学设计，预测会遇到哪些新的问题并如何突破对应问题，以及对教学过程和效果的预期展望等；课前访谈通过面对面或电话访谈形式完成（其中有一位受访者选择书面回答）。课后口语报告，是指被访谈者在课后针对本节课的设计、实施等进行自我反思，本研究要求受访者以口语报告的形式表达出来；该部分主要由受访者独立完成，采访者扮演"倾听者"的角色。课后访谈是在口语报告的基础上，由采访者针对具体问题与受访者进行交流互动，以期更加深入地了解受访者的反思情况；访谈具体问题主要涉及受访者对教学反思的理解、教学反思的动力、教学反思的方法、教学反思与教学改进等，旨在进一步挖掘、补充课前访谈、课后口语报告的内容，以期使访谈内容更加深入。

研究依照访谈提纲对受访者进行逐一访谈。在取得受访者同意的前提下，对访谈内容进行录音（个别访谈者以书面形式回复）。在进行语音回放以及文字转化后，对访谈内容进行编码、归纳整理，在此基础上进行分析，并得出对应结论。

第三节　访谈结果分析

为了立体呈现并进一步分析访谈个案,本研究在梳理、编码访谈材料的基础上,逐一研究访谈对象的具体材料。

本研究中,案例分析理论框架主要依据教学反思知识、教学反思技能、教学反思态度等3个维度,具体又包括教学反思原则、教学反思内容、教学反思方法、教学反思时机、教学反思过程、教学反思深度、教学反思认知、教学反思情感、教学反思意向等维度。

为了对受访者有一个更加立体、全面的了解,每个案例分析前均对受访者进行简单的背景介绍。以下将逐一讨论受访者教学反思的相关内容。

案例一

背景信息:X老师,女,教龄7年,中小学一级教师。本科就读于非师范专业,硕士研究生毕业后(获得教育学硕士学位),供职于一区县重点中学初中部,现已成长为该校的物理学科骨干教师。

X老师认为"反思是一个系统的过程",并且老师"对自己的教学要尽量多反思",因为"在实践中需要进行反思,而反思又会促进实践"。她自己"还是经常会去反思的"。对于反思内容,她认为"要让学生进行深度学习,浅层学习过后,学生很快会忘"。

对于"凸透镜成像的规律",她认为应该"让学生通过探究得到凸透镜成像规律,还要(让其)知道为什么会有这样一个规律,也就是不仅要让学生知其然,还要知其所以然"。同时"要让学生动手做实验,以学生为主体,教师主要就是一个主导的作用,让学生自己去探究,引导他们对数据进行分析、归纳,最终得出结论"。

X老师提到她主要通过"个人反思"的方式进行反思。"我会想一想,对我来说,教学设计其实更多地体现在PPT上,当我发现这节课哪些地方处理不好的时候,我会及时地在PPT上进行修改,这其实也是一种反思。所以其实我每年都在不断地修改课件,就是因为每上一年都会有新的想法或者新的思考。我还有个习惯,就是我会对自己的课堂录音,然后下来回放,找出可以进一步改进的地方。"

X老师认为课前反思主要考虑："第一是学生现在的知识储备和认知特点。教师教学多年之后，大概都知道学生的认知特点，所以主要考虑学生的知识储备。另外站在学生的角度去思考，我怎么讲学生会更容易理解。第二是教学目标，这堂课我们最终希望达成什么样的目标。第三才是这堂课的重难点，应该说是这堂课的一个核心。然后要考虑如何去突破这样的重难点。重点是课程内容本身的，但是难点的话要结合学生的学情去想哪些点学生在学习过程中可能会遇到困难。"关于教学设计，X老师也走过一些"弯路"，"之前为了节约时间，我们把实验直接演示给学生看，或者是看视频"，但其结果往往是"你会发现学生后来在做题时不知所措，因为他们自己没有动手去做这个实验"。所以她现在坚定地认为"通过实验探究、归纳数据、画图这些环节，大部分学生应该可以理解凸透镜成像的规律"。对于"凸透镜成像的规律"这节课，X老师"设置了一些练习"，但是"教学中，因为时间不够，就舍弃了练习，保证这堂课的完整性"。课后反思这节课，X老师认为"当我放手让学生去探究的时候，预想的是学生通过实验操作、通过数据分析，能够得到相应的规律。但实际的情况是，学生在进行数据处理时会遇到困难，无法得到一个具体的规律。所以以后再上这堂课的时候，在学生进行数据处理时，要给学生一定的方向，对学生进行一个引导，这样学生就更明确一些。在课堂引入时，情境创设上还应有所提升。因为学生能力的差异，加上这节课本身有点儿难，完全让学生去探究，时间上不太好把控，所以今后还是要注意对学生多一些引导"。

谈到教学反思的过程，X老师认为"当我发现课堂中某个点没有上好，就会留意一下；当预设与实际有出入时，就要去反思，在反思的时候，考虑自己已经有的一些经验"，当自己的已有经验无法解决时，"我会上网搜索，看别人的优质教案等，进行比较后加以借鉴；有时也会跟同事讨论，看看其他人怎么做"，并且"如果找到比较好的做法，还是会在实践中再应用一下"。

X老师认为"自己还是想做一些研究，不想只是成为'教书匠'"，X老师认为这是她最大的反思动机。"作为教师，教学就是我的一份职业、一个主要的任务，我肯定希望自己能够越来越好；然后也是对学生负责任，课备好了，学生学起来才更轻松、收获更多。"X老师觉得教学反思并不难，"我还是挺愿意去反思，每上一轮我都会重新修改PPT"，而且X老师进一步提到"要想让自己的教学越来越好,肯定要及时地进行教学反思。因为每一堂课都会有不足,甚至是优质课,经常去反思,(就)可以做得更好。教学反思的价值一方面是自己的成长,另一方面就是在不断的反思、改进中,让课堂变得更高效"。

访谈结束时,X老师还提到"最近我经常思考关于深度学习、核心素养的问题,每一堂课如何让学生真正去理解?学生的成长,不只是知识层面的,还应该是各方面的,比如交流能力、思维的发展,或者是价值观的培养"。

通过该案例,我们可以发现:

第一,X老师能够认识到教学反思的系统性,能够认识到教学反思的作用和价值,具有较强的内在反思动机(成为一个研究型教师与促进学生发展),愿意并喜欢进行教学反思。

第二,X老师的教学反思内容主要集中在学生、教师、教学内容等方面,而对教学内容的反思主要集中在教学目标、教学重难点等方面。

第三,X老师能够在课前、课中、课后不同时段进行教学反思,习惯于通过自己想一想、听自己上课录音等方式进行教学反思。

第四,X老师在教学反思中强调学生探究能力的发展,强调学生思维能力的发展,同时注重深度学习、核心素养、翻转课堂等理论在自己教学实践中的应用。

案例二

背景信息:L老师,男,在一所乡镇中学从事初中物理教学工作44年,2020年退休,中小学一级教师,专科学历。20世纪八九十年代到21世纪初的二十余年间,是L老师所在乡镇中学最"辉煌"的时期,学校生源稳定,规模保持在500人左右。在一批和L老师具有相似背景的中师、大专学历的老师的努力下,学校教学成绩长期保持在较高水平。近十多年以来,随着生源流失,学校教学质量开始下降,L老师任职的学校也于2020年最终被撤销。

L老师认为教师教学反思能力的发展是一个"实践—反思—再实践,逐步提高"的过程,L老师在肯定教学反思是系统的、长期的的前提下,强调教学反思的"偶然性、即时性",L老师所谓的偶然性和即时性主要是指反思过程中的"闪光点和新发现"。L老师认为"教学反思的维度很多,但是作为一个初任教师,首先应该夯实自己的教学知识(笔者按:他有意区别了学科知识和学科教学知识),课后要思考知识给学生讲透了没有,不仅要关注知识与能力,还要关注过程和方法、情感态度价值观等是否贯彻到位"。因为这样才能真正促进学生的长远发展。

L老师平时也积极参加各类教研活动、教学比赛活动，同时L老师也肯定教师个人反思的价值，认为"自己要经常想一想，如果同时教几个班，第一个班讲完后，利用课间10分钟回想这节课哪里存在问题，下一个班教学时应注意什么，及时进行调整。同时，根据学生提问以及作业反映出来的情况找问题"。

L老师认为"准备一节课时，要考虑如何达成教学目标，在本节课中，学生除了要掌握知识，还要掌握一定的实验操作技能"。对于"凸透镜成像的规律"这节课的课前反思，L老师认为："根据我之前的经验和遇到的问题，光学部分对学生来说整体上是比较抽象的，尽量利用学生已有的光学知识和熟悉的光学仪器，像显微镜、放大镜、照相机等，这些仪器学生在学习本节课之前基本上都接触过。从这些学生已知的仪器入手，引出其工作的主要部件——凸透镜。这节课如果完全放手让学生自己探究、自己找规律，容易引发混乱。所以在探究过程中，根据学生的猜想，引导学生共同制定出探究的框架，会提升探究的效果。"此外，L老师还认为："只要能做的实验全部让学生去做，一是可以提升学生动手操作的能力，二是可以激发学生的好奇心和学习兴趣。"课堂教学过程之中，"由于学生水平参差不齐，在引导学生总结凸透镜的概念时，一些学生会遇到困难，与课前预设不符，这时将凸透镜的实物让学生摸一摸，效果好很多"。"探究过程中，也出现预设之外的学生操作的问题，例如移动光屏调整到像最亮为止，学生对'像最亮'的判断出现了误差，应及时给学生强调，如果此处出现误判，会影响实验结果。"而课后反思，L老师认为经常出现的问题可能有："探究中的交流环节，效果不是特别理想，所以交流应不限于同组之间，还应拓展到组与组之间；本节课内容较多，总结出相应的规律后，如果不加以练习，学生容易遗忘，所以应及时进行一定的练习。"

对于教学反思过程，L老师认为"应该课后根据学生的学习情况、做题情况，思考这节课哪里处理得比较好，哪里稍微弱一些"。要解决这些问题，一方面要"利用自己的经验（例如换一种讲解方式）解决出现的问题"，另一方面要"通过同事交流、互联网等寻找帮助（对于青年教师更应该如此）"，而教学反思还有一个必需的环节是"找机会将自己的解决方案在实践中进行应用"。

L老师认为"一个有责任心的教师,肯定会反思。反思的动力来源于外部和内部,内在动力应该起主要作用,仅仅依靠外在要求可能会使反思效果大打折扣"。L老师认为"教学反思并不难,适合自己的是最好的",他认为自己"很喜欢教学反思,教学管理者应该通过灵活的有弹性的制度建设和具体举措,引导、激发老师进行教学反思"。L老师非常肯定教学反思的作用和价值,认为:"教学反思是提升个人业务能力、提高课堂教学效率、促进学生更好学习的一个主要途径。尤其是新手教师,即使很认真地备课了,课堂上也会遇到很多随机的现象和预设之外的情况,不同学生会出现各种不同的问题,甚至有可能影响这节课的教学,所以认真反思可以提高个人的教学能力,利于以后的教学。"

通过该案例,我们可以发现:

第一,L老师认识到教学反思的系统性、重要价值和作用,有较强的教学反思动力和意识,能够持续进行教学反思,并能用反思成果促进自身专业化发展。

第二,L老师认为教师教学反思能力培养是一个"实践—反思—再实践,逐步提高"的过程,在此理念下,L老师认为初任教师教学反思首先要夯实自己的学科知识,然后进一步反思教学、学生等其他方面。这其实告诉我们,教师教学反思能力发展可以有不同的具体发展路径,不同阶段的反思重点可能有所不同。

第三,L老师同时强调教学反思的系统性与偶然性。L老师所谓的"偶然性"是指教学过程中的"闪光点和新发现",这既是有效教学反思的起点,同时也是系统教学反思过程中的一些"节点",大量反思中的"节点"能够促进教师通过教学反思解决教学中存在的关键问题,因而能有效提升教师教学反思能力,促进教师的专业化发展。

第四,L老师强调教学反思方式方法的灵活性,提倡每个教师找到最适合自己的教学反思方式,这一点值得肯定;此外,L老师还提倡教学管理者应该建立灵活、有弹性的教学反思制度。

第五,L老师在实践过程中形成了自己对物理学科知识、物理学科教学知识的相对系统的理解,因此能较好地设计并实施教学,并取得了优异的教学成绩。此外,L老师还强调要从"知识与技能、过程与方法、情感态度价值观"

的角度审视学生的长远发展,对教学现状具有较强的批判意识。

案例三

背景信息:M老师,女,公费师范生本科毕业后,就职于一所地级市的重点高中,现在正在攻读公费师范生教育硕士学位,教龄4年,中小学二级教师,曾担任过一年的班主任,教学成绩优异。

此处需要特别强调的是,笔者对该老师进行了长达4年的持续跟踪,该老师在教学实践中发现问题,通过与笔者的沟通反思,进行针对性的改进,使得教学效果提升较为明显。后续合作反思过程中又共同讨论了学困生转化、复习策略、学生管理等教学常见问题。

M老师认为"教学反思是一个系统的过程","教学反思从实践中来,又到实践中去,最终还是为实践服务的,解决实践中的问题"。在访谈过程中,M老师一直强调"老师不能把课堂把控得太紧了,要给学生一些发挥和思考的空间","教师对学生应该是严中有爱,该宽容时要宽容,但也要有约束和规范"。对于教师自身的反思,M老师认为:"我会反思自己对知识的理解是否有错误,保证教学内容的科学性。我在课堂的趣味性、与生产生活的联系上还要进一步加强。"

对于教学反思的方式,M老师认为它主要采用"自己想一想,一般会在教案上写下自己的反思,并随时记录突然的想法","有时会跟别人交流一下,学校也鼓励同科老师之间互相帮助",此外"学校组织的听课活动、教研活动可以促进我们的反思"。

对于课前反思,M老师认为:"备课中我会思考几个问题:一是教学目标、重难点的设置;二是学情分析;三是教学中应该设计哪些核心的问题;四是学生活动、教师活动如何展开。""根据之前的经验,要让学生充分参与课堂,给学生思考的时间。因为之前上课中可能我讲得比较多,但学生听课的效果并不好,所以要让学生动起来,让他们充分参与、积极思考。比如分组讨论,可以给学生展示的机会。还有就是要关注学生的学习状态,刚开始工作的时候可能更多关注我自己怎么讲,没有关注学生是怎么学的,现在就要关注这一点。再有就是利用实验、多媒体等,可以促进学生更好地学习。另外我的教学中有时理论性太强,我觉得应该加强与生活的联系。""对于如何从上节课的实验得到$F=kma$,从一个实验就得到了一个一般性的结论,学生可能会不太理解,所以要专门给学生解释:实验结论不是通过这一次实验得到的,是科学家通过大量的实验,得到这个一般性的结论。"课堂教学过程中,"学生对于曾经讲过的一些知识有所遗忘,课堂中就会临时决定重新讲解","向学生提了一个问题,觉得这个问题很简单,但是学生都不回答,考虑到学生可能是需要一定的思考时间",此时也会相应调整教学策略。而课后,"我一般会从教学目标、教学内容、教学过程、学生参与、教学方法、教学效果(提问、批改作业可以提供反馈)、遗留的问题等几方面进行反思"。

对于反思过程,M老师认为,遇到教学问题时,往往会首先"想想自己以前哪个方法有用,把这个方法借鉴过来",如果解决不了时,"我会问问同组的老师,如果他们给我讲明白了,我要看看这个对不对,如果对了,我就接受了。如果他们讲完之后,我还是不太明白,我就会在网络上找各种各样的资源,直到找到能够说服我的那个"。此外,她还谈到"有的时候我也想对教学做一些研究,但这种意识还是比较少、比较零散,也不够深入"。

谈到教学反思的动机,M老师认为:"促使我进行教学反思的主要是教育评价,我希望学生考得好一点儿,我就看自己在哪里有问题。当然我觉得另外一个原因是,毕竟有那么多学生,也不能误人子弟。""说不上喜欢不喜欢(教学反思),就是不得不,因为反思确实对专业化成长很有帮助、很有必要。""教学反思还是有点儿难,主要是教育教学理论知识不够,可能会给教学反思带来一定的难度,另外也难在坚持。"

对于教学反思的价值,M老师认为:"教学反思是通过自己或者他人对自己的教学过程再认识的一个过程。教学反思挺有价值的,通过反思,看看自己在教学理念、教学方法、教学行为、教态及语言,还有学生的听课状态等各个方面有没有可以改进的地方,包括看看别人是怎么想这个问题的,有的时候也会打破自己的惯性思维。我觉得反思的最大价值是可以促进自己的成长,尽快地让自己成为一个比较成熟的老师。"

通过该案例,我们可以发现:

第一,M老师认识到了教学反思的系统性,肯定教学反思的作用和价值,其教学反思的动力主要来源于外在的"压力"。

第二,M老师主要采用自己想一想的方式进行教学反思,同时也能够及时通过与他人交流或者教研活动等,向有经验的老师学习。M老师基本能够通过不同方式解决教学反思所面临的问题,并能批判性地看待问题的答案。

第三,M老师强调教学过程中要给学生思考的空间,注意在课堂教学中引导学生参与。

第四,M老师对教学过程初步形成了自己的理解,但是其学科知识、教学知识都还在进一步的积累和夯实过程之中,教学反思的深度有待进一步。

案例四

背景信息:Y老师,男,获得理学学士、教育学硕士学位,中学高级教师,教龄12年,现供职于某地级市重点中学,教学成果优异,发表论文多篇。

Y老师认为"教学反思是一个系统的过程""反思与实践要结合起来",强调"应该对不同课型进行针对性的反思"。教学反思重点"要看某节课哪些环节没做好,怎样去做一个修正或补充"。

Y老师主要采用个人反思、集体活动反思的形式开展教学反思。前者包括新课教学后的反思以及对学生做题情况的反思,后者主要是指每周一次的备课组公开课后的研讨与反思。

对于课前反思,他认为"要挖掘教材背后的东西,教材编排如果从学生角度不容易接受,就会做一些调整"。对于"牛顿第二定律"一节课的教学前反思,Y老师认为"该内容是高一内容的重中之重,它相当于起一个桥的作用"。课前准备的过程中,他主要思考:"(1)课时安排。课标要求的是2节,但我们一般教学2~3节。(2)引入。(3)牛顿第二定律是一个实验定律,需要在大量实验、事实的基础上得出来。教学中应通过对实验数据的分析,提出本节课的核心观点。(4)公式的过渡。从最开始定性的一个公式,慢慢过渡到定量的一个公式,这之间有一些数学的处理方法,也包含了一些物理思想。""本节内容要注重'定量'的问题,通过定性实验,过渡到定量实验,然后得到牛顿第二定律的一般规律,解决生活当中的实际问题。要注意规律的逻辑性,这个规律包含加速度的大小和加速度的方向。第一章讲过加速度,是通过比值定义出来的加速度,跟这节课讲的加速度有区别。通过牛顿第二定律联系生活当中的一些应用,让学生感受到牛顿第二定律确实还是解决了不少生活当中的一些问题。""这个实验会让学生自己去操作,学生对实验器材会比较感兴趣,进入实验室后手会不停,有时会导致不注意听讲,就有可能得不出什么结果。针对这种情况,我一般采取以下措施:我先在班上做一些讲解,也会进行演示实验,把相应的实验流程给学生做一个介绍,把实验要测量的数据板书在黑板上,这样学生进入实验室就会有针对性。"

对于教学反思过程,Y老师认为"主要包括发现问题、与同事交流以及在实践中检验反思成果等"。他认为"反思结果在实践中的应用要找到合适的时机、与之前一样的情境"。

通过该案例,我们可以发现:

第一,Y老师认识到了教学反思的系统性,并能有意关注针对某一具体教学主题的反思的重点。

第二,Y老师对教学内容具有较好的理解,教学反思的全面性、层次性有待进一步提升。多年的教学经验积累,使得Y老师对某一具体教学内容具有自己的理解,并能将这种理解有效融入其教学实践之中。

第三,Y老师主要通过自己想一想的方式进行教学反思,同时也能够有效利用教研活动等方式与同事进行沟通交流。

案例五

背景信息:Q老师,男,公费师范本科毕业后,供职于某省会城市的一所重点高中,教龄8年,在职期间又攻读了公费师范生教育硕士,现为中学一级教师。Q老师任职8年以来,教学成绩显著,曾参加全省优秀青年教师教学大赛,并获得了第二名的成绩。在教授高中物理的同时,还连年担任班主任工作。

通过口语报告和访谈发现,Q老师认为教学反思是一个系统的过程,是完整教学流程中的一个环节,Q老师本人往往在课后进行。Q老师的具体操作方法一般是在"备课时,就在教案的末尾留一个空档,等到课后进行梳理与总结时再撰写具体内容",其反思的途径是"课后对照自己的教案、课件、学生课堂中的反馈独自想一想","有时也会把自己的课录下来,通过回看进行反思,可以利用'切片理论'"。有时,Q老师也会"请同伴听自己的课,并做一个评价,帮助自己反思",或者"向身边的专家请教,辅助自己反思",但是这种情形出现概率相对较低,究其原因主要是一方面自己教学工作量大,另一方面这种方式也会给别的老师带来工作压力。

Q老师课前反思主要从以下三个方面展开:(1)教学目标。对于教学目标Q老师一般会具体思考"本节课需要学生学会什么知识,提升什么能力",其解决的方法"主要通过教材、课程标准、教参、习题进行确定"。(2)教学设计。对于教学设计Q老师一般会具体思考"怎样引导学生学会这些知识,提高相应的能力"。(3)教学效果。对于教学效果Q老师一般会具体思考"如何确定学生已经学会了,或者某些能力得到了提升"。其判断的依据"课堂上学生的神态、表情,课堂练习的情况"。以"牛顿第二定律"为例,Q老师认为"应该让学生深刻理解牛顿第二定律是连接运动学和动力学的桥梁",基于这个定位,Q老师做出了如下的设计:"(1)设置习题,包括知道受力情况求运动情况,以及知道运动情况求受力情况。(2)王亚平太空授课中用动力学方法测质量原理的介绍。"此外,根据平时积累的经验,Q老师认为课前反思有几点需要注意:"(1)教学目标很重要,所有的设计应该紧紧围绕目标展开;(2)老师应该预设学生可能存在的问题,并应该站在学生认知的角度去考虑;(3)练习和检测的设计很重要,也可以让学生写一写,把自己思考的过程展示出来,有助于问题的暴露;(4)单独提问的效果更好,因此可以适当设计具有针对性的问题"。

Q老师认为:"对于'牛顿第二定律'这节课,教学过程中老师的反思重点在于'观察学生对$F=kma$的理解及接受程度',并及时有针对性地调整策略,提升教学效果。"

课后反思阶段,Q老师的反思内容主要有:"(1)自己语速较快,讲课节奏较快,导致学生有时记笔记跟不上。(2)对F与a的方向问题没有强调到位,学生对于矢量的方向性认识不深刻,这一点也需要在长期学习中慢慢培养。(3)教学中受时间限制,对一些提升学生科学素养的做法不能完全落实,比如实验做的也不是很多。"

课后反思过程中,Q老师主要针对"通过梳理学生反馈、自我感受,思考哪个地方讲得好,哪个地方讲得不好,可能原因是什么,接下来准备如何改进"等内容来发现对自己更有价值的反思点,同时"思考自己已有经验"。而要解决反思过程中的问题,则需要"查阅资料,比如利用知网,或者去网上找某一方面做得较好的教学视频,借鉴别人的做法",或者"向身边的高手请教、向校外的优秀教师请教",但是,"如果还是无解,可能就会不了了之"。Q老师还提到"教学设计时,对以往自己存在问题的环节要花点心思设计",而且"要对改进后的方案再执行,(以)检验是否有改观"。

对于教学反思的价值与意义,Q老师认为:"教学反思对于老师来讲是非常必要的,因为它算是教学过程的一个环节,这个环节容易被人忽视。其实必须等到课上完再回看一遍,做一个反思才算结束。教师要想个人发展达到一定的高度,这是必不可少的一环。""教学反思最大的价值,应该就是促进教师自身专业能力不断提升,可以最大限度地指导接下来的教学;对于学生的话,能够比较有效地提升学生的学习效果。"而对于教学反思的喜爱度和自我效能感,Q老师认为:"我肯定是喜欢进行教学反思的。如果没有过多事情的干扰,既然选择教师这个职业,想把自己的专业做好,进行反思还是有利于自身专业成长的。一个有追求的老师,肯定都是喜欢做这个工作的。"并且"教学反思对我而言,要说难好像也不难,因为操作起来没有那么复杂,但是难以坚持。很容易出现因为各种各样事情的干扰,无意识中就把反思这个环节给遗漏了"。

对于教学反思的动机和意识,Q老师认为:"促使我进行教学反思,一方面是自我的要求,另一方面是学校层面的要求,有相应的制度约束。""在教学中,我有一定的研究意识,也有一些相应的举动,比如申请教育教学的课题,进行自己的研究,得出结论,有价值的结论还可以在教学中进行推广等。只不过作为中学老师,研究可能做得要粗糙一些。另外在教学中,也会有一些有限度的、有选择的创新和尝试,要兼顾高考和应试的压力。批判意识也有,包括对权威的批判,或对已有认知的批判。比如有时对教辅或教材的使用上,会自己进行一个加工或改编,结合具体实际,方便学生理解。"

通过该案例,我们可以发现:

第一,Q老师认识到了教学反思的系统性及其在教师教学、教师自身专业发展过程中的价值,喜欢进行教学反思,具有较强的内在的教学反思动机,有通过教学反思促进自身教学效果的意愿。

第二,Q老师能够从课前、课中、课后等不同时段进行教学反思,其教学反思的重点更多集中在课前、课后两个阶段。这也从个案的角度告诉我们,老师们可能在理解不同阶段教学反思的前提下,由于个人习惯或其他因素干扰,对教学反思的侧重有所不同,不同阶段的反思内容和重点是不同的。

第三,Q老师能够利用自我反思、书面反思、回看录像等方式进行教学反思,同时也偶尔会与同事就教学问题进行交流互动,或者向有经验的老师请教,或者通过网络寻找资源与答案。其教学反思以自我反思为主,但又突破了自我反思,向外界寻求支持,因此能够更好地解决自己教学中的相关问题。

第四,Q老师具有通过反思进行教学研究和教学改进的意识,但是研究和改进还有进一步发展的空间。

第五,8年的教学经验,使得Q老师能够解决教学过程中的一般问题,也正是因为Q老师已经初步积累了一定的教学经验,所以能够抓住具体某一节课的教学重难点,能够在教学设计、教学过程中、课后等不同阶段,针对教学目标、教学内容、学生存在的问题,提出合适的针对性策略,能够较好地完成教学任务。Q老师的反思内容包括了教学内容、学生学习以及教师自身专业发展。

第六,Q老师能够进行较为深入的教学反思,但是教学反思的深度更多停留在如何讲好、使学生取得较好的学习效果的层面,教学反思的层次有待在反思实践中进一步提升。

案例六

背景信息:C老师,男,公费师范生本科毕业后,在一所地级市的重点中学任教,教龄10年。工作过程中,攻读了公费师范生教育硕士,职称为中教一级。该教师在教学过程中同时担任班主任,近年来又担任学校教务主任一职,属于"双肩挑"教师。工作期间,多次获得教学大赛大奖,同时公开发表教育研究论文多篇。

C老师认为"教学反思是一个逐渐完善的过程,不是每节课都需要反思,(反思)更多是生成性的,有进行反思的必要或需要时才可能开展",C老师提到"反思结果可以改进自己的实践"。

C老师在课前访谈伊始就提到"课堂中要讲练结合,不能'满堂灌'"。C老师认为课前教学反思主要集中在学生、教师两个方面。对于"牛顿第二定律"这节课,从反思学生的角度而言,主要思考:"在这节课之前,有一个实验,就是研究加速度与力、质量的关系,但是这个实验对学生的能力要求稍微高一点,尤其是处理数据的能力,所以做实验的时候学生未必能很完整地处理出来。但还是会坚持让学生做这个实验,因为做的过程可以让学生体会到科学探究的重要性。""课本里的实验,只要我们学校的实验室有条件,我都会让学生去实验室做,很明显孩子们的实验能力会比以前要强一些,也会产生一些情感上的共鸣,比如一个小小的物理实验,可以使人类的文明向前一大步。""在教学的过程中,还是要发挥学生的能动性。比如学生在练习中出错时,要给学生一个思考的时间,把这个问题真正解决。"从反思教师的角度:"我感觉教师自身也有一个成长的过程。比如对于物理学的理解,教师在学校学习的时候是一种理解,成为老师在教的过程中,理解会更深刻一些。因此当老师后对好多东西的理解会越来越透彻,我觉得都是在交流的过程中逐渐透彻,逐渐理解。""比如说 $F=ma$,力与运动的关系,以前也知道牛顿第二定律是力与运动的关系,但是体会没有那么深。教学中当把这个公式写出来的时候,左边说的是力,右边说的是运动,然后感觉自己对这个公式和它对应的意义理解更深刻一些,比以前的理解更提升一个层次,这是教学过程中我自己的一个收获。也就是老师自身对知识掌握得更深,这种更深,突破了字面的意义的表达。以前也知道这意思,但是体会不到这种境界。""现在我们都在追求高效课堂,如果哪一节课,我觉得自己讲得'不舒服',下来以后我就会很愧疚。如果哪天的课讲得效果很好,就会特别高兴,生活中其他一些不开心的事也都觉得无所谓了。所以教书有时也挺快乐,在课堂上是我最真实、最开心的时候。"

对于反思方式,C老师提到"我在教案里写反思,教案本边上有留白,留白就是用来写反思的"。C老师同时也强调集体反思:"集体备课时,大家在交流的过程中,就能把上周的教学反思进行共享,从而再次反思。教研活动中,要对下个星期的课进行一个准备,这时有经验的教师也会说一些他们以前的经验,这些经验里就包含他们的一部分教学反思。"

针对"牛顿第二定律",C老师的课前反思包括:"我比较担心学生对公式的应用,所以在教学的过程中,我向学生强调了这个公式的意义、内涵,并且从简单的应用开始引导学生。""对于学生有可能出错的地方,我计划先给学生一个正确的范例,从而有一个正确的印象。""力的合成与分解是教学中的重点和难点,因为数学上的相应运算还没有学习,数学知识的储备还不够,所以我打算在这块儿适当地多讲解一些,包括各种情景下的案例,从易到难,从而让学生较好地掌握这一工具。"

课中反思主要有:"课堂中大部分问题是生成的问题,而且是在课堂中解决的。比如说写教案,一般情况下我就写一半,搭起一个知识框架,把知识捋清楚,然后剩下的内容就不怎么写了。很多问题都是课堂生成的问题,而且课堂生成问题会有一个具体的情境,所以预先准备问题的意义不太大。教学不是预先把所有的方案做得很完备,大部分问题是课堂生成的,在课堂中去解决的效果还是比较好的。如果是课堂中解决不了的问题,可以和学生进行一个沟通,然后课后琢磨、思考,之后给学生一个比较明确的答复。"课中反思具有一定的开放性,因此会存在"有时教学中会激发出自己课前想都想不到的一些东西,临时的那种'闪光',根据情境出现的,不是提前能够预测的"。

C老师认为课后反思主要集中在"让学生明白物理概念、物理公式、定律的内涵。"C老师认为"这节课如果我能够把牛顿第二定律讲到学生的心坎儿里,这就是一个收获"。

对于教学反思的过程,C老师认为:"当在教学中觉得哪里讲得'不得劲儿'的时候,就是一个教学反思的点。肯定是哪个点出问题了,或者是哪个地方的处理不是很融洽,才会导致教师不舒服。然后就要针对这个点来思考、想办法。"此时就需要"进行思考,琢磨一下应该怎么做,并把方案记录在自己的教案上","有时要向一些老教师请教",而"反思的结果要进行具体的实践,有时结果对学生并不适用,还要进一步反思"。

C老师认为自己"喜欢教学,愿意把教学做好",这是C老师教学反思最大的动力,C老师也因此"挺喜欢进行教学反思的",而且"我觉得教学反思不难,对于一个自己愿意去做的事情,就不会觉得很难,就像是本能一样"。而聚焦对教学反思价值与意义的认识,C老师认为:"教学反思很重要,作用也很大。我是我们这个年级的年级主任,作为一个年级的管理者,我在排课表的时候,比如说一个老师担两个班的课,我一般排的时候就排第一节和第三节或者第二节和第四节,一般情况下不会连在一起。尤其是对青年教师,中间那节课是给老师一个休息的时间,其实也是一个教学反思的时间,这是一个自觉的过程,而不是一个刻意的过程。""教学反思,我觉得它是教学经验积累的一个过程,而且是一个自觉的解决问题的过程。我觉得反思的最大价值有两个:第一个是促进教学,使自己对教学的把握更好。第二个是促进自己对知识的理解,促进自己的知识结构生成和发展。自己提高了对自己的教学肯定是有促进作用的。"

通过该案例,我们可以发现:

第一,C老师认识到了教学反思的价值,具有较强的反思意识和内在反思动机,能够经常性地进行教学反思。

第二,教学反思能力是一个不断发展和完善的过程。C老师提出的并非每一堂课都需要进行教学反思,有需要时再进行的观点,其实从一个侧面揭示了青年教师个体在专业成长过程中,遇到的很多教学问题往往具有一定的共性,当教师能够解决其中某一个问题时,其他问题对教师教学认知不构成根本性的挑战。此时,教师可以通过类比、迁移的方式进行解决。而"有必要的"教学反思往往是指对其专业成长构成挑战的问题,这些挑战也构成了教师成长中的一个个转折点。如果把对教师不构成根本挑战的一个个教学问题的解决看作"量变",那么构成挑战的教学问题的解决则成为教师专业成长中的"质变"。在不断的"量变""质变"中,教师教学反思能力得以成长,这对于我们理解教师教学反思发展具有重要作用。

第三,C老师同时强调个人反思与集体反思的重要作用,作为一个物理教师以及教育管理工作者,C老师在实践中摸索出了一些促进教师教学反思的方法,并将其应用到自己的教学及教学管理实践之中。这为其团队教师的专业发展搭建了平台和机会,能够有效促进教师的专业发展。

第四,从课前反思内容来看,C老师对学生、教师、教学内容的理解较为深入,反思层次也较为深入。在教师专业化发展过程中,尤其是在其初始阶段,需要把其学科知识转化为对应的学科教学知识。C老师给我们叙述了他如何把"牛顿第二定律"一课的物理学科知识转化为物理教学知识。这种物理学科知识,不同老师的理解不一定完全相同。也正是大量的这种学科知识的积累,不同老师对学科的理解层次并不相同,这也促使了不同老师形成了不同的教学风格。

第五,C老师所谓的教学过程中的"不得劲儿",其实是其反思的出发点、生长点。面对这样的"不得劲儿""不舒服",C老师用自己的方法解决该问题,在此过程中,自己反思、请教同行、查找资料,更重要的是C老师关注到"反思的结果要进行具体的实践,有时结果对学生并不适用,还要进一步反思"。这其实在某种程度上就是我们所谓的教学反思的过程。C老师不一定能从理论层面准确描述教学反思的具体过程,但是他能在实践中用自己的方式进行摸索并解决自己的问题,这一点还有待于我们后续做进一步深入研究。

第六,强调课堂教学的生成性。C老师备课时往往只写一半的教案,这并非其教学态度不认真。相反,这是他在更高的层面上意识到了课堂教学的生成性,需要师生在"当下"的与境中通过交互进行建构,他的一半教案其实是一个完整的教案,其完整性体现在他"搭起一个知识框架,把知识捋清楚",接下来的部分就需要根据课堂中的互动,相机采取对应策略了。因为部分教学内容是"临时生成的",对应教学是"相机采取的措施",所以更具有适切性,更能提升教学效果。当然,这种写一半教案的方法并不一定完全适用于所有的老师(因为对C老师而言是建立在其多年教学经验基础之上的,是建立在他对物理学科内容理解基础之上的,具有一定的个体性),但仍然对我们具有较好的启示。

案例七

背景信息:S老师,男,理学学士,教育学硕士,中学高级教师,教龄22年,教研员,多次获得各类教学奖项,主持研究课题多项,发表论文多篇。S老师以书面形式分两次接受了笔者的访谈。

对于教学反思的理解,S老师认为:"日常的教学反思有零碎的过程,但整体是一个系统的过程,是具有其内在逻辑的,反思的层次是在不断上升的,方向和主题较为明确的教学反思效果会更加明显,对教师的促进作用更大。"S老师认识到了教学反思的系统性、层次性,并认为有意识地规划、总结教学反思,对于教师教学反思能力的发展具有很好的促进作用。此外,S老师还提到"反思的结果会改变自己的教学实践"。

S老师认为教学反思的内容应该主要包括"课堂教学、学生发展、教师发展、人际关系"等方面。S老师的教学反思方法主要有个人反思、集体活动反思等。其中,个人反思主要是指"自己思考",而"外出学习、交流、研讨,也能促进我们对照自己的教学过程进行反思";集体活动反思主要是指"备课组活动、教研组活动的时候进行交流反思",以及"备课组、教研组阶段总结、年度总结和三年大总结等"。此外,S老师还认为"和谐的教研组氛围十分重要"。

对于"牛顿第二定律"一节课的教学前反思,S老师认为他主要反思实验、教学安排、学生实验完成情况等。对于实验反思,他提到:"部分教师在教学中快速抛出结论然后进行习题训练,学生物理思维的训练和知识建构过程被严重忽视,后果就是学生越往后学,显得越来越吃力,情境稍加变化学生便无从下手。"针对这种情况,S老师提出:"物理组在教学过程中,一定要注重实验,有的题目最好实验化、可视化,要引导学生体验物理规律的发现过程。实践表明,(采取上述措施之后)学生的确会显得更有学习兴趣和潜力,表现得越来越有潜力,'越来越聪明'。"对于本节课的教学安排的反思,S老师认为"牛顿第二定律的学习是典型的让学生体验探究过程的课型"。他进一步分析教学内容后认为:"教材上第二节先探究,第三节正式提出牛顿第二定律,这样的安排是有道理的。有效的第二节的教学才能让学生心服口服,真实的实验探究得到加速度与力和质量的关系后,第三节内容就会水到渠成。我们在排课的时候,总是会把两节物理课调到一起,这样能在逻辑和思维上更加连贯。"S老师及其团队会在教学前反思学生对该实验的完成情况,"我们的基本原则是绝不轻易向学生抛出结论,尽量让学生经历规律的产生过程。所以我们会跟实验员一起讨论这个实验,总结问题,进行改进"。

对于如何将已有的教学知识和经验融入新的教学过程,S老师主要提到设计教学过程时,要根据已有知识进行铺垫,例如:"由于实验探究要用到加速度,所以我先提出问题:如何定性判断加速度的大小?如何定量判断加速度的大小呢?然后,创设情境,提出问题。这节课,我一般是先用演示实验引入,控制两个变量。首先是同一个小车,用一个钩码、两个钩码、三个钩码,学生发现加速度越来越大;然后是一个钩码作为拉力,小车上不断加上钩码,发现加速度越来越小。从而让学生提出猜想,谈谈如何设计实验,再请学生说说要测量什么,怎么测量,如何记录。然后,问学生怎样处理数据更加合适,引导学生用图像法处理。"

在用图像法处理实验数据时,S老师说:"根据以往经验,学生在加速度与质量的关系图中会画出曲线,(此时,教师需要)问学生可以用什么方式来化曲为直。学生在力和质量的关系图中会出现截距,(教师要)引导学生思考原因是什么,(如果)有学生能够提出摩擦力的问题,教师就引导学生思考如何抵消摩擦力的影响。关于抬起一端抵消摩擦力影响,根据以往经验,也是通过提问的形式来逐步完善的。"当然,设计引导方案时,也要考虑现实因素,"有时候会发现,问得太多,实际上也就是提示太多,学生的思考往往未能充分展开就被我'启发'了"。

对于课前反思时遇到的新问题,S老师说:"这个实验,每次实际上数据都不是很好看,结论的得出说服力不是很充分。我在想:如果用数字传感器来进行实验……同时使用力传感器，就能够更加清晰地得到力对加速度的用影响，避免次要因素对上课主题的冲击。""用恰当的方式搜集必要的数据，这就需要学生很清晰地知道应该测量哪些数据，收集哪些数据。因此需要通过恰当的提问，引导学生思考，并引导他们设计好表格，然后，利用图像处理数据，分析图像中的隐藏信息。"

关于课前反思时对这节课的预期，S老师说："希望学生通过对实验过程的亲身经历，较为深刻地理解力与运动的关系；希望这个讨论和实验的过程，可以让他们在面对其他情境的时候，能够进行较为理性的分析，准确找到核心要素等。"

关于"牛顿第二定律"一节课的教学中反思，S老师认为："实验中还是有很多情况，例如，由于操作存在问题导致数据误差很大或者根本就是错误的等。对于典型的错误或者一些问题，我会用手机立即拍照记录下来。实验过程中，我会让学生暂停1—2次，将这些典型的问题提出来，提问学生这些情况存在哪些问题，如何解决，然后让学生再继续实验。"

S老师对于"牛顿第二定律"的课后反思主要有："一次性上完这两节内容可以让整个过程显得更加完整，但存在部分学生的注意力和思考力跟不上的问题"，此外，"对于牛顿第二定律的进一步理解，可以通过较为丰富的具体情境（题目）来深入，需要下一节课专门再上一节类似于习题课的课来进行巩固"。

S老师认为自己的教学反思经历了不同的阶段。第一阶段"只是停留于知道不好，不知道哪里不好，也就是想反思，可是不知道反思什么"；第二阶段"通过大量听老教师的课，结合自己的课堂，逐渐发现新课可以有多种方式引入，还可以补充必要的物理学史让学生知道来龙去脉而不是只记住公式来套用"；第三阶段，"通过回忆以前的教学过程中学生困惑的地方，思考自己应该怎么教学生更好理解，例题的选择开始具有层次性和代表性，开始有意识地搭建思维台阶，将难题分解，或者在讲难知识点的时候，会想方设法进行类比等。这个阶段，逐渐发现有的老教师的教学方式也不是那么好，同时，（自己的）教学成绩开始突飞猛进。上完课后回到办公室，经常会突然发现有更好的教学方式，于是下一个班上课时赶快改进，回到办公室后，又发现一些问题，于是在下一个班级继续改进"。第四阶段，"自己开始担任备课组长、教研组长,教学的时候,开始思考怎样才能减轻自己的劳动量但是依旧能取得较好的教学成绩,开始阅读专业杂志,关注课后布置的题目,也从提供完整的习题链条向以一条母题为中心,通过各种条件或设问的变化,帮助学生主动思考建构框架总结方法等方向发展。感觉自己教书的第三轮到第四轮(第9年到第12年)的时候,思考最多"。第五阶段,"工作第13年,心态顿时平和了很多,对学生的平均分的关注度下降了不少,于是开始课题申报项目申报等。(这一阶段)对教学整体方向或者叫作教学理念这方面,开始更多地反思,认为应该向完整的人格人性方面培养学生。开始十分重视实验,重视让学生体验实验探究的过程,注重从核心素养的角度在教学过程中对学生进行全面培养"。

关于教学反思的价值与意义,S老师认为它"是一个教师走向成熟、走向优秀的必经之路",但"深刻、持续的反思,需要持续的学习,需要对教育事业有炽热的激情与情怀"。

S老师认为教学反思和教学研究之间有内在的联系,"反思的结果必然就是在教学中开始有研究的意识,有的可以跟同事们交流,有的在外出学习时受到启发"。

通过该案例,我们可以发现:

第一,S老师认识到教学反思的系统性、层次性,具有较强的反思意识和内在动机,能够通过教学反思发现问题,并进行对应的教学研究。他提出的零碎的反思和有明确主题方向的反思对反思实践具有重要的借鉴价值。

第二,S老师通过教学反思,形成了相对系统的教学方法和学科教学知识。具体体现在:以问题串形式,启发学生的思维的教学方法。S老师教学中注意问题提出与实施,例如他时常反思自己提问的简洁性、准确性、启发性,以问题串的形式层层递进,最终在师生互动的过程中达成教学目标,加之对探究式教学方式的重视,他的教学使学生的表现越来越好。此外,在长期的教学实践中,通过不断的教学反思,S老师形成了自己的物理学科教学知识,以"牛顿第二定律"内容为例,他对教学内容的整合以及对实验的设计与实施,都具有较强的个人风格。

第三,通过教学反思,将新课程理念有效落实在教学过程之中。具体体现在他不仅重视学生物理学知识的学习,同时关注学生的学习过程与学习方法,在反思过程中,不断地反思如何促进学生学科核心素养的养成等。

第四,S老师对自己的教学反思发展阶段具有清晰的认知,有利于提升其自身的教师素养。他系统地梳理了自己教学反思发展的五个阶段,并且总结了每个阶段的反思内容或特点。通过五个阶段的发展,他从一名新手教师发展成为具有丰富教学经验的教师。这种梳理和总结本身就是对其自身教师专业化发展的反思。而这种对教学反思发展阶段的相对系统归纳,对初任教师的发展也具有很好的借鉴价值。

第五,S老师具有较强的批判性反思意识和能力。他在反思中提到,他的反思经历了由最初的模仿其他老师的教学到开始意识到其他老师教学的不足,再到系统地学习教学理论,再到用所学理论审视、检查自身教学的不足。这个过程其实就是他所说的教学反思层次不断提升的过程,换句话说他的教学反思具有较强的批判性特点,这对其进一步的发展具有重要的价值和意义。

案例八

背景信息:W老师,女,物理学专业本科毕业,中学高级教师,教龄29年,任职于高中学段,具有丰富的教学经历和指导物理奥赛经历,担任过物理教研员、教学顾问,多次获得各类教学奖项,主持研究课题多项,发表论文三十余篇。

W老师认为教学反思应该是一个系统的过程,"如果从理论或者实践上对中学教师进行教学反思的指导,让老师们有章可循,更能提升其专业能力"。教学反思具有很强的实践性,"老师们基于自身实践(进行教学反思),反思以课后居多,也可以在课前预设,(老师可以)通过教后反思吸取经验和教训,再去改变自己的教学"。W老师认为教学反思的内容应该包括"课堂教学、学生发展、教师发展、人际关系"等方面。W老师认为教学反思可分为个人反思、同伴互助反思、集体活动反思等,个人反思主要是"在心里想了想,但是有时候没有及时记录下来,年轻时写过教学反思,但是坚持不住,无法做到每节课都有反思";同伴互助反思更多存在于年轻教师之间;集体活动反思是指"组织学校教师听评课,并告知教师听课时有哪些思考点、从哪些维度去评课;常态化的教研活动,带领年轻教师进行梳理(备课)、说说教学过程中需要注意些什么,一起解决近段时间教学出现的问题"。

具体到"牛顿第二定律"的教学,教学前反思阶段"我会思考这么几个方面:(1)这节内容在这个单元中有什么样的地位和作用?了解了这节内容的地位和作用,才能对学生的学习和认知加以理解。(2)通过阅读教参或者课程标准,思考这节课的教学目标或者学习目标是什么。(3)学生在学习这节内容之前,有什么样的学情?(4)在正式授课之前,以什么样的引入方式进入新课?(5)这一节课里要设计哪些分组实验,或者是演示实验?(6)这节课的设计思路,应该按什么样的流程进行?从引入新课到新课进行、再到小结等,主要的设计环节有哪些?(7)这节课打算用几课时来完成?每一节课分别干什么?这节课是一个典型的规律探究课,我想的比较多的主要是这七个方面的问题"。

"牛顿第二定律"是规律探究课中比较复杂的一节课,因此,W老师首先考虑的是应该用什么样的探究思路去完成这节课的教学。对此,W老师认为要反思"引入的时候采取哪些方式是比较创新的?可以放一段小视频,也可以设计一个小实验,还可以举一些生活中的实例等。但是最终选择时,肯定(要)考虑哪一种方式更加吸引学生,或者说更能使学生从直观上感受到加速度和力、质量有关系"。其次要反思的是实验探究的方式。"这节课比较突出的一个特点是,实验探究的过程有一个方案的设计,这个方案的设计就能占好长的时间,因为不同的学生可能设计的方案不一样。在这节课的实验教学中,到底是好几种方案同时齐头并进,还是只选一种方案,这是设计过程中必须深入思考的。例如利用传感器进行实验,直接得出加速度,数据处理得快,但这种方式有时也引来一些争议,没让学生经历科学探究的过程。而如果用打点计时器打纸带的话,出现的问题就是一节课有可能完成不了,得不到相关结论。"再次,应该反思师生角色。"在这节课的教学过程中,如何发挥学生的主体地位和教师的引导点拨作用?是我带着学生做,还是学生自主去探究?探究中出现问题了以后,教师再引导学生去解决?又或者是先给学生明确了,让学生规避了一些问题,然后再去做实验?这个选择还是需要教师多考虑的,实验的操作还是很复杂的。"最后,应该反思如何调动学生思维的主动性。"让学生自己去探索a与F、m的关系,采取什么方式去探索呢?是对比数据还是画图像?要让学生自己说出来,而不是由老师带着学生分析。"

W老师认为课前反思还要注意课堂教学中的生成性问题,"结合我自己之前的教训或问题,如何处理课堂上精心的预设和精彩的生成之间的关系?突发的一些状况、学生闪现的智慧,教师在课堂上应该如何处理、灵活机动地去应变这些问题?"具体到"牛顿第二定律"这节课,预计出现的新问题可能有以下几点:"(1)在实验方案确定的基础上,有操作方面的问题和数据处理的问题。操作方面,平衡摩擦力的时候要垫小物块,这一点应该根据学生前面所学通过启发引导得到,在做实验之前就搞清楚这个操作。学生在数据处理时,做出来的图像可能不过坐标原点。这些都是在教学过程中,有可能出现的问题,需要老师在备课的过程中,尽早想一想解决方案。(2)从课程引入中,定性地知道a、F、m的关系,通过实验定量地知道a和F成正比、a和m成反比,那么在正比反比的定量关系中,怎样得到$F=ma$,让$k=1$?这也是实验之后的第一个重要的问题,这个地方必须挖掘一下。(3)如何深层次地理解牛顿第二定律表达式中各个物理量的含义。尤其是F,可以通过设置问题情境,让学生体会到F可以是一个力,也可以是多个力的合力。(4)让学生理解a、F、m的同时性、瞬时性、同向性、统一性。"基于以上考虑,老师们可以在课前反思阶段对本节课具有如下预期:"实验方案的制定和选择、实验的操作是比较烦琐的,教师采用哪种方式让学生操作、设计实验流程、做实验的流程、处理实验数据,将会影响这节课探究的效果以及规律的得出。"W老师认为:"这节课,我选择用小重物拉小车、打点计时器等来完成这个实验,把a、F、m的关系探究出来,不会三个实验齐头并进,学生的实验操作,理想和现实之间还有较大的差距。"

W老师对于"牛顿第二定律"一节课的教学中反思主要有:"(1)课堂教学中一个(可能)突发的情况就是在实验数据处理的过程中,图线不过坐标原点,学生在课上就提出了疑问,要给学生解读一下。(2)学生做图像的时候,一开始不知道做a和$1/m$的图像,做出的$a-m$图像是一条曲线,曲线能够认定成反比的关系吗?这里就需要教师再引导学生做$a-1/m$图像,确认曲线是反比关系的曲线。所以说我觉得在这个课堂上,对教师的应变和把控能力的要求还是比较高的,要上一节很精彩的课的话,我觉得这一点上还是要特别注意。(3)在这节课的过程中,要挖掘一下物理思想和物理方法。比如在实验的过程中,用了控制变量法。再一个就是我们整个的实验探究课中,科学探究的几个环节(要素)体现得相对来说是比较全面的,从科学猜想到实验方案设计,再到实验探究,再到数据处理,再到得出结论,然后再总结出牛顿第二定律,我觉得这个实验过程还是比较全的。"

具体到"牛顿第二定律"一节课,W老师的教学后反思主要有:"(1)在引入时,所选择的引入方式没有引起学生更大的兴趣、没有马上吸引到学生的眼球,要在下一次教学设计中,设计一个更好的点,以激发学生的学习热情。(2)今天上课时采取了实验探究的一种方式,在探究的过程中,有些地方提示得好,有些地方提示得有点儿超前或落后。(3)在实验探究的过程中,怎样处理学生的自主探究和教师的引导点拨之间的关系?学生在得出结论的过程中,自己有没有'包办'?是否没等到学生说自己就说出来了?(4)实验中选择了一种方案,其他的实验方案可以在下节课做演示实验,或者让学生尝试做一个小的分组实验。(5)实验数据的处理可以让学生课下处理,学生可以采用不同方法(例如Excel表格),出现问题让学生尝试自己先解决,下节课在课堂上直接再去解决,效果应该会更好;(6)本节课中k取1,是否还可以采取其他方式,在这个地方'做文章',是教师直接讲,还是让学生先探究,教师再帮助学生,把$k=1$这个问题厘清?(7)在整个教学的过程中,将原来的设计和课堂中学生的表现、课堂的生成之间进行对比,看自己哪些地方做得不好,哪些地方做得好,要多去反思。(8)这节课我是按一个相对常规的思路来带领学生进行学习的,这节课还有没有可创新之处?实验也好、教学设计思路也好。如果考虑学科核心素养,例如建模的角度、科学探究的环节、物理观念、物理思维、学生的情感态度价值观应该怎样体现等,该如何创新?(9)有时候我想得比较多,设计得比较全面,时间关系可能就达不到应有的效果,这时候可能就需要更多的反思。"

此外,W老师还认为"反思可以分步进行,比如,每节课上完以后可以进行一个简短的反思,过半个学期或者一个学期,可以对简短的反思做一个升华,对概念课、规律课、习题课、实验探究课、复习课可以做一下归纳总结,梳理梳理、归归类,这样的话对老师的成长可能更好。当然如果你的课太多了,每节课都没有时间反思,也可以按周进行"。

对于教学反思过程,W老师认为"我比较爱问问题",因此能够经常发现教学过程中的问题,这也是她进行教学反思的起点。当发现问题之后就会进行针对性的思考,有些问题通过自己的思考就能找到解决的方案,而有的问题则"会看看年轻教师是怎么想的,和他们一起进行研究,也许从他们的想法中就能找到解决问题的思路,多人智慧胜一人"。

对于教学反思的价值,W老师认为"我觉得教学反思对一个教师的专业成长非常有用。如果研究者能够引导老师善于反思并真正做到,对教师的专业成长就太有帮助了,这是提升教师成长非常重要的一个途径。所以我很认可教学反思"。而实践表明,教学反思的确给她带来了巨大的收获,但是限于工作量较大,教学反思往往受到忽视。"我原来的时候也尝试着去写过教学反思,但是坚持不住,无法做到每节课都有反思,中学老师的教学现状是一个非常重要的客观因素。像我现在所在学校,我们每个人都担任着一些分布式工作,每天的事情就非常多,工作量非常大。很多老师自主静下心来思考的时间并不是太多。由于学校物理课程设置较为宽泛(面向竞赛、自主招生),有一些拓展,老师有时候备课量挺大,所以在教学反思上可能就有些淡化。如果坚持的话,教学反思还确实是挺好的一个事儿。"但W老师同时强调应该引导青年教师进行教学反思,"如果是年轻教师,应该给予其怎样进行教学反思、反思哪些方面的内容的指导和培训"。

提到教学反思的动机,简单来说就是"想让自己的每一节课变得更加精彩",因为"作为老师,上完一节课,觉着非常有成就感,不论是师生互动还是教学有一些精彩的生成,这样的话心里会非常的舒服、高兴、舒畅。如果说上了一节课,学生的积极性没调动起来,然后那节课的实验又搞砸了,就会更加沮丧。我感觉教学反思类似于一张'体检单',让你更加深刻地、多方位地去想想这节课成功的地方在哪里,失败的点在哪里,接下来教育教学的过程中,再设计课的时候就要注意这些方面。每节课都反思,时间长了以后,它就是一种积累,我觉得这个提升肯定很快"。

对于教学研究,W老师认为"实际上我从一开始工作到现在,一直都有进行教学研究,尤其是当我要讲公开课,或者参加某一个活动,我觉得那时候我更能静下心来,我的大脑可能高速运转,就会产生好多想法。比如说我要做一个学案,怎么样去引领着把它弄起来,就会进行一些研究。如果是平常的这么一节课的话,可能考虑得就少一些,因为我的课一直还是不算少,同时还兼任教育顾问、教研员等工作。(研究意识)总体来讲,教科研的路,我也是走走停停、不断摸索"。教学研究过程中,W老师注意吸收其他老师思维中的

"闪光点",注意创新,例如"在编校本教材的时候,我经常会听听年轻老师的想法,我担心自己受固有的、教学经验的影响,如果引领年轻老师走太常规的路,就做不到创新"。

通过该案例,我们可以发现:

第一,W老师的教学反思具有较强的系统性、全面性。这种系统性、全面性主要体现在课前反思时,她对教学内容的深入、全面的分析;教学中能够考虑教学中的各个方面,并随时提出有效的应对策略;课后反思时,能够检验不同维度的实施情况及实施效果。W老师的教学反思的系统性、全面性同时也反映了她对教学内容把握的系统性和全面性。换句话说,作为具有丰富教学经验的教师,她对高中物理教学的具体内容具有多维度的认识和理解,形成了具有自己风格的系统的学科教学知识。

第二,注重对培养学生科学思想、科学方法、科学探究能力的反思。在反思具体教学内容的基础上,W老师强调通过实验培养学生物理思想、物理方法,强调学生科学探究能力的培养。这意味着她不仅仅反思具体教学目标的达成,还善于进一步反思学生的发展、新的教学理念的落实。

第三,W老师具有教学创新的意识,并能够在研究实践中探索创新。针对具体问题,"静下心来""大脑高速运转""听听年轻老师的想法""产生好多想法"可能就是其创新路径的具体描述。

第四,提倡分步进行教学反思。对每节课的简短反思,对半个学期或者一个学期的简短反思,对概念课、规律课、习题课、实验探究课、复习课的系统归纳总结,不同阶段的反思具有不同的深度,这种即时性反思与有计划的针对性反思相结合,对于教师,尤其是青年教师的发展可能具有重要的借鉴价值。

第五,辐射带动引领青年教师进行教学反思。W老师具有教师、教研员、教学顾问等教育经历,这些经历为其提供了引领、带动青年物理教师进行教学反思的平台和机会。充分发挥卓越教师的专业特长,以教学反思为路径,可以有效促进教师群体的专业成长。

第四节 研究结论与建议

一、研究结论

通过以上案例,我们对中学物理教师、教研员的教学反思有了更加全面的理解。梳理相关案例,可以得到如下结论:

第一,老师们认识到了教学反思的作用和价值,具有教学反思的意识,理解教学反思是一个系统的过程。与教学反思的内容、教学反思的过程、教学反思深度等维度相比,老师们对教学反思作用、价值的理解相对更加深入。

第二,老师们常用的教学反思方式主要有"自己想一想""向其他老师请教"等,而对反思日志、回看教学录像等方式的应用相对较少。

第三,老师们教学反思的内容有所侧重,反思的全面性有进一步加强的空间。案例研究表明,随着教学经验的积累,老师们都形成了自己对物理学科知识、物理学科教学知识的独到理解,不同老师对教学反思的关注点有所不同,教学反思的全面性也有所不同。

第四,老师们都基本能够通过自己的方法完成教学反思,但对于教学反思过程的理解以及如何更好地在实践中进行教学反思还有进一步提升的空间。教学反思的过程是一个由不同要素组成的、相互联系的相对完整的思维过程,老师们在教学反思的实践中往往是始于各自教学中的"不得劲儿""不舒服",而最终指向问题解决这一终极目标。因为不同老师的"缄默性知识"并不完全相同,或者思维方式有所差异,就会形成不同的问题解决过程。教学反思是一个复杂的过程,但是理论交流可以使老师们理解教学反思思维过程,更有利于促进他们反思的开展。

第五,老师们教学反思表现出了不同的层次水平,但总体而言,反思深度有待加强。由于多数老师的教学反思可能同时涉及不同层次,我们很难对教师教学反思层次做出准确的评价,但总体而言,老师们教学反思的层次多处在初级或中级的水平,部分老师的教学反思深度达到或者涉及了高级(批判性反思)水平。

第六,随着教龄、职称的变化,老师们的教学反思能力逐渐增强,但是也因教师个体的背景、理念、思想等而存在差异。

二、研究建议

针对上述研究结论,尤其是老师们教学反思存在的问题,可以从以下方面进行改进。

1.完善学校教学反思的制度建设,为中青年教师营造积极宽松的教学反思氛围。

2.中学教研员、学校教学管理者可以利用集体教研、在职培训等机会,有针对性地引导教师系统学习教学反思的相关理论。

3.通过专家讲座、工作坊、集体备课等形式,为老师们提供教学反思的机会,引导老师们在实践中进行教学反思,使老师们掌握教学反思方法,经历教学反思过程,进而全面提升教学反思能力。

4.充分发挥专家型教师、卓越教师的辐射带动作用,在尊重教学反思能力发展内在规律的前提下,有效引导教师教学反思能力的提升。

第七章 总结与讨论

本书构建了中学物理教师教学反思能力评价指标体系，在该评价指标体系基础上开发了对应的自评问卷，并从定量、定性两个角度，对中学物理教师的教学反思能力进行了研究。

第一节 研究总结

本书得到的结论主要有：

第一，在文献梳理、问卷调查、专家访谈等的基础上，初步构建了中学物理教师教学反思能力评价指标体系，通过专家咨询，对该指标体系进行不断修订，最终形成具有专家效度的指标体系。该指标体系由3个一级指标（教学反思知识、教学反思技能、教学反思态度）、9个二级指标（教学反思原则、教学反思内容、教学反思方法、教学反思时机、教学反思过程、教学反思深度、教学反思认知、教学反思情感、教学反思意向）构成。

按照"指标—指标体系"的顺序，研究首先通过访谈与问卷调查，梳理中学物理教师教学反思的主要指标，为后续构建中学物理教师教学反思能力评价指标体系提供现实依据和参考。研究梳理出"对教学反思的认识""教学反思动机""教学反思方法""教学反思时机""教学反思内容""教学反思过程""教学反思层次水平"等指标，并在后续研究中进一步完善与检验。

在评价指标体系的构建中，研究主要采用了文献研究、专家深度访谈、专家咨询等方法，具体包括以下两个步骤：首先通过文献研究、专家深度访谈，结合前期研究梳理出的指标，初步构建中学物理教师教学反思能力评价指标体系，由3个一级指标，8个二级指标，32个观测点以及56个评分标准构成。随后，经过两轮专家咨询，在对专家意见进行分析的基础上，对初构的评价指标体系进行修正，形成了具有专家效度的中学物理教师教学反思能力评价指标体系,由3个一级指标、9个二级指标、26个观测点及49个评分标准构成。

第二,依照前述的教学反思能力评价指标体系,编制了《中学物理教师教学反思能力自评问卷》,分析表明该问卷具有良好的信度与效度。

在研究构建的中学物理教师教学反思能力评价指标体系的基础上,笔者编制了中学物理教师教学反思能力自评问卷,进行了修订、预测试与正式测试,通过项目分析、探索性因素分析、验证性因素分析以及信度分析,得到信效度良好的《中学物理教师教学反思能力自评问卷》。

在项目分析中,笔者对预测试中收回的302份有效问卷进行了分析。由分析结果可知,《中学物理教师教学反思能力自评问卷》的49个题目均具有鉴别度,予以保留。探索性因素分析的结果表明,旋转后的成分矩阵表中共抽取出9个因素,总方差解释率为81.35%,每个题目分别在某个因素上有较高的负荷量;验证性因素分析中,模型拟合指数表明模型拟合较好,探索性因素分析与验证性因素分析交互检验,表明《中学物理教师教学反思能力自评问卷》具有比较好的结构效度,同时根据分析结果,确定最终测试题项共48题。信度分析中,各二级指标的克隆巴赫α值均大于0.8,表明各指标信度良好,表明《中学物理教师教学反思能力自评问卷》具有良好的信度。

第三,通过专家咨询,构建了中学物理教师教学反思能力评价模型。

通过第三轮专家咨询,由专家对一、二级指标的重要性进行排序,利用公式计算得到不同指标的权重分配数值,形成中学物理教师教学反思能力评价模型:

$$C=0.342K+0.306S+0.352A$$

$$\text{其中}: K=0.500P+0.500C_1;$$

$$S=0.338M+0.231O+0.269P_1+0.162D;$$

$$A=0.407C_2+0.241A_1+0.352I$$

其中,C表示中学物理教师教学反思能力(Competence),K表示教学反思知识(Knowledge),S表示教学反思技能(Skill),A表示教学反思态度(Attitude);P表示教学反思原则(Principle),C_1表示教学反思内容(Content);M表示教学反思方法(Method),O表示教学反思时机(Occasion),P_1表示教学反思过程(Process),D表示教学反思深度(Depth);C_2表示教学反思认知(Cognition),A_1表示教学反思情感(Affection),I表示教学反思意向(Intention)。

第四，通过大样本测试发现：现阶段，中学物理教师的教学反思能力较好，但仍有一定的提升空间；中学物理教师在本评价指标体系中的3个一级指标、9个二级指标的得分存在显著差异；不同背景变量（性别、教龄、职称、任职学段）的中学物理教师在教学反思能力和各级指标上的得分存在显著差异。

定量评价中，根据中学物理教师教学反思能力评价模型，笔者对《中学物理教师教学反思能力自评问卷》的结果进行分析（共收回问卷3343份，有效问卷2891份，有效率为86.5%），得到以下结论：

（1）中学物理教师的教学反思能力总体平均分为4.004，可见总体而言，中学物理教师的教学反思能力较好，但仍有一定的提升空间。

（2）中学物理教师在3个一级指标、9个二级指标上的得分存在显著差异。一级指标中，教学反思态度得分显著高于教学反思知识、教学反思技能；二级指标中，教学反思认知的得分显著高于其他所有二级指标；教学反思原则、教学反思过程、教学反思深度上的得分则显著低于教学反思内容、教学反思方法、教学反思时机、教学反思认知、教学反思情感、教学反思意向等二级指标。其他二级指标间也存在显著差异。

（3）不同背景变量（性别、教龄、职称、任职学段）的中学物理教师在教学反思能力和各级指标上的得分存在显著差异。其中，男教师、教龄0—5年教师、职称为中小学二级教师及以下教师、中小学一级教师及以下教师、高中教师在整体教学反思能力或各级指标上显示出了更大的提升空间。

第五，质性研究表明：受访者对教学反思的价值具有较深的认识，主要通过"自己想一想""向其他老师请教"等方式进行教学反思。整体而言，随着教龄、职称的变化，教师的教学反思能力逐渐增强，而受访者教学反思的全面性、反思深度、反思过程等尚有进一步提升的空间。

案例研究中，笔者选取了8位中学物理一线教师、物理教研员，结合具体教学主题（初中选择"凸透镜成像的规律"，高中选择"牛顿第二定律"），通过课前访谈、课后口语报告以及课后访谈，对每个个案的教学反思能力进行研究与评价，同时提出相应的提升策略。

第二节 相关讨论

第一,教师在"教学反思态度"上的得分较高,为教师主动提升自身的教学反思知识与教学反思技能提供了可能。3个一级指标中,样本整体仅在"教学反思态度"上的均值大于4分,显著高于在"教学反思知识"与"教学反思技能"指标上的得分。具体到"教学反思态度"下的二级指标及观测点,可以看到,"教学反思认知"的平均分在所有9个二级指标中最高,显著高于其他二级指标的得分,说明教师整体上对教学反思的认知是比较到位的。结合案例研究结果,我们可以发现:教师对教学反思的价值与意义有较为深刻的理解,认为自身能够通过有效的教学反思来促进自身发展。"教学反思意向"与"教学反思情感"的得分则在9个二级指标中处于中游水平,相比而言,教师进行反思的"意向"高于其对于反思情感上的喜爱。如访谈中一些教师谈到,对于教学反思更多认为这是自己基于责任心而做出的选择,并不过多考虑自身的情感因素,甚至一些教师认为形式化、强制性的反思在一定程度上会"伤害"教师对教学反思的情感。在"教学反思意向"中,"教学反思动机"的平均得分在所有26个观测点中居于前列,他们出于对自身专业成长及教学效果提升的期望,有着较强的反思动机,这一点也在案例访谈中得到了验证,而教师"教学反思意识"的得分则在26个观测点中处于中下游水平,这说明教师在教学中探索、研究、创新及批判的意识还有待进一步提升,以便更好地引发并维持其进行教学反思。

第二,教师在教学反思知识上还存在着一定的不足,尤其是在对教学反思原则的理解上,其得分显著低于多个二级指标。结合观测点的量化得分及案例访谈,我们可以发现:教师能较好地理解教学反思与实践的关系,但是对教学反思"系统性"的理解还不到位。这表明教师未能从整体、系统的视角来认识并规划自身的教学反思,而对教学反思的具体过程、步骤等也存在认知盲区,或者说是没有在自身的实践当中进行有意识的归纳,更多是依靠感性认识在实施反思。在二级指标"教学反思内容"上,教师总体得分显著高于多个二级指标,表明教师对"我可以反思哪些内容"的认识较为全面,反思具有一定的广度,在其中4个观测点上,得分最高的是"教师发展",最低的是"学生发展"。通过反思促进自身专业成长本来就是教师进行教学反思的动机之一,因而"教师发展"观测点的得分较高。而分析"学生发展"观测点的得分较低的原因可以发现,访谈中,教师谈到自己的反思内容时,学生的成绩、课堂学习情况几乎是每位教师重要的反思内容,而关于如何从学生物理学科核心素养达成的角度促进学生长远的发展,对一线教师而言还需要在实践中进一步探索。

第三,相对而言,教师的教学反思技能成为其教学反思能力发展的"短板",急需得到提升。三个一级指标中,"教学反思技能"的得分最低,显著低于"教学反思态度""教学反思知识"的得分。这表明教师整体能够正确认识教学反思,也有进行反思的意向,具备一定的反思知识,但存在不知"如何"去反思的情况。教学反思技能对应的4个二级指标中,除了"教学反思时机"的得分均值大于4分,排在所有二级指标前列外,其余3个二级指标"教学反思方法""教学反思深度""教学反思过程"均值均小于4,且整体排在靠后的位置,尤其是在差异分析中,教学反思过程、深度的得分显著低于教学反思内容、教学反思方法、教学反思时机、教学反思认知、教学反思情感、教学反思意向等二级指标,显示出教师在教学反思过程与教学反思深度上技能掌握不足的情况。因此,加强对教师教学反思技能的培养,将会对教师教学反思能力的提升起到较好的促进作用。

第四,教学反思能力与教师个体背景密切相关。对不同职称、教龄的中学物理教师的教学反思能力及其在各指标上的表现进行分析,可以发现高职称、长教龄的教师在教学反思能力及部分一、二级指标上的得分显著高于低职称、短教龄的教师。随着教师的专业发展,其教学反思能力也在不断得到提升。可见,教学反思能力在教师专业发展中具有重要作用、扮演重要角色,对其进行培养来促进教师专业成长具有重要意义。

参考文献

中文文献

白晓云.基于教育体验的职前外语教师教学反思能力培养[J].中国成人教育,2016(3):141-143.

蔡亚平.论教学反思的困境与出路[J].高等工程教育研究,2005(1):104-106.

曾拓,李运华.中学教师教学反思指向与积极性调查分析[J].教育研究与实验,2017(6):51-55.

陈超.失真与回归:对教学反思的反思[J].历史教学问题,2019(5):132-134.

陈荟.一位中学教师教学反思方法的个案研究[J].中国教育学刊,2011(7):33-36.

丁道勇.教师反思的水平模型及其应用[J].教育发展研究,2012(22):31-35.

范涌峰,宋乃庆.大数据时代的教育测评模型及其范式构建[J].中国社会科学,2019(12):139-155.

冯磊,黄伟.教学反思能力的现实问题与提升策略——基于西安市部分区县小学的实证研究[J].语文建设,2018(35):58-62.

冯志均,李佳,王后雄.职前化学教师教学反思能力及影响因素研究[J].化学教育,2013(6):57-60.

高鑫.中学政治教师教学实践反思能力培养的研究[J].黑龙江教育学院学报,2000(4):46-47.

耿文侠,申继亮,张娜.教师反思态度与其反思倾向之关系的实证研究[J].教师教育研究,2011,23(6):30-33.

郭丽,张桂春.增强中职实训教师教学反思能力的策略[J].职教论坛,

2010(18):71-74.

郝少毅.幼儿教师教学反思:个案研究[J].教师教育研究,2016,28(3):94-101.

何克抗.TPACK——美国"信息技术与课程整合"途径与方法研究的新发展(下)[J].电化教育研究,2012,33(6):47-56.

胡金生,李博.论教学反思的情感性——以职业内疚为例[J].教育科学,2007(2):40-43.

胡萨.反思:作为一种意识——关于教师反思的现象学理解[J].教育研究,2010(1):95-99.

胡小军,刘炳升.专业化视野下高中物理教师教学反思能力现状的调查研究[J].物理教学探讨,2013,31(12):71-74.

黄予,石亚冰,覃翠华.利用视频标注系统培养师范生教学反思能力的实证研究[J].教育理论与实践,2016,36(23):31-34.

回俊松,饶从满.基于成长经历的反思:职前教师反思的重要形式[J].东北师大学报(哲学社会科学版),2012(6):176-180.

江丰光,吕倩如.STEM教师教学反思日志分析研究[J].开放教育研究,2017(3):80-86.

雷浩.影响教师教学反思的关键因素及其作用程度分析[J].教育发展研究,2015(12):52-58.

林楠,毛振明.基于课例研究的新任体育教师反思能力发展的研究[J].北京体育大学学报,2017,40(6):88-93.

刘旭东,孟春国.英语教师教学反思内容与反思水平的发展研究[J].中小学外语教学(中学篇),2010(12):1-6.

刘焱,刘峰峰.师幼比与外部中介对幼儿教师教学反思的影响研究[J].教师教育研究,2007(6):62-66.

罗晓杰,牟金江.反馈促进新教师教学反思能力发展的行动研究[J].教师教育研究,2016,28(1):96-102.

苗培周,曹雪梅,耿会贤.师范生教学反思能力现状分析与培养策略探讨[J].教育理论与实践,2019,39(23):33-35.

裴昌根,宋乃庆,刘乔卉,等.数学学习兴趣测评指标体系的构建与验证

[J].数学教育学报,2018,27(2):70-73.

任仕蓉,黄梅.层次分析法在中学化学教师教学能力表现性评价中的应用[J].化学教育,2020,41(3):61-66.

邵光华,顾泠沅.中学教师教学反思现状的调查分析与研究[J].教师教育研究,2010,22(2):66-70.

申继亮,刘加霞.论教师的教学反思[J].华东师范大学学报(教育科学版),2004(3):44-49.

田兰,张志祯,陈玉姣.视频促进师范生微格教学反思效果研究[J].现代教育技术,2015(10):54-60.

童慧,杨彦军.基于"课例研究"的教师教学反思能力成长之研究[J].中国电化教育,2013(3):62-67.

王碧梅,胡卫平.职前教师和在职教师教学反思关注点比较[J].教育科学,2016,32(1):39-44.

王佳莹,郭俊杰.视频标注工具:支持教师的教学反思[J].中国电化教育,2013(7):111-117.

吴全华.教师反思时认知冲突的生成途径[J].教师教育研究,2006,18(4):35-39.

吴卫东,骆伯巍.教师的反思能力结构及其培养研究[J].教育评论,2001(1):33-35.

吴兆旺.实习教师的教学反思研究[J].全球教育展望,2011,40(6):52-57.

熊文.如何在管理层面建立教学反思的有效机制[J].教育探索,2010(2):88-89.

徐锦芬,李斑斑.中国高校英语教师教学反思现状调查与研究[J].外语界,2012(4):6-15.

颜奕,罗少茜.高校外语教师反思性语言教学研究——一项关键事件问卷调查[J].中国外语,2014,11(2):4-9.

杨鑫,霍秉坤.论教师直觉性教学决策与教学反思的关系[J].教育发展研究,2012(18):42-47.

姚继琴.教师教学反思能力的培养方式研究[J].教学与管理,2014(11):

129-131.

姚继琴. 教师教学反思能力的培养方式研究[J]. 教学与管理, 2014(11): 129-131.

易进, 顾丽丽. 促进教师反思的若干思考[J]. 教育科学研究, 2008(2): 53-56.

于海波, 马云鹏. 论教学反思的内涵、向度和策略[J]. 教育研究与试验, 2006(6): 12-16.

于淑云. 论现代教师的反思能力与教师专业发展的内在关联性[J]. 教育理论与实践, 2005, 25(2): 29-31.

臧其新. 探究物理教师教学反思能力的策略[J]. 中学物理, 2013, 31(2): 10-11.

张冬波, 张雪梅. 中学物理教师教学反思能力调查与研究[J]. 新疆师范大学学报(自然科学版), 2013, 32(1): 81-84.

张海珠, 陈花, 李金亭. "互联网+"时代乡村教师教学反思能力检核模型的构建[J]. 河南师范大学学报(哲学社会科学版), 2020, 47(2): 143-150.

张立昌. 自我实践反思是教师成长的重要途径[J]. 教育实践与研究, 2001(7): 2-5.

赵明仁, 黄显华. 从教学反思的过程看教师专业成长——基于新课程实施中4位老师的个案研究[J]. 教育研究与实验, 2007(4): 37-42.

赵明仁, 陆春萍. 从教学反思的水平看教师专业成长——基于新课程实施中四位教师的个案研究[J]. 课程·教材·教法, 2007(2): 83-88.

赵潇. 教师教学反思能力的影响因素与提升策略[J]. 教学与管理, 2019(4): 61-64.

周成海. 弗雷德·柯瑟根教师反思理论述评[J]. 外国教育研究, 2014(10): 3-14.

朱德全, 杨鸿. 论教学知识[J]. 教育研究, 2009, 30(10): 74-79.

朱建灵. 浅谈教师教学反思的策略[J]. 教育理论与实践, 2012, 32(11): 63-64.

朱煜. 论课程改革与教学反思[J]. 历史教学, 2004(6): 46-50.

左屯生. 浅谈新课程标准下的教学反思——以高中地理课程为例[J]. 教

育理论与实践,2014,34(29):53-55.

范涌峰.学校特色发展测评模型研究[D].重庆:西南大学,2017.

回俊松.职前教师反思能力培养研究——本体性反思能力培养的必要性与可能性[D].长春:东北师范大学,2014.

霍静.生物职前教师实验教学能力指标体系的构建研究[D].重庆:西南大学,2021.

孔冬梅.思想政治课教师教学反思能力的结构优化研究[D].武汉:华中师范大学,2020.

王春光.反思型教师教育研究[D].长春:东北师范大学,2007.

王海燕.技术支持的教师教学反思研究[D].上海:华东师范大学,2010.

王群.高中物理新手教师教学反思水平的个案研究[D].长春:东北师范大学,2019.

徐继红.高校教师教学能力结构模型研究[D].长春:东北师范大学,2013.

徐建平.教师胜任力模型与测评研究[D].北京:北京师范大学,2004.

杨凡.高中数学教师教学反思评价指标体系构建及智能测评研究[D].天津:天津师范大学,2021.

谢海燕.数学师范生反思能力培养的设计研究——基于视频资源库的微格教学[D].上海:华东师范大学,2016.

张悦.小学教师教学反思能力的调查研究[D].上海:上海师范大学,2021.

张志泉.论教师专业发展的反思性道路[D].上海:华东师范大学,2007.

周琬謦.应用型大学教师教学能力评价体系研究[D].厦门:厦门大学,2017.

克莱因,等.教师能力标准:面对面、在线及混合情境[M].顾小清,译.上海:华东师范大学出版社,2007.

莱斯利·P.斯特弗,等.教育中的建构主义[M].高文,等译.上海:华东师范大学出版社,2002.

刘捷.专业化:挑战21世纪的教师[M].北京:教育科学出版社,2002.

申继亮.教学反思与行动研究——教师发展之路[M].北京:北京师范大学出版社,2006.

申继亮.教学反思与行动研究[M].北京:北京师范大学出版社,2006.

施良方,崔允漷.教学理论:课堂教学的原理、策略与研究[M].上海:华东师范大学出版社,1999.

唐纳德 A. 舍恩.反映的实践者——专业工作者如何在行动中思考[M].夏林清,译.北京:北京师范大学出版社,2018.

王策三.教学论稿[M].北京:人民教育出版社,2001.

王怀明.组织行为学:理论与应用[M].北京:清华大学出版社,2014.

吴明隆.问卷统计分析实务——SPSS操作与应用[M].重庆:重庆大学出版社,2010.

熊川武.反思性教学[M].上海:华东师范大学出版社,1999.

叶澜,白益民,等.教师角色与教师发展新探[M].北京:教育科学出版社,2001.

尤尔根·哈贝马斯.认识与兴趣[M].郭官义,李黎,译.上海:学林出版社,1999.

约翰·杜威.我们怎样思维·经验与教育[M].姜文闵,译.北京:人民教育出版社,2005.

外文文献

Alsuhaibani Z. Perceptions and Practices of EFL Pre-service Teachers About Reflective Teaching[J]. Arab World English Journal, 2019, 10(4): 62-73.

Cochran K F, et al. Pedagogical Content Knowing: An Integrative Model for Teacher Preparation[J]. Journal of Teacher Education, 1993, 44(4): 263-272.

Davis E A. Characterizing Productive Reflection Among Preservice Elementary Teachers: Seeing What Matters[J]. Teaching and Teacher Education, 2006, 22(3): 281-301.

Emery W G. Teachers' Critical Reflection Through Expert Talk[J]. Journal of Teacher Education, 1996, 47(2): 110-119.

Poldner E, et al. Assessing Student Teachers' Reflective Writing Through Quantitative Content Analysis[J]. European Journal of Teacher Education, 2014,

37(3): 348-373.

Etscheidt S, et al. Promoting Reflection in Teacher Preparation Programs: A Multilevel Model[J]. Teacher Education and Special Education, 2012, 35(1): 7-26.

Farrell T S C. Reflective Practice in an EFL Teacher Development Group[J]. System, 1999, 27 (2): 157-172.

Hamid A, Samaneh Z. EFL Teachers' Assessment Literacy and Their Reflective Teaching[J]. International Journal of Instruction, 2018, 11(1): 425-436.

Hatton N, Smith D. Reflection in Teacher Education: Towards Definition and Implementation[J]. Teaching and Teacher Education, 1995, 11(1): 33-49.

Lee H J. Understanding and Assessing Preservice Teachers' Reflective Thinking[J]. Teaching and Teacher Education, 2005, 21(6): 699-715.

Ho B, Richards J. Reflective Thinking Through Teacher Journal Writing: Myths and Realities[J]. Perspectives, 1993, 5(1): 25-40.

Hoban G, Hastings G. Developing Different Forms of Student Feedback to Promote Teacher Reflection: A 10-year Collaboration[J]. Teaching and Teacher Education, 2006, 22(8): 1006-1019.

Jay J K, Johnson K L. Capturing Complexity: A Typology of Reflective Practice for Teacher Education[J]. Teaching and Teacher Education, 2002, 18(1): 73-85.

Kember D, et al. A Four-category Scheme for Coding and Assessing the Level of Reflection in Written Work[J]. Assessment & Evaluation in Higher Education, 2008, 33(4): 369-379.

Kheirzadeh S. The Effect of Reflective Teaching on Iranian EFL Students Achievement: The Case of Teaching Experience and Level of Education[J]. Australian Journal of Teacher Education, 2018, 43(2): 143-156.

Koehler M J, Mishra P. What Happens When Teachers Design Educational Technology? The Development of Technological Pedagogical Content Knowledge[J]. Journal of Educational Computing Research, 2005, 32(2): 131-152.

Körkkö M, et al. Professional Development Through Reflection in Teacher

Education[J]. Teaching and Teacher Education, 2016, 55: 198-206.

Korthagen F A J, Wubbels T. Characteristics of Reflective Practitioners: Towards an Operationalization of the Concept of Reflection[J]. Teachers and Teaching: Theory and Practice, 1995, 1(1): 51-72.

Korthagen F A J. Reflective Teaching and Preservice Teacher Education in the Netherlands[J]. Journal of Teacher Education, 1985, 36(5): 11-15.

Krutka D G, et al. Microblogging About Teaching: Nurturing Participatory Cultures Through Collaborative Online Reflection with Pre-service Teachers[J]. Teaching and Teacher Education, 2014, 40(2): 83-93.

Larrivee B. Development of a Tool to Assess Teachers' Level of Reflective Practice[J]. Reflective Practice: International and Multidisciplinary Perspectives, 2008, 9(3): 341-360.

Loughran J J. Effective Reflective Practice: In Search of Meaning in Learning about Teaching[J]. Journal of Teacher Education, 2002, 53(1): 33-43.

Molenaar W M, et al. A Framework of Teaching Competencies Across the Medical Education[J]. Medical Teacher, 2009, 31(5): 390-396.

Nosratinia M, Moradi Z. EFL Teachers' Reflective Teaching, Use of Motivational Strategies, and Their Sense of Efficacy[J]. Journal of Language Teaching and Research, 2017, 8(2): 431-439.

Oner D, Adadan E. Use of Web-Based Portfolios as Tools for Reflection in Preservice Teacher Education[J]. Journal of Teacher Education, 2011, 62(5): 477-492.

Parry S B. Just What Is a Competency? (And Why Should You Care?)[J]. Training, 1996, 35(6): 58-64.

Pultorak E G. Following the Developmental Process of Reflection in Novice Teachers: Three Years of Investigation[J]. Journal of Teacher Education, 1996, 47(4): 283-291.

Rich P J, Hannafin M. Video Annotation Tools: Technologies to Scaffold, Structure, and Transform Teacher Reflection[J]. Journal of Teacher Education, 2009, 60(1): 52-67.

Ross D D. First Steps in Developing a Reflective Approach[J]. Journal of Teacher Education, 1989, 40(2): 22-30.

Shulman L S. Those Who Understand: Knowledge Growth in Teaching[J]. Educational Researcher, 1986, 15(2): 4-14.

Smyth J. Developing and Sustaining Critical Reflection in Teacher Education[J]. Journal of Teacher Education, 1989, 40(2): 2-9.

Spalding E, Wilson A. Demystifying Reflection: A study of Pedagogical Strategies That Encourage Reflective Journal Writing[J]. Teachers College Record, 2002, 104(7): 1393-1421.

Sparks-Langer G M, et al. Reflective Pedagogical Thinking: How Can We Promote It and Measure It?[J]. Journal of Teacher Education, 1990, 41(5): 23-32.

Stanley C. A Framework for Teacher Reflectivity[J]. TESOL Quarterly, 1998, 32(3): 584-591.

Tripp T R, Rich P J. The Influence of Video Analysis on the Process of Teacher Change[J]. Teaching and Teacher Education, 2012, 28(5): 728-739.

Valli L. Listening to Other Voices: A Description of Teacher Reflection in the United States[J]. Peabody Journal of Education, 1997, 72(1): 67-88.

Van Manen M. Linking Ways of Knowing with Ways of Being Practical[J]. Curriculum Inquiry, 1977, 6(3): 205-228.

Van Manen M. On the Epistemology of Reflective Practice[J]. Teachers and Teaching: Theory and Practice, 1995, 1(1): 33-50.

Walshe N, Driver P. Developing Reflective Trainee Teacher Practice with 360-Degree Video[J]. Teaching and Teacher Education, 2019, 78: 97-105.

Ward J R, McCotter S S. Reflection as a Visible Outcome for Preservice Teachers[J]. Teaching and Teacher Education, 2004, 20(3): 243-257.

Whipp J L. Scaffolding Critical Reflection in Online Discussions: Helping Prospective Teachers Think Deeply About Field Experiences in Urban Schools[J]. Journal of Teacher Education, 2003, 54(4): 321-333.

Zeichner K M, Liston D P. Teaching Student Teachers to Reflect[J]. Harvard

Educational Review, 1987, 57 (1): 23-48.

Zeichner K M, Liston D P. Teaching Student Teachers to Reflect[J]. Harvard Educational Review, 1987, 57 (1): 23-48.

Brigham R D. Reliability of Pre-service Teachers' Coding of Teaching Videos Using a Video-Analysis Tool[D]. Provo: Brigham Young University, 2007.

McCollum S. Insights into the Process of Guiding Reflection During an Early Field Experience of Preservice Teachers[D]. Blacksburg: Virginia Polytechnic Institute and State University, 1997.

Taggart G L. Reflective Thinking: A Guide for Training Preservice and Inservice Practitioners[D]. Lawrence: Kansas State University, 1996.

Dewey J. How We Think: A Restatement of the Relation of Reflective Thinking to the Educative Process[M]. Boston, D. C.: Heath and Company, 1933.

Schön D A. The Reflective Practitioner: How Professionals Think in Action[M]. New York: Basic Books, 1983.

Villar L M. Reflections on Action by University Teacher Trainers[C]. Annual Meeting of the American Educational Research Association, 1994.

附 录

附录1　中学物理教师教学反思能力评价指标体系构建研究

（专家意见咨询第一次）

> 老师：
>
> 　　您好！我目前正在进行"中学物理教师教学反思能力评价指标体系构建研究"的研究工作。为建立中学物理教师教学反思能力评价指标体系专家效度，特进行此轮咨询，请您在完成后返回您的意见。
>
> 　　您提供的意见，将有助于该指标体系的构建。本问卷填答结果仅供学术研究之用，非常感谢您的指导！

【专家问卷填写说明】

本研究的评价指标体系框架如下：

一级指标	二级指标	观测点
教学反思态度	教学反思心理要素	虚心、专心、责任心
	教学反思意识	研究意识、创新意识、批判意识
教学反思知识	对教学反思的理解	必要性、系统性、主动性、实践性
	教学反思的内容广度	课堂教学、学生发展、教师发展、教育改革、人际关系
教学反思技能	教学反思方法	个人反思、同伴互助、集体反思、网络技术
	教学反思时机	教学前反思、教学中反思、教学后反思
	教学反思过程	发现问题、描述问题、经验联系、交流对话、持续学习、情境重构、行动验证
	教学反思水平	技术理性、实践活动、批判反思

（一级指标整体为：中学物理教师教学反思能力评价指标体系）

依据以上框架,中学物理教师教学反思能力评价指标体系由3个一级指标,8个二级指标,32个观测点以及56个评分标准构成:3个一级指标——教学反思态度、教学反思知识和教学反思技能,每个一级指标下设二级指标,每个二级指标又包含3—7个观测点,每个观测点再拟出具体的评分标准若干。

请您对各级指标的认可度做出选择,并审核各评分标准是否符合该指标,根据每题的叙述做专业的判断,给予相应的赋分,在标明相应意见及分值下方的□内打上"√"。并请在"适合""修改后适合"和"不适合"下面的□内打上"√"(每题均需做出两次选择),如果有修改意见,请于该题下方修改意见栏填写您的宝贵意见,感谢您的指导。

填写示例:

非常同意	同意	不清楚	不同意	非常不同意	适合	修改后适合	不适合
5 □	4 □	3 □	2 □	1 □	□	□	□

↑ 请在此框内给出意见及评分

↑ 请在此框内进行选择,如认为需修改请在下方"修改意见"处填写

一、对一级指标的认可度

一级指标	非常同意	同意	不清楚	不同意	非常不同意	适合	修改后适合	不适合
教学反思态度	5 □	4 □	3 □	2 □	1 □	□	□	□
	修改意见:							
教学反思知识	5 □	4 □	3 □	2 □	1 □	□	□	□
	修改意见:							

续表

一级指标	非常同意	同意	不清楚	不同意	非常不同意	适合	修改后适合	不适合
教学反思技能	5 ☐	4 ☐	3 ☐	2 ☐	1 ☐	☐	☐	☐
	修改意见:							

二、对二级指标的认可度

二级指标	非常同意	同意	不清楚	不同意	非常不同意	适合	修改后适合	不适合
教学反思心理要素	5 ☐	4 ☐	3 ☐	2 ☐	1 ☐	☐	☐	☐
	修改意见:							
教学反思意识	5 ☐	4 ☐	3 ☐	2 ☐	1 ☐	☐	☐	☐
	修改意见:							
对教学反思的理解	5 ☐	4 ☐	3 ☐	2 ☐	1 ☐	☐	☐	☐
	修改意见:							
教学反思的内容广度	5 ☐	4 ☐	3 ☐	2 ☐	1 ☐	☐	☐	☐
	修改意见:							

续表

二级指标	非常同意	同意	不清楚	不同意	非常不同意	适合	修改后适合	不适合
教学反思方法	5 ☐	4 ☐	3 ☐	2 ☐	1 ☐	☐	☐	☐
	修改意见：							
教学反思时机	5 ☐	4 ☐	3 ☐	2 ☐	1 ☐	☐	☐	☐
	修改意见：							
教学反思过程	5 ☐	4 ☐	3 ☐	2 ☐	1 ☐	☐	☐	☐
	修改意见：							
教学反思水平	5 ☐	4 ☐	3 ☐	2 ☐	1 ☐	☐	☐	☐
	修改意见：							

三、对观测点及评分标准的认可度

1 教学反思态度

1.1 教学反思心理要素

观测点	评分标准	非常同意	同意	不清楚	不同意	非常不同意	适合	修改后适合	不适合
1.1.1 虚心	t1 愿意考虑新问题、采纳新观念,能够倾听多方面意见,留意来自各种渠道的事实,充分注意到各种可供选择的可能性	5 □	4 □	3 □	2 □	1 □	□	□	□
	修改意见:								
1.1.2 专心	t2 能够全身心地投入自己的教学	5 □	4 □	3 □	2 □	1 □	□	□	□
	修改意见:								
1.1.3 责任心	t3 能够考虑到并愿意承担所做选择的后果	5 □	4 □	3 □	2 □	1 □	□	□	□
	修改意见:								

1.2 教学反思意识

观测点	评分标准	非常同意	同意	不清楚	不同意	非常不同意	适合	修改后适合	不适合
1.2.1 研究意识	t4 针对教学中的现实需要与问题,具有进行探索和研究的意识	5 ☐	4 ☐	3 ☐	2 ☐	1 ☐	☐	☐	☐
	修改意见:								
1.2.2 创新意识	t5 在教学中具有发现新事物、提出新颖独到的思路或方法的意识	5 ☐	4 ☐	3 ☐	2 ☐	1 ☐	☐	☐	☐
	修改意见:								
1.2.3 批判意识	t6 具有正确评价教学中已有事实、基于证据大胆质疑并从不同角度思考问题的意识	5 ☐	4 ☐	3 ☐	2 ☐	1 ☐	☐	☐	☐
	修改意见:								

2 教学反思知识

2.1 对教学反思的理解

观测点	评分标准	非常同意	同意	不清楚	不同意	非常不同意	适合	修改后适合	不适合
2.1.1 必要性	t7 能理解教学反思对教师专业发展的重要作用	5 ☐	4 ☐	3 ☐	2 ☐	1 ☐	☐	☐	☐
	修改意见：								
2.1.2 系统性	t8 能理解教学反思是一个包含多个面向的系统过程，并遵循一定的反思过程与方法	5 ☐	4 ☐	3 ☐	2 ☐	1 ☐	☐	☐	☐
	修改意见：								
2.1.3 主动性	t9 能理解教学反思是教师自发主动进行的	5 ☐	4 ☐	3 ☐	2 ☐	1 ☐	☐	☐	☐
	修改意见：								
2.1.4 实践性	t10 能理解教学反思与实践相互促进、循环往复	5 ☐	4 ☐	3 ☐	2 ☐	1 ☐	☐	☐	☐
	修改意见：								

2.2 教学反思的内容广度

观测点	评分标准	非常同意	同意	不清楚	不同意	非常不同意	适合	修改后适合	不适合
2.2.1课堂教学	t11知晓可以对教学理念进行反思	5 □	4 □	3 □	2 □	1 □	□	□	□
	修改意见：								
	t12知晓可以对教学目标进行反思	5 □	4 □	3 □	2 □	1 □	□	□	□
	修改意见：								
	t13知晓可以对教学重难点进行反思	5 □	4 □	3 □	2 □	1 □	□	□	□
	修改意见：								
	t14知晓可以对教学方法进行反思	5 □	4 □	3 □	2 □	1 □	□	□	□
	修改意见：								
	t15知晓可以对教学内容及资源进行反思	5 □	4 □	3 □	2 □	1 □	□	□	□
	修改意见：								

续表

观测点	评分标准	非常同意	同意	不清楚	不同意	非常不同意	适合	修改后适合	不适合
2.2.1课堂教学	t16知晓可以对教学过程进行反思	5 ☐	4 ☐	3 ☐	2 ☐	1 ☐	☐	☐	☐
	修改意见:								
	t17知晓可以对教学效果及评价进行反思	5 ☐	4 ☐	3 ☐	2 ☐	1 ☐	☐	☐	☐
	修改意见:								
	t18知晓可以对课堂管理进行反思	5 ☐	4 ☐	3 ☐	2 ☐	1 ☐	☐	☐	☐
	修改意见:								
	t19知晓可以对物理实验教学进行反思	5 ☐	4 ☐	3 ☐	2 ☐	1 ☐	☐	☐	☐
	修改意见:								
2.2.2学生发展	t20知晓可以对学生学习基础、习惯及认知能力进行反思	5 ☐	4 ☐	3 ☐	2 ☐	1 ☐	☐	☐	☐
	修改意见:								

续表

观测点	评分标准	非常同意	同意	不清楚	不同意	非常不同意	适合	修改后适合	不适合
2.2.2学生发展	t21 知晓可以对学生物理观念的发展进行反思	5 ☐	4 ☐	3 ☐	2 ☐	1 ☐	☐	☐	☐
	修改意见：								
	t22 知晓可以对学生科学思维的发展进行反思	5 ☐	4 ☐	3 ☐	2 ☐	1 ☐	☐	☐	☐
	修改意见：								
	t23 知晓可以对学生科学探究中问题、证据、解释、交流等要素的发展进行反思	5 ☐	4 ☐	3 ☐	2 ☐	1 ☐	☐	☐	☐
	修改意见：								
	t24 知晓可以对学生科学态度与责任的发展进行反思	5 ☐	4 ☐	3 ☐	2 ☐	1 ☐	☐	☐	☐
	修改意见：								

续表

观测点	评分标准	非常同意	同意	不清楚	不同意	非常不同意	适合	修改后适合	不适合
2.2.3教师发展	t25 知晓可以对自身的教育理想与信念进行反思	5 ☐	4 ☐	3 ☐	2 ☐	1 ☐	☐	☐	☐
	修改意见:								
	t26 知晓可以对自身的物理学科知识进行反思	5 ☐	4 ☐	3 ☐	2 ☐	1 ☐	☐	☐	☐
	修改意见:								
	t27 知晓可以对自身的教学理论及知识进行反思	5 ☐	4 ☐	3 ☐	2 ☐	1 ☐	☐	☐	☐
	修改意见:								
	t28 知晓可以对自身的教学技能进行反思	5 ☐	4 ☐	3 ☐	2 ☐	1 ☐	☐	☐	☐
	修改意见:								
	t29 知晓可以对自身的实验技能进行反思	5 ☐	4 ☐	3 ☐	2 ☐	1 ☐	☐	☐	☐
	修改意见:								

续表

观测点	评分标准	非常同意	同意	不清楚	不同意	非常不同意	适合	修改后适合	不适合
2.2.3 教师发展	t30 知晓可以对自身的信息素养进行反思	5 ☐	4 ☐	3 ☐	2 ☐	1 ☐	☐	☐	☐
	修改意见：								
	t31 知晓可以对全球教育教学思潮进行反思	5 ☐	4 ☐	3 ☐	2 ☐	1 ☐	☐	☐	☐
	修改意见：								
2.2.4 教育改革	t32 知晓可以对基础教育物理课程改革相关理念及理论进行反思	5 ☐	4 ☐	3 ☐	2 ☐	1 ☐	☐	☐	☐
	修改意见：								
	t33 知晓可以对国家、区域、学校等不同层面的教学改革进行反思	5 ☐	4 ☐	3 ☐	2 ☐	1 ☐	☐	☐	☐
	修改意见：								

续表

观测点	评分标准	非常同意	同意	不清楚	不同意	非常不同意	适合	修改后适合	不适合
2.2.5人际关系	t34 知晓可以对学生的合作学习进行反思	5 □	4 □	3 □	2 □	1 □	□	□	□
	修改意见：								
	t35 知晓可以对教学中的教师角色及师生关系进行反思	5 □	4 □	3 □	2 □	1 □	□	□	□
	修改意见：								
	t36 知晓可以对自身和同事、家长、学校之间的关系进行反思	5 □	4 □	3 □	2 □	1 □	□	□	□
	修改意见：								

3 教学反思技能

3.1 教学反思方法

观测点	评分标准	非常同意	同意	不清楚	不同意	非常不同意	适合	修改后适合	不适合
3.1.1个人反思	t37 能够通过撰写反思日志、回看自己的教学录像等方式独立进行反思	5 □	4 □	3 □	2 □	1 □	□	□	□
	修改意见：								

续表

观测点	评分标准	非常同意	同意	不清楚	不同意	非常不同意	适合	修改后适合	不适合
3.1.2 同伴互助	t38 能够通过与他人交流借鉴进行反思	5 ☐	4 ☐	3 ☐	2 ☐	1 ☐	☐	☐	☐
	修改意见：								
3.1.3 集体反思	t39 能够通过参加集体备课、集体听评课、教研活动等进行反思	5 ☐	4 ☐	3 ☐	2 ☐	1 ☐	☐	☐	☐
	修改意见：								
3.1.4 网络技术	t40 能够借助网络技术开展教学反思	5 ☐	4 ☐	3 ☐	2 ☐	1 ☐	☐	☐	☐
	修改意见：								

3.2 教学反思时机

观测点	评分标准	非常同意	同意	不清楚	不同意	非常不同意	适合	修改后适合	不适合
3.2.1 教学前反思	t41 能够结合已有经验对教学中可能遇到的问题或达到的效果进行预判，并采取相关措施	5 ☐	4 ☐	3 ☐	2 ☐	1 ☐	☐	☐	☐
	修改意见：								
3.2.2 教学中反思	t42 教学过程中，能够根据教学情境的具体情况对教学进行即时的设计、调整与改进	5 ☐	4 ☐	3 ☐	2 ☐	1 ☐	☐	☐	☐
	修改意见：								

续表

观测点	评分标准	非常同意	同意	不清楚	不同意	非常不同意	适合	修改后适合	不适合
3.2.3 教学后反思	t43 教学活动结束后,能结合已有理论与经验,对教学活动进行回顾、梳理、思考、改进	5 □	4 □	3 □	2 □	1 □	□	□	□
	修改意见:								

3.3 教学反思过程

观测点	评分标准	非常同意	同意	不清楚	不同意	非常不同意	适合	修改后适合	不适合
3.3.1 发现问题	t44 能够发现教学中的问题	5 □	4 □	3 □	2 □	1 □	□	□	□
	修改意见:								
3.3.2 描述问题	t45 能够对教学问题进行聚焦与定义	5 □	4 □	3 □	2 □	1 □	□	□	□
	修改意见:								
	t46 能够恰当地描述问题及其背景	5 □	4 □	3 □	2 □	1 □	□	□	□
	修改意见:								

续表

观测点	评分标准	非常同意	同意	不清楚	不同意	非常不同意	适合	修改后适合	不适合
3.3.3 经验联系	t47能够有效选择已有经验分析、解决所发现的问题	5 ☐	4 ☐	3 ☐	2 ☐	1 ☐	☐	☐	☐
	修改意见：								
3.3.4 交流对话	t48能够通过不同途径与他人进行交流,并借鉴他人经验	5 ☐	4 ☐	3 ☐	2 ☐	1 ☐	☐	☐	☐
	修改意见：								
3.3.5 持续学习	t49能够通过学习、研究、实践获得新经验	5 ☐	4 ☐	3 ☐	2 ☐	1 ☐	☐	☐	☐
	修改意见：								
3.3.6 情境重构	t50能够对教学中的问题与情境进行重构	5 ☐	4 ☐	3 ☐	2 ☐	1 ☐	☐	☐	☐
	修改意见：								
	t51能够在重构的情境中应用已有经验	5 ☐	4 ☐	3 ☐	2 ☐	1 ☐	☐	☐	☐
	修改意见：								

续表

观测点	评分标准	非常同意	同意	不清楚	不同意	非常不同意	适合	修改后适合	不适合
3.3.7 行动验证	t52 能够在行动中验证反思成果	5 ☐	4 ☐	3 ☐	2 ☐	1 ☐	☐	☐	☐
	修改意见：								
	t53 能够在行动中发现新的问题并进一步进行反思	5 ☐	4 ☐	3 ☐	2 ☐	1 ☐	☐	☐	☐
	修改意见：								

3.4 教学反思水平

观测点	评分标准	非常同意	同意	不清楚	不同意	非常不同意	适合	修改后适合	不适合
3.4.1 技术理性	t54 能反思教学内容是否正确，教学方法是否合理，教学目标是否达成	5 ☐	4 ☐	3 ☐	2 ☐	1 ☐	☐	☐	☐
	修改意见：								
3.4.2 实践活动	t55 能切实结合实际，审视自身教育教学实践，发现问题并进行改进	5 ☐	4 ☐	3 ☐	2 ☐	1 ☐	☐	☐	☐
	修改意见：								

续表

观测点	评分标准	非常同意	同意	不清楚	不同意	非常不同意	适合	修改后适合	不适合
3.4.3 批判反思	t56能以批判性的眼光,全面地、多维度地系统审视自身的教学	5 ☐	4 ☐	3 ☐	2 ☐	1 ☐	☐	☐	☐
	修改意见:								

您对《中学物理教师教学反思能力评价指标体系构建研究》问卷是否还有其他建议？

_____
_____
_____
_____
_____
_____

感谢您耐心审阅题目并提供宝贵意见！

附录2　中学物理教师教学反思能力评价指标体系构建研究

（专家意见咨询第二次）

老师：

您好！非常感谢您参与专家咨询问卷！根据第一次专家咨询结果，形成了此次专家咨询问卷，敬请您再次费心填写，并返回您的意见。

非常感谢您的指导！

【专家咨询问卷填写说明】

一、本问卷是根据25位专家在第一次意见咨询中所提出的宝贵意见及建议，对指标及评分标准进行增加、删除以及修正而形成的。同时结合国内外对"能力""态度"的界定，对"教学反思态度"下的指标及内容进行了较大调整。

二、该问卷显示了全体专家在第一次问卷中各选项的众数、平均值、标准差及变异系数等，敬请参考。

三、经过第一次专家意见咨询，修正后的中学物理教师教学反思能力评价指标体系由3个一级指标，9个二级指标，26个观测点以及49个评分标准构成。修正后的评价指标体系框架如下：

	一级指标	二级指标	观测点
中学物理教师教学反思能力评价指标体系	教学反思知识	教学反思原则	系统性、实践性
		教学反思内容	课堂教学、学生发展、教师发展、人际关系
	教学反思技能	教学反思方法	个人反思、同伴互助、集体活动反思
		教学反思时机	教学前反思、教学中反思、教学后反思
		教学反思过程	发现反思点、描述反思点、经验联系、寻求证据、情境重构、实践验证
		教学反思深度	技术理性、实践活动、批判反思
	教学反思态度	教学反思认知	价值与意义、自我效能感
		教学反思情感	喜爱度
		教学反思意向	教学反思动机、教学反思意识

本问卷中:

1.教学反思知识:指教师对教学反思原则的理解以及知晓应该反思什么内容。

2.教学反思技能:指教师进行教学反思的方法、过程、时机及教学反思的深度。

3.教学反思态度:指教师对教学反思的认知、情感以及进行教学反思的行为倾向。

四、在此次问卷咨询中,请您对各选项从"非常同意"到"非常不同意"的5个等级中做出选择,在相应□内打上"√"。如有修改意见,也请填写在每个表格的最下方"修改意见"处。

一、对一级指标的认可度

一级指标	第一次意见					本次意见				
	众数 M_0	平均值 M	标准差 SD	变异系数 CV	$\lvert M_0-M \rvert$	非常同意	同意	不清楚	不同意	非常不同意
教学反思知识	5.00	4.56	0.71	0.16	0.44	5 □	4 □	3 □	2 □	1 □
教学反思技能	5.00	4.76	0.52	0.11	0.24	5 □	4 □	3 □	2 □	1 □
教学反思态度	5.00	4.72	0.46	0.10	0.28	5 □	4 □	3 □	2 □	1 □

修改意见:

二、对二级指标的认可度

二级指标	第一次意见					本次意见				
	众数 M_0	平均值 M	标准差 SD	变异系数 CV	$\|M_0-M\|$	非常同意	同意	不清楚	不同意	非常不同意
教学反思原则（原"对教学反思的理解"）	5.00	4.48	0.87	0.19	0.52	5 □	4 □	3 □	2 □	1 □
教学反思内容（原"教学反思的内容广度"）	5.00	4.28	0.89	0.21	0.72	5 □	4 □	3 □	2 □	1 □
教学反思方法	5.00	4.72	0.46	0.10	0.28	5 □	4 □	3 □	2 □	1 □
教学反思时机	5.00	4.68	0.56	0.12	0.32	5 □	4 □	3 □	2 □	1 □
教学反思过程	5.00	4.64	0.49	0.11	0.36	5 □	4 □	3 □	2 □	1 □
教学反思深度（原"教学反思水平"）	5.00	4.40	0.87	0.20	0.60	5 □	4 □	3 □	2 □	1 □
教学反思心理要素	4.00	4.16	0.90	0.22	0.16	已删除				
教学反思意识	5.00	4.72	0.46	0.10	0.28	调整为"教学反思意向"的观测点				
教学反思认知	新增					5 □	4 □	3 □	2 □	1 □
教学反思情感	新增					5 □	4 □	3 □	2 □	1 □
教学反思意向	新增					5 □	4 □	3 □	2 □	1 □

修改意见：

三、对观测点及评分标准的认可度

1 教学反思知识

1.1 教学反思原则

观测点	评分标准	第一次意见					本次意见				
		众数 M_0	平均值 M	标准差 SD	变异系数 CV	$|M_0-M|$	非常同意	同意	不清楚	不同意	非常不同意
1.1.1 必要性	能理解教学反思对教师专业发展的重要作用	5.00	4.56	0.58	0.13	0.44	已删除				
1.1.2 系统性	能理解教学反思具有系统性	5.00	4.6	0.71	0.15	0.40	5 □	4 □	3 □	2 □	1 □
	知道教学反思的过程与方法	新增					5 □	4 □	3 □	2 □	1 □
1.1.3 主动性	能理解教学反思是教师自发主动进行的	5.00	4.48	0.87	0.19	0.52	已删除				
1.1.4 实践性	能理解教学反思与实践相互促进、循环往复	5.00	4.72	0.54	0.11	0.28	5 □	4 □	3 □	2 □	1 □

修改意见:

1.2 教学反思内容

观测点	评分标准	第一次意见					本次意见				
		众数 M_0	平均值 M	标准差 SD	变异系数 CV	$\|M_0-M\|$	非常同意	同意	不清楚	不同意	非常不同意
1.2.1 课堂教学	知晓可以对教学理念进行反思	5.00	4.56	0.51	0.11	0.44	5 □	4 □	3 □	2 □	1 □
	知晓可以对教学目标进行反思	5.00	4.76	0.44	0.09	0.24	5 □	4 □	3 □	2 □	1 □
	知晓可以对教学重难点进行反思	5.00	4.64	0.57	0.12	0.36	已删除				
	知晓可以对教学方法的选择及应用进行反思	5.00	4.68	0.48	0.10	0.32	5 □	4 □	3 □	2 □	1 □
	知晓可以对教学内容及资源进行反思	5.00	4.44	0.87	0.20	0.56	5 □	4 □	3 □	2 □	1 □
	知晓可以对教学过程的设计及实施进行反思	5.00	4.60	0.50	0.11	0.40	5 □	4 □	3 □	2 □	1 □
	知晓可以对教学评价进行反思	5.00	4.56	0.77	0.17	0.44	5 □	4 □	3 □	2 □	1 □
	知晓可以对课堂管理进行反思	5.00	4.68	0.48	0.10	0.32	5 □	4 □	3 □	2 □	1 □
	知晓可以对物理实验教学进行反思	5.00	4.32	0.99	0.23	0.68	已删除				

续表

观测点	评分标准	第一次意见 众数 M_0	平均值 M	标准差 SD	变异系数 CV	$\|M_0-M\|$	本次意见 非常同意	同意	不清楚	不同意	非常不同意
1.2.2 学生发展	知晓可以对学生学习基础、习惯及认知能力进行反思	5.00	4.48	0.92	0.20	0.52	已删除				
	知晓可以对学生物理观念的发展进行反思	5.00	4.56	0.65	0.14	0.44	5 □	4 □	3 □	2 □	1 □
	知晓可以对学生科学思维的发展进行反思	5.00	4.56	0.65	0.14	0.44	5 □	4 □	3 □	2 □	1 □
	知晓可以对学生科学探究能力的发展进行反思	5.00	4.56	0.65	0.14	0.44	5 □	4 □	3 □	2 □	1 □
	知晓可以对学生科学态度与责任的发展进行反思	5.00	4.44	0.71	0.16	0.56	5 □	4 □	3 □	2 □	1 □
1.2.3 教师发展	知晓可以对自身的教育理想、信念与使命进行反思	5.00	4.44	0.82	0.18	0.56	5 □	4 □	3 □	2 □	1 □
	知晓可以对自身的物理学科知识进行反思	5.00	4.68	0.48	0.10	0.32	5 □	4 □	3 □	2 □	1 □
	知晓可以对自身的物理学科教学知识进行反思	5.00	4.60	0.71	0.15	0.40	5 □	4 □	3 □	2 □	1 □
	知晓可以对自身的教学技能进行反思	5.00	4.64	0.57	0.12	0.36	5 □	4 □	3 □	2 □	1 □

续表

观测点	评分标准	第一次意见					本次意见				
		众数 M_0	平均值 M	标准差 SD	变异系数 CV	$\|M_0-M\|$	非常同意	同意	不清楚	不同意	非常不同意
1.2.3 教师发展	知晓可以对自身的实验操作技能进行反思	5.00	4.60	0.58	0.13	0.40	5 □	4 □	3 □	2 □	1 □
	知晓可以对自身的信息素养进行反思	5.00	4.52	0.77	0.17	0.48	5 □	4 □	3 □	2 □	1 □
1.2.4 教育改革	知晓可以对教育教学发展前沿与改革进行反思	4.00	3.92	1.08	0.27	0.08	已删除				
	知晓可以对基础教育物理课程改革相关理论及实践进行反思	5.00	4.48	0.65	0.15	0.52					
	知晓可以对国家、区域、学校等不同层面的教学改革进行反思	5.00	4.20	0.96	0.23	0.80					
1.2.5 人际关系	知晓可以对学生的合作学习进行反思	5.00	4.52	0.87	0.19	0.48	已删除				
	知晓可以对教学中的师生角色及关系进行反思	5.00	4.64	0.49	0.11	0.36	5 □	4 □	3 □	2 □	1 □
	知晓可以对自身和同事、家长、学校之间的关系进行反思	5.00	4.36	0.76	0.17	0.64	5 □	4 □	3 □	2 □	1 □

修改意见：

2 教学反思技能

2.1 教学反思方法

观测点	评分标准	第一次意见					本次意见				
		众数 M_0	平均值 M	标准差 SD	变异系数 CV	$\|M_0-M\|$	非常同意	同意	不清楚	不同意	非常不同意
2.1.1 个人反思	能够通过自己思考、撰写反思日志、回看自己的教学录像等方式独立进行反思	5.00	4.64	0.57	0.12	0.36	5 □	4 □	3 □	2 □	1 □
2.1.2 同伴互助	能够主动通过与他人对话交流、相互借鉴进行反思	5.00	4.72	0.46	0.10	0.28	5 □	4 □	3 □	2 □	1 □
2.1.3 集体活动反思	能够通过集体备课、集体听评课、教研活动等进行反思	5.00	4.76	0.44	0.09	0.24	5 □	4 □	3 □	2 □	1 □
2.1.4 网络技术	能够借助网络技术开展教学反思	5.00	4.24	0.93	0.22	0.76	已删除				

修改意见:

2.2 教学反思时机

观测点	评分标准	第一次意见					本次意见				
		众数 M_0	平均值 M	标准差 SD	变异系数 CV	$\|M_0-M\|$	非常同意	同意	不清楚	不同意	非常不同意
2.2.1 教学前反思	课堂教学之前,能够结合已有经验对实践中可能遇到的问题或达到的效果进行预判,并采取相关措施	5.00	4.32	1.07	0.25	0.68	5 □	4 □	3 □	2 □	1 □
2.2.2 教学中反思	教学过程中,能够根据教学实际,进行即时的设计、调整与改进	5.00	4.60	0.65	0.14	0.40	5 □	4 □	3 □	2 □	1 □
2.2.3 教学后反思	教学活动结束后,能结合已有理论与经验,对教学活动进行回顾、梳理、思考、改进	5.00	4.68	0.56	0.12	0.32	5 □	4 □	3 □	2 □	1 □
修改意见:											

2.3 教学反思过程

观测点	评分标准	第一次意见					本次意见				
		众数 M_0	平均值 M	标准差 SD	变异系数 CV	$\|M_0-M\|$	非常同意	同意	不清楚	不同意	非常不同意
2.3.1 发现反思点（问题或优点）	能够发现教学中的具体反思点(问题或优点)	5.00	4.80	0.41	0.09	0.20	5 ☐	4 ☐	3 ☐	2 ☐	1 ☐
2.3.2 描述反思点	能够对教学问题进行聚焦与定义	5.00	4.68	0.48	0.10	0.32	与原t46合并				
	能够准确描述反思点及其情境	5.00	4.52	0.71	0.16	0.48	5 ☐	4 ☐	3 ☐	2 ☐	1 ☐
2.3.3 经验联系	能够有效选择已有经验对反思点进行分析	5.00	4.76	0.44	0.09	0.24	5 ☐	4 ☐	3 ☐	2 ☐	1 ☐
2.3.4 寻求证据（原交流对话）	能够通过不同途径为反思点的分析寻求新的证据	5.00	4.68	0.56	0.12	0.32	5 ☐	4 ☐	3 ☐	2 ☐	1 ☐
2.3.5 持续学习	能够通过学习、研究、实践获得新经验	5.00	4.52	0.82	0.18	0.48	将该观测点与原"交流对话"合并				
2.3.6 情境重构	能够对反思点所涉及的问题、情境等进行重新建构	5.00	4.60	0.58	0.13	0.40	5 ☐	4 ☐	3 ☐	2 ☐	1 ☐
	能够在重构的情境中应用已有经验	5.00	4.56	0.77	0.17	0.44	与原t50合并				
2.3.7 实践验证	能够在实践中验证反思成果	5.00	4.68	0.48	0.10	0.32	5 ☐	4 ☐	3 ☐	2 ☐	1 ☐
	能够在实践中发现新的反思点并进一步进行反思	5.00	4.64	0.49	0.11	0.36	5 ☐	4 ☐	3 ☐	2 ☐	1 ☐
修改意见：											

2.4 教学反思深度

观测点	评分标准	第一次意见 众数 M_0	平均值 M	标准差 SD	变异系数 CV	$\|M_0-M\|$	本次意见 非常同意	同意	不清楚	不同意	非常不同意
2.4.1 技术理性	能反思教学内容是否正确,教学方法是否合理,教学目标是否达成等	5.00	4.40	0.87	0.20	0.60	5 □	4 □	3 □	2 □	1 □
2.4.2 实践活动	能切实结合实际,审视自身教育教学理论及实践,发现问题并进行改进	5.00	4.44	0.82	0.18	0.56	5 □	4 □	3 □	2 □	1 □
2.4.3 批判反思	能以批判性的眼光,全面地、多维度地系统审视自身的教育教学理论及实践	5.00	4.24	0.97	0.23	0.76	5 □	4 □	3 □	2 □	1 □

修改意见:

3 教学反思态度

观测点	评分标准	第一次意见					本次意见
^	^	众数 M_0	平均值 M	标准差 SD	变异系数 CV	$|M_0-M|$	^
虚心	愿意考虑新问题、采纳新观念,能够倾听多方面意见,留意来自各种渠道的事实,充分注意到各种可供选择的可能性	5.00	4.48	0.77	0.17	0.52	已删除
专心	能够全身心地投入自己的教学	5.00	3.72	1.17	0.32	1.28	
责任心	能够考虑到并愿意承担所做选择的后果	5.00	4.20	0.96	0.23	0.80	

3.1 教学反思认知

观测点	评分标准	第一次意见					非常同意	同意	不清楚	不同意	非常不同意
^	^	众数 M_0	平均值 M	标准差 SD	变异系数 CV	$|M_0-M|$	^	^	^	^	^
3.1.1 价值与意义	能够认识到教学反思的重要价值与意义	新增					5 ☐	4 ☐	3 ☐	2 ☐	1 ☐
3.1.2 自我效能感	认为自己能够进行有效教学反思并促进自身发展	新增					5 ☐	4 ☐	3 ☐	2 ☐	1 ☐
^	认为教学反思很容易	新增					5 ☐	4 ☐	3 ☐	2 ☐	1 ☐
修改意见:											

3.2 教学反思情感

观测点	评分标准	第一次意见					非常同意	同意	不清楚	不同意	非常不同意
		众数 M_0	平均值 M	标准差SD	变异系数CV	$\|M_0-M\|$					
3.2.1 喜爱度	喜欢进行教学反思	新增					5 □	4 □	3 □	2 □	1 □
	能够主动进行教学反思	新增					5 □	4 □	3 □	2 □	1 □
	乐于将反思成果应用于教学实践	新增					5 □	4 □	3 □	2 □	1 □
修改意见:											

3.3 教学反思意向

观测点	评分标准	第一次意见					本次意见				
		众数 M_0	平均值 M	标准差SD	变异系数CV	$\|M_0-M\|$	非常同意	同意	不清楚	不同意	非常不同意
3.3.1 教学反思动机	具有通过教学反思促进自身专业成长与发展的愿望	新增					5 □	4 □	3 □	2 □	1 □
	具有通过教学反思提升教学效果的愿望	新增					5 □	4 □	3 □	2 □	1 □

续表

观测点	评分标准	第一次意见					本次意见				
^	^	众数 M_0	平均值 M	标准差 SD	变异系数 CV	$\|M_0-M\|$	非常同意	同意	不清楚	不同意	非常不同意
3.3.2 教学反思意识	在教学中具有探索和研究的意识	5.00	4.68	0.56	0.12	0.32	5 □	4 □	3 □	2 □	1 □
^	在教学中具有创新意识	5.00	4.52	0.77	0.17	0.48	5 □	4 □	3 □	2 □	1 □
^	在教学中具有批判意识	5.00	4.68	0.69	0.15	0.32	5 □	4 □	3 □	2 □	1 □
修改意见:											

您对《中学物理教师教学反思能力评价指标体系构建研究》问卷是否还有其他建议?

_____
_____
_____
_____
_____
_____

感谢您耐心审阅题目并提供宝贵意见!

附录3　中学物理教师教学反思能力自评问卷

尊敬的老师：

您好！

本问卷旨在调查中学物理教师教学反思能力，以进行进一步的研究。问卷采用匿名形式作答，调查结果仅用于科学研究，所有数据将会得到妥善保管，请您根据实际情况如实填写，答案没有对错之分，感谢您的大力支持与配合！

一、基本信息

1. 您的性别

A.男　　　　　B.女

2. 您的教龄

A.0—5年　　　B.6—10年　　　C.11—20年　　　D.20年以上

3. 您的职称

A.中小学二级教师　　　　B.中小学一级教师

C.中小学高级教师　　　　D.正高级教师

E.中小学三级教师

4. 您的学历

A.本科　　　　　　　　　B.硕士研究生

C.博士研究生　　　　　　D.其他

5. 您所在的省/自治区/直辖市为：＿＿＿＿＿＿

6. 您的学校所在行政区域

A.省会城市　　B.地级市　　　C.县/区/县级市　　　D.乡镇

7. 您任职的学段

A.初中　　　　B.高中　　　　C.初中、高中均有

二、调查内容

请在以下各问题中，选择与您的实际情况相符的选项，从"完全不符合"到"完全符合"的5个等级中做出选择。

（一）对教学反思原则的认识与理解，您的实际情况是：

题号	题目内容	完全不符合	不太符合	一般	比较符合	完全符合
t1	我能理解教学反思具有系统性					
t2	我知道教学反思的过程与方法					
t3	我能理解教学反思与实践相互促进、循环往复					

（二）关于教学反思的内容，您的实际情况是：

题号	题目内容	完全不符合	不太符合	一般	比较符合	完全符合
t4	我明确知道可以对教学理念进行反思					
t5	我明确知道可以对教学目标进行反思					
t6	我明确知道可以对教学方法的选择及应用进行反思					
t7	我明确知道可以对教学内容及资源进行反思					
t8	我明确知道可以对教学过程的设计及实施进行反思					
t9	我明确知道可以对教学评价进行反思					
t10	我明确知道可以对课堂管理进行反思					

续表

题号	题目内容	完全不符合	不太符合	一般	比较符合	完全符合
t11	我明确知道可以对学生物理观念的发展进行反思					
t12	我明确知道可以对学生科学思维的发展进行反思					
t13	我明确知道可以对学生科学探究能力的发展进行反思					
t14	我明确知道可以对学生科学态度与责任的发展进行反思					
t15	我明确知道可以对我自身的教育理想、信念与使命进行反思					
t16	我明确知道可以对我自身的物理学科知识进行反思					
t17	我明确知道可以对我自身的物理学科教学知识进行反思					
t18	我明确知道可以对我自身的教学技能进行反思					
t19	我明确知道可以对我自身的实验操作技能进行反思					
t20	我明确知道可以对我自身的信息素养进行反思					
t21	我明确知道可以对教学中的师生角色及关系进行反思					
t22	我明确知道可以对自身和同事、家长、学校之间的关系进行反思					

(三)对教学反思方法的运用,您的实际情况是:

题号	题目内容	完全不符合	不太符合	一般	比较符合	完全符合
t23	我能够通过自己思考、撰写反思日志、回看自己的教学录像等方式独立进行反思					
t24	我能够主动通过与他人对话交流、相互借鉴进行反思					
t25	我能够通过集体备课、集体听评课、教研活动等进行反思					

(四)进行教学反思的时机选择,您的实际情况是:

题号	题目内容	完全不符合	不太符合	一般	比较符合	完全符合
t26	我在课堂教学之前,能够结合已有经验对实践中可能遇到的问题或达到的效果进行预判,并采取相关措施					
t27	我在教学过程中,能够根据教学实际,进行即时的设计、调整与改进					
t28	我在教学活动结束后,能结合已有理论与经验,对教学活动进行回顾、梳理、思考、改进					

(五)进行教学反思的具体过程,您的实际情况是:

题号	题目内容	完全不符合	不太符合	一般	比较符合	完全符合
t29	我能发现教学中的具体反思点(问题或优点)					
t30	我能准确描述反思点及其情境					

续表

题号	题目内容	完全不符合	不太符合	一般	比较符合	完全符合
t31	我能有效选择已有经验对反思点进行分析					
t32	我能通过不同途径为反思点的分析寻求新的证据					
t33	我能对反思点所涉及的问题、情境等进行重新建构					
t34	我能在实践中验证反思成果					
t35	我能在实践中发现新的反思点并进一步进行反思					

（六）关于教学反思的深度,您的实际情况是:

题号	题目内容	完全不符合	不太符合	一般	比较符合	完全符合
t36	我能反思教学内容是否正确,教学方法是否合理,教学目标是否达成等					
t37	我能切实结合实际,审视自身教育教学理论及实践,发现问题并进行改进					
t38	我能以批判性的眼光,全面地、多维度地系统审视自身的教育教学理论及实践					

(七)对教学反思的认知,您的实际情况是:

题号	题目内容	完全不符合	不太符合	一般	比较符合	完全符合
t39	我能认识到教学反思具有重要价值与意义					
t40	我能进行有效教学反思并促进自身发展					
t41	教学反思对我来说很容易(经检验,正式计算中此题已删除,具体内容见正文第4章)					

(八)对教学反思的情感,您的实际情况是:

题号	题目内容	完全不符合	不太符合	一般	比较符合	完全符合
t42	我喜欢进行教学反思					
t43	我能够主动进行教学反思					
t44	我乐于将反思成果应用于教学实践					

(九)进行教学反思的意向,您的实际情况是:

题号	题目内容	完全不符合	不太符合	一般	比较符合	完全符合
t45	我具有通过教学反思促进自身专业成长与发展的愿望					
t46	我具有通过教学反思提升教学效果的愿望					
t47	我在教学中具有探索和研究的意识					
t48	我在教学中具有创新意识					
t49	我在教学中具有批判意识					

感谢您耐心填写问卷!

附录4　中学物理教师教学反思能力访谈提纲

尊敬的老师：

您好！

我们正在进行一项关于中学物理教师教学反思能力的研究。本研究采用口语报告与访谈的形式进行，请您按照以下提纲进行准备，调查结果仅用于科学研究，所有数据将会得到妥善保管，感谢您的大力支持与配合！

一、被访谈者基本信息

教龄：

职称：

学历：

学校所在行政区域：

任职学段：

使用教材：

二、访谈及口语报告提纲

1. 课前访谈

您即将开始"凸透镜成像的规律"（初中物理八年级上册）或"牛顿第二定律"（高一物理必修1）的教学，请思考并回答以下问题：

(1) 您在课前准备的过程中，主要思考哪些方面的问题？

(2) 您继承了哪些已有的教学经验？您是如何将其融入此次教学设计的？之前教学中遇到的问题，在此次备课中是否专门加以思考？

(3) 您考虑了哪些新的问题？您在设计过程中，是如何解决这些问题的？

(4) 您对本教学设计的实施有哪些预期？您认为教学效果将会如何？

2. 课后口语报告

(1) 您在本节课授课的过程当中，是否有随机的课堂生成与即时决策？对现场问题的出现与突发事件您是如何处理的？

(2)请对本节课的教学进行反思。

3.课后访谈

(1)您是怎么理解教学反思的？您觉得教学反思难吗？

(2)您喜欢进行教学反思吗？您认为教学反思的最大价值是什么？

(3)是什么促使您进行教学反思的？您在教学中是否有研究的意识？

(4)您通常进行反思的方法是什么？

(5)当您意识到反思点时,接下来您会怎么做？

(6)您是否认为教学反思是一个系统的过程？

(7)您是如何用反思结果改进自己的教学实践的？在此过程中,您有哪些收获与经验？

后 记

几年前一个火热的夏天,我再次认真地思考了教学反思,在查阅文献和访谈咨询的基础上,最终在那年的国庆节假期决定把中学物理教师的教学反思能力作为我博士论文的选题。

教学反思是教育工作者耳熟能详的一个概念,但作为研究对象,对于我而言则几乎是一个全新的领域。我梳理了教学反思的内涵及研究现状,了解了国内外的研究趋势,构建了中学物理教师教学反思能力评价指标体系,并采用定量与定性相结合的方法对我国中学物理教师教学反思能力进行了探讨。与此同时,我和我的团队成员也形成了《斯坦福大学职前教师教学反思能力培养研究》《初中物理教师教学反思技能评价与培养策略研究》《中学物理教师教学反思内涵、现状与提升路径研究》《中学物理教师知识共享现状、机制及路径研究》等文章,从这个角度来说,教学反思给我提供了教师教育研究的切入点,自此,我开始从不同角度关注教学反思能力的评价,并从"主体—他者"视角出发进一步关注基于教学反思的教师教研共同体的知识共享与教学创新等。

该书是整理我的博士论文的阶段性成果,因为篇幅、主题限制,相关研究没有全部整合进来,这也成为我进一步探索的动力。出版之际,我要郑重感谢在研究过程中为我提供无私帮助的老师、朋友及亲人。

感谢我的导师廖伯琴教授!廖老师用她的智慧、深邃、严谨、大气深深感染着我、激励着我。从选题到研究的每一步,无不渗透着老师的心血。老师像指路明灯,指引我在学术道路上不断前行!

感谢张诗亚教授对我的关怀与指导!先生学识渊博,提携后学不遗余力,本研究从选题到完成,有幸得到张老师的指点,谢谢您!

感谢黄恕伯先生、陈运保老师、于海波老师、刘加霞老师、刘健智老师、霍静老师、廖元锡老师、杜明荣老师、高嵩老师、姜涛老师、冯爽老师、袁令民老师、林钦老师、尹天子老师、王太军老师、黄德兴老师、范涌峰老师、陈有国老师、李太华老师、邓磊老师、张正严老师、裴昌根老师、孙枝莲老师、赵逸庶老师、郭卫东老师、刘新选老师、罗大龙老师、崔丽花老师、龚浩老师、马云荣老师、李正吉老师、雍涛老师、王志芳老师、孙春成老师、史宏凯老师等对我的研究给予的大力帮助！感谢所有接受我访谈、调查的老师们！

感谢西南大学出版社的段小佳先生、尹清强先生，在本书的出版过程中的辛勤付出！

感谢我的父母和我所有的家人，感谢阳阳、橙子、森森和小橙子，谢谢你们给予我的关怀。

本书还存在着很多不足及疏漏，恳请各位读者朋友批评指正！

2024年6月
于西南大学荟文楼